Debate feminista

Misógino feminista

Misógino feminista

Carlos Monsiváis

OCEANO

DEBATE
FEMINISTA

Editor: Guillermo Osorno

Diseño de portada: Cítrico Gráfico

MISÓGINO FEMINISTA

© Herederos de Carlos Monsiváis

© 2013, Marta Lamas (por la selección y el prólogo)

© Debate Feminista / Metis Productos Culturales, S.A. de C.V.
Callejón de Corregidora No. 6
Col. Campestre Tlacopac
Del. Álvaro Obregón
C.P. 01040 México D.F.

D.R. © por la presente coedición
Editorial Océano de México, S.A. de C.V.
Blvd. Manuel Ávila Camacho 76, piso 10
Col. Lomas de Chapultepec
Miguel Hidalgo, C.P. 11000, México, D.F.
Tel. (55) 9178 5100 • info@oceano.com.mx

Primera edición: 2013

ISBN 978-607-400-996-5

Impreso en México / Printed in Mexico

ÍNDICE

PRÓLOGO

La segunda ola del feminismo mexicano, que se levanta a principios de los años setenta, encontró en Carlos Monsiváis a un aliado impresionante. Pocos intelectuales han respondido como él a los cuestionamientos feministas sobre el lugar subordinado de las mujeres en la sociedad; y ninguno se esforzó como él para analizar el desarrollo y el impacto del movimiento feminista.

Monsiváis destaca no sólo por lo anterior, sino por la eficacia simbólica de sus interpretaciones y señalamientos sobre la marginación social y política de las mujeres, que produjeron un efecto al mismo tiempo esclarecedor y legitimador. Sin embargo, a pesar de la existencia de sus escritos al respecto, el pensamiento de Monsiváis sobre el feminismo no ha ocupado un lugar visible en el abundante quehacer crítico de quienes lo estudian,[*] y es casi desconocido para sus lectores. El feminismo fue una de las causas que le importaban y por las cuales desplegó su sagacidad acostumbrada, además de que nos acompañó físicamente, en marchas y conferencias.

Los ensayos aquí reunidos recorren su crítica penetrante sobre el feminismo, el género y las mujeres, pero no agotan sus textos sobre esos

---

[*] En la cuidadosa recopilación bibliográfica de Mabel Moraña e Ignacio Sánchez Prado (*El arte de la ironía. Carlos Monsiváis ante la crítica*, México, Era/UNAM, 2007) no aparecen los ensayos de Monsiváis publicados en *fem.* y en *debate feminista*. Y los críticos que analizan muchas de sus crónicas y ensayos, como Adolfo Castañón, tampoco aluden a esta vertiente del escritor. Una excepción es Linda Egan, quien sí menciona su interés por el feminismo, y en la bibliografía que incluye en *Carlos Monsiváis. Cultura y crónica en el México contemporáneo* (México, FCE, 2004) registra dos ensayos en *fem.* y dos en *debate feminista*.

temas. En esta selección falta mucho de lo que publicó en *Siempre!* y en la revista *El Machete*, así como otros escritos de corte histórico, como el interesante prólogo "De cuando los símbolos no dejaban ver el género. Las mujeres y la Revolución mexicana", publicado en *Género, poder y política en el México posrevolucionario*, de Gabriela Cano, Mary Kay Vaughan y Jocelyn Olcott.* Desde su nombramiento, en 1972, como director del suplemento *La Cultura en México* —con Rolando Cordera, David Huerta y Carlos Pereyra en la redacción, y Vicente Rojo en el diseño—, específicamente en las secciones "Para documentar nuestro optimismo", el "Consultorio de la Dra. Ilustración" y "Por mi madre, bohemios", Monsiváis formuló apreciaciones mordaces mediante recortes de fotonovelas y de anuncios, que hoy configuran un registro único de los cambios en las relaciones entre los sexos y de la transformación del discurso machista. También Monsiváis usó aquel espacio para publicar las primeras traducciones de las feministas de la segunda ola, las colaboraciones de muchas feministas mexicanas e, incluso, el primer manifiesto "Por la legalización del aborto",** firmado por más de 200 figuras del mundo intelectual, artístico y feminista que, por cierto, le causó una fuerte llamada de atención del director de *Siempre!*, José Pagés Llergo.

La mayoría de los ensayos, crónicas, notas y reseñas variadas que aparecen aquí fueron propuestas de Carlos, aunque sé que algunos de sus textos los produjo presionado por una de sus amigas feministas. Él construye un amplio repertorio sobre los cambios de mentalidad de las mexicanas; hace una disección sobre la manera en que se arma la sensibilidad femenina; se burla de los machos; critica el sentimentalismo del cine mexicano a partir de la "madrecita abnegada"; analiza la estrategia de la derecha y el Vaticano en contra de la despenalización del aborto; habla de la obra de cinco mujeres famosas; reseña dos libros fundamentales: *Mujeres y poder* y *Huesos en el desierto*; y reitera, una y otra vez, su convicción sobre el papel del movimiento feminista. Así, en todos sus escritos, aderezados con aforismos deslumbrantes y metáforas sorprendentes, se descubren los atinados diagnósticos y buenos pronósticos que invariablemente nos recetaba a las feministas.

* México, fce/uam-Iztapalapa, 2009.
** Aparecido en el número 772, del 30 de noviembre de 1976.

Carlos nos acompañó desde las primeras conferencias públicas. En 1972 participó en un ciclo sobre "Imagen y realidad de la mujer" que se llevó a cabo en la Casa del Lago, donde habló sobre el sexismo en la literatura mexicana. En la ponencia que luego publicó en el suplemento 579 de *La Cultura en México* (14 de marzo de 1973), y usando el provocador título de "Soñadora, coqueta y ardiente. Notas sobre sexismo en la literatura mexicana",[*] trazó la mejor definición que he leído sobre la discriminación con base en el sexo:

> No una conjura, ni una emboscada, sino, más metódica y negociadamente, una organización. La organización deliberada, alegre, exaltada, melancólica, inclemente, tierna, paternalista de una inferioridad. No otra cosa es el sexismo, una suma ideológica que es una práctica, una técnica que es una cosmovisión.

Monsiváis era muy amigo de Margarita García Flores. Cuando ella funda la revista *fem.* con Alaíde Foppa en 1976, se abre un espacio de reflexión donde Carlos publicaría —dos años después— su "Nueva salutación del optimista". Ahí Monsiváis considera que:

> La mayor victoria del feminismo se está dando a través de un proceso de contagio o contaminación social (1978:18). [Más adelante dirá:] En menos de diez años, los movimientos feministas y de liberación sexual, pese a los enormes escollos internos y externos, son ya un elemento insustituible en la construcción de la sociedad civil, en la crítica de la explotación capitalista, en la visión de un socialismo democrático (1978:19).

Su interés por el movimiento lo convierte en nuestro aliado más importante; y su valoración del objetivo feminista, que aparece como hilo conductor a lo largo de varios textos, nos devuelve la fe en el trabajo que estábamos haciendo:

---

[*] En 1975, este texto formaría parte de un libro con el nombre del ciclo de conferencias, coordinado por Elena Urrutia, en la colección SepSetentas.

El feminismo avanza con rapidez (no el movimiento específico, sino la condición irrefutable de muchos de sus puntos de vista, y su influencia en la conducta social) y trastoca las reglas del juego, la consideración general del papel de la mujer (1981:20).

Su manera de otorgarnos legitimidad, pese a la escasa movilización que teníamos en las calles, fue de lo más reconfortante:

No obstante la debilidad ostensible del movimiento feminista hoy, si medimos sus logros por el grado de influencia social y cultural alcanzada, los resultados son impresionantes (1983:iii).

Años después nos regañaría por la "timidez" que nos impedía proclamar la victoria de haber cambiado "la perspectiva social". En 2005, durante la celebración de los quince años de *debate feminista*, que se llevó a cabo en el Programa Universitario de Estudios de Género de la unam, sentenció con su acostumbrada contundencia:

El feminismo es un elemento que trastorna el control patriarcal, revisa las tradiciones hogareñas, rechaza la idea del cuerpo de las mujeres como territorio de conquista masculina, reivindica la autonomía corporal, se emancipa de la dictadura moralista y da origen a un discurso que obliga a la nueva elocuencia —con todo lo que uno pueda pensar de la escasa presencia del feminismo en México, en tanto a grupos organizados—, lo cierto es que ha cambiado la perspectiva de la sociedad; no se puede ya eliminar la versión feminista de la mirada social, y de la mirada política, y esto es un avance considerable, que no se registra así, entre otras cosas, por la timidez de las feministas en proclamar sus victorias. Lo que no entiendo ya a estas alturas cómo puede ser tímido un movimiento que ha cambiado en un plazo de treinta años la perspectiva social.

Pero Monsiváis hizo mucho más que alabarnos. Su crítica al machismo fue tajante. No sólo dedicó un ensayo —que aquí publicamos— a analizar la figura del macho ("Pero ¿hubo alguna vez once mil machos?") sino que reflexionó sobre ello en otros, como en "De la construcción de la 'sensibilidad femenina'", donde declara: "A la cultura mexicana, desde el principio, la ha ordenado el machismo" (1987:14). Igual de dura fue la crítica a la injerencia del Vaticano en México. En la selección de escritos que tienen en sus manos hay dos textos que pueden parecer no propiamente "feministas": el de la visita del papa y "México a principios del siglo XXI: la globalización, el determinismo, la ampliación del laicismo". La razón de incluirlos en esta antología rebasa el hecho de que Carlos haya elegido la revista *debate feminista* para publicarlos. El primero, un análisis del efecto que tuvo la visita del papa en la cultura mexicana, responde a un hecho político: el Vaticano se ha convertido en el principal adversario del feminismo. Y la crónica que hace Carlos sobre la puesta en escena de su discurso antiaborto, en especial sobre las reacciones populares, fue una herramienta valiosa para la comprensión de la estrategia a seguir. En el segundo texto Carlos condensa muchas de las líneas de su pensamiento sobre las grandes batallas culturales que hay que dar, entre ellas, la del feminismo. En este texto Carlos repite un largo párrafo que apareció antes en su lectura crítica de *Huesos en el desierto*. Con su inveterada costumbre de ir reelaborando su pensamiento, Monsiváis deliberadamente usaba algunas partes de textos ya publicados en otros escritos. En esta colección encontramos muy pocas repeticiones. Algunas de ellas las hemos dejado igual, como ésta de "México a principios del siglo XXI", pues en ambos textos lo escrito resulta indispensable, y otras que ofrecen la posibilidad de ver el proceso de escritura de Monsiváis. Por ejemplo, Pablo Martínez Lozada nos hizo ver que Carlos cita varias veces una estrofa de Díaz Mirón, pero aunque se trata de la misma estrofa, el comentario de Carlos y su manera de insertarla en el texto son distintos. En cambio, decidimos eliminar un apéndice que aparecía en el texto sobre Simone de Beauvoir para mantenerlo íntegro en "La representación de las mujeres". Su ausencia en el primer texto no afecta la reflexión sobre *El segundo sexo*, mientras que es un elemento sustantivo en el segundo.

Además de respaldarnos con lo que escribía, otra forma de apoyarnos de Monsiváis fue la de participar como ponente en los actos que organizábamos. Por ejemplo, en 1991, ante las elecciones intermedias para diputados, se debatía la importancia de tener más representantes en el Congreso, pues no bastaba incorporar a la agenda electoral los "asuntos de mujeres": había que contar con más mujeres en puestos de decisión pública. De modo que *debate feminista* organizó un foro llamado "¿De quién es la política? Crisis de representación: los intereses de las mujeres en la contienda electoral". El plato "fuerte" era la discusión entre Monsiváis y Beatriz Paredes, entonces gobernadora de Tlaxcala. En su intervención titulada "La representación de las mujeres" —incluida en esta antología— Monsiváis mezcló datos históricos y anécdotas histéricas, e hizo una conclusión muy crítica:

> La causa de la mujer (de sus derechos, de su formación como dirigentes, de la respuesta a los graves problemas de la desigualdad y el aplastamiento) avanza hasta donde es posible y se ve contenida por las mismas fuerzas que se oponen a la democratización, y en política, según creo, los objetivos específicos de las feministas (de la despenalización del aborto a la justicia salarial) intensificarán su eficacia sólo cuando correspondan de modo orgánico a un proyecto más amplio. De otra manera, la causa se diluye en la contingencia, las activistas desembocan en peticionarias, las luchas se vuelven mitologías y los avances son siempre profundamente insatisfactorios, al cotejárseles con el todo del monopolio machista. ¿Eso es renunciar a los principios? Más bien, es ampliar su radio de acción. Así sea el eje, la perspectiva feminista debe ser, para las mujeres que intervienen en política, sólo una parte de su planteamiento. De otra manera, perpetuarán la exclusión en nombre de la teoría (1991:12).

Ése fue uno de los tantos señalamientos proféticos de Monsiváis, duro y optimista a la vez. Luego, durante el debate y las intervenciones de las comentaristas, Monsiváis soltó la pregunta "¿Dónde se hace política en México?", para responderla inmediatamente: "Hasta ahora, en el espacio donde sólo unas cuantas mujeres entran por breve tiempo, bajo invitación restringida y sin poderes amplios".

Carlos trazaba escenarios políticos posibles, diseñaba intervenciones y nos develaba —a las propias activistas— las razones de nuestra militancia. Lo buscábamos para que nos explicara, y decía "No soy un profeta". Sin embargo, no recuerdo ni una sola vez que no atinara en sus apreciaciones y pronósticos. Utilizaba su celebridad como un estratega político al servicio de los grupos activistas. Su fama nos abría puertas que, sin él, jamás hubiéramos franqueado.

Siempre insistió en que la apuesta por la transformación política encuentra su mayor aliado en el campo de lo cultural, al grado de que si no se da también la batalla cultural, se puede perder la batalla política. Él fue la brújula política de amplios sectores de nuestro país, además de un luchador incansable en todos los frentes que lo requerían. Fue nuestro referente ético-político, y lo perseguíamos para que redactara un manifiesto, que asistiera a una reunión, que corrigiera un desplegado, que nos consiguiera una cita con tal político o funcionario. Su compromiso con la causa fue manifiesto al participar abiertamente en la fundación de Diversa, en la Campaña por la Maternidad Voluntaria, en el arranque del partido feminista México Posible y en *debate feminista*.

Tal vez su apuesta por la transformación cultural explica el interés que sostuvo por una publicación como *debate feminista*, donde colaboró de distintas maneras: sugiriendo temas, proponiendo textos de otras personas y escribiendo los suyos. Sabía muy bien que podía mandar un ensayo de la longitud que fuera, y que brincaríamos de alegría. Así, además de su participación en la mesa redonda de política y de su diálogo sobre la censura con la escritora chilena Diamela Eltit, publicamos 26 textos suyos, entre los cuales se encuentran los doce específicamente feministas. Los demás, que versan principalmente sobre la diversidad sexual, ya los reunimos en *Que se abra esa puerta. Crónicas y ensayos sobre la diversidad sexual.*[*]

En su incansable, persistente y necia batalla a favor de la justicia, Monsiváis apoyó decididamente muchos otros empeños. Algo que lo caracterizó fue la forma en que defendía diversas "causas perdidas" en la mayoría de sus escritos y conferencias. Cuando cumplió setenta años, en 2008, la

* México, Paidós/debate feminista, 2011.

Universidad de la Ciudad de México organizó un coloquio en su honor. El discurso que Monsiváis leyó, ese día, señalaba:

> Las causas perdidas comparten numerosos rasgos de los movimientos derrotados, pero vienen de más lejos, de la elección ética con resonancias estéticas, del adherirse a reclamaciones y reivindicaciones condenadas al fracaso inmediato, pero válidas en sí mismas, y capaces de infundir ese momento de dignidad pese a todo.

Más adelante apuntó: "Lo que explica la especie 'causas perdidas' es la certeza del valor inmanente de las exigencias de justicia y de las batallas para alcanzarla". Y, con su estilo inigualable, definió: "Causa perdida es aquella de la que nunca se esperan las ventajas".

En la revista *debate feminista* pedimos a nuestros colaboradores que escriban su propia ficha autobiográfica. En su momento, Carlos Monsiváis se describió a sí mismo (en tercera persona) diciendo: "Alterna su misoginia con una encendida defensa del feminismo". En efecto, Monsiváis era un verdadero oxímoron: un misógino feminista. No es raro que solamente fueran cinco mujeres —Rosario Castellanos, Nancy Cárdenas, Simone de Beauvoir, Susan Sontag y Frida Kahlo— a quienes consagrara un texto. Sé que quería escribir sobre Elena Poniatowska, su gran amiga y la única capaz de regañarlo, y Jean Franco, a quien quería y admiraba. No le dio tiempo. Su partida fue prematura, porque aún tenía mucho que dar a este México, tan necesitado de sus inteligentes y valientes intervenciones.

Carlos fue, como tituló su biografía de Salvador Novo, un "marginal en el centro". A diferencia de muchos intelectuales, perseveró en su posición ética y radical. Durante el homenaje luctuoso que se le rindió en Bellas Artes al día siguiente de su fallecimiento, y reflejando el sentir de miles, Elena Poniatowska se preguntó: "¿Qué vamos a hacer sin ti, *Monsi*?". Hoy me respondo: hay que seguir leyéndolo, porque leerlo es recuperar su lucidez y su aliento combativo. Leer estos textos es también una forma de comprender por qué tantas feministas le estamos profundamente agradecidas.

Quiero agradecer a Beatriz Sánchez Monsiváis todo su apoyo para la realización de este libro. Ella fue la primera en conocer estos textos, y ha sido, más que ninguna otra amiga, la mujer que más compartió la vida y el trabajo de Carlos. Gracias también a Guillermo Osorno, quien me acercó a Océano, que ha resultado una casa editorial acogedora y eficaz. En ella he tenido el privilegio de trabajar con Pablo Martínez Lozada y Guadalupe Ordaz, y de recibir todo el cariño de Rogelio Villarreal Cueva. Por último vaya mi agradecimiento al equipo de *debate feminista,* en especial a Alina Barojas.

MARTA LAMAS

1
SOÑADORA, COQUETA Y ARDIENTE
NOTAS SOBRE SEXISMO EN LA LITERATURA MEXICANA

No una conjura, ni una emboscada sino, más metódica y negociadamente, una organización. La organización deliberada, alerta, exaltada, melancólica, inclemente, tierna, paternalista, de una inferioridad. No otra cosa es el sexismo, una suma ideológica que es una práctica, una técnica que es una cosmovisión. Una sociedad (en este caso, cualquier sociedad, porque el sexismo es un problema y una condición universales, no depende de modo mecánico de un sistema social y político, trasciende ideologías y militancias) asume, aplastantemente, su convicción inicial, fundadora: quien no se ajuste a este patrón de conducta (por no poder o no querer) será, sin remedio, un ser inferior. ¿Cuándo surge el sexismo? Históricamente, tal vez en el instante cuando, sobre el placer o el desarrollo personales, la reproducción se convierte en la meta de la relación sexual. El patriarcado lo decidió, apoyado en la biología, para la eternidad: "a la mujer dijo —afirma el Génesis—: multiplicaré en gran manera tus dolores y tus preñeces; con dolor parirás los hijos; y a tu marido será tu deseo, y él se enseñoreará de ti". Adán, en control de la situación, miró hacia la mujer y halló un objeto, un objeto valioso por su índice de explosión demográfica, por su capacidad para agradar, para acompañar a los dueños del mundo. Síndrome de los males esenciales de cualquier sistema y relación de los hechos, el sexismo, esta suerte de imperialismo que se ejerce redobladamente contra —por lo menos— la mitad de la humanidad, ha ido haciendo su historia con sometimientos, esclavitudes, continuos ejercicios de mando y represión. El sexismo es un espejismo: aunque la mujer resulta expuesta a la educación, la riqueza y la independencia, como si fuese (exactamente) un ser autónomo y el igual del hombre, todas las influencias genuinas en su vida le informan que su educación sólo se justifica si va a utilizarse de un modo mecánico para el esposo. El sexismo es un espejo distorsionado: legaliza la gesticulación del caudillo y la muestra como apariencia civilizada; inventa desproporciones y le asegura a la mujer que la realidad de su ser yace, únicamente, en el cuidado de los niños y la fabricación de una atmósfera de apoyo a los verdaderos seres humanos, aquellos que, agresivamente, traspasan el mundo para mejor dirigirlo.

El sexismo como fijación de los roles

El sexismo, fenómeno demasiado vasto, sólo es apresable en términos muy generales. Cualquier indagación sobre él, en esta etapa, corre el riesgo de volverse simplista, de no evadir los límites de un nuevo lugar común. El campo que el término cubre es amplísimo: el predominio de un sexo (y de quienes, dentro de ese sexo, se ajustan más aptamente al esquema del dominador, a las características necesarias del ejercicio del poder), la preferencia de la sociedad por ese sexo, la transformación de una inferioridad declarada en una inferioridad real, la atribución al sexo dominante de cualidades y actitudes privilegiadas, el énfasis de mando en cualquier relación personal de índole sexual. El sexismo, sojuzgadoramente, divide el mundo en roles, lo "masculino" y lo "femenino", y le atribuye a cada rol características que deben cumplirse fatalmente. Lo "femenino" dispondrá, por ejemplo, de la ternura, el recato, la paciencia, la dulzura, la intuición, la abnegación, la resistencia al dolor, la pasividad entregada, la inercia, la falta de iniciativa, la frivolidad, la incapacidad de avenirse con la Historia (con mayúscula), la decisión de entrever la realidad a través del chisme. Durante miles de años, esta concepción, férreamente impresa, aunada a esquemas vigorizados y revigorizados de conducta, ha vuelto esa definición de lo "femenino" una respuesta "natural" e "instintiva". El sexismo infantiliza, roba, despoja a una clase de seres humanos de autonomía, confianza, posibilidades de acción. Desde hace miles de años se viene cumpliendo un intercambio que exige la servidumbre y ofrece, caritativamente, la protección.

¿Qué tantas cosas es el sexismo? Es una ideología que se basa en las necesidades y valores del grupo dominante y se norma por lo que los miembros de este grupo admiran en sí mismos y encuentran conveniente en sus subordinados: agresión, inteligencia, fuerza y eficacia en el hombre; pasividad, ignorancia, docilidad, "virtud" e ineficacia en la mujer. Es una psicología que pretende carta de naturalización para la ideología patriarcal y minimiza —a través de creencias sociales, ideología y tradición— cualquier posibilidad igualitaria del ego femenino. Es un fenómeno de clase, un hecho sociológico, un hecho económico y educacional, una teoría de la fuerza, una presunción biológica, una estructura antropológica que somete mitos y religiones. El sexismo conoce su forma política más lograda en el patriarcado y su institución evidente en la familia.

La mujer como instrumento

Por naturaleza y definición, la cultura mexicana es una cultura sexista. De modo elemental, descansa en la convicción de que, habiendo seres inferiores, lo que procede es explotar a la mujer. Octavio Paz, en *El laberinto de la soledad* (1949), proporciona un excelente primer trazo de este proceso:

> Sin duda en nuestra concepción del recato femenino interviene la vanidad masculina del señor —que hemos heredado de indios y españoles. Como casi todos los pueblos, los mexicanos consideran a la mujer como un instrumento, ya de los deseos del hombre, ya de los fines que le asigna la ley, la sociedad o la moral. Fines, hay que decirlo, sobre los que nunca se le ha pedido su consentimiento y en cuya realización participa sólo pasivamente, en tanto que "depositaria" de ciertos valores. Prostituta, diosa, gran señora, amante, la mujer transmite o conserva, pero no crea, los valores y energías que le confían la naturaleza o la sociedad. En un mundo hecho a la imagen de los hombres, la mujer es sólo un reflejo de la voluntad y querer masculinos. Pasiva, se convierte en diosa, amada, ser que encarna los elementos estables y antiguos del universo: la tierra,

23

madre y virgen; activa, es siempre función, medio, canal. La femineidad nunca es un fin en sí mismo, como lo es la hombría.

Estas líneas de Octavio Paz son, en su don de síntesis, exactas. Entre nosotros, la tradición prehispánica que le confería a la mujer un desdeñoso papel servil se mezcló —sin problemas— con la tradición del conquistador. El primer elemento de acuerdo entre quienes integraron el arranque de nuestra nacionalidad fue el sitio reservado a la mujer. Y —acudo aquí al testimonio de la poesía indígena— cierta identificación —ni enfática ni soslayada— de la derrota (debilidad) con la lamentación y la huida (femineidad). "Es mi destino el padecer —afirma un poema típico posconquista— oh, amigo mío, mi corazón se angustia: entre penas se vive en la tierra. ¿Cómo vivir con los demás? ¡Si vivimos en vano ofendemos a otros! Hay que vivir en paz, hay que rendirse y andar con la frente inclinada entre otros." Y en *Visión de los vencidos*, en uno de los poemas ahora célebres, "Se ha perdido el pueblo mexicatl", se afirma:

> El llanto se extiende, las lágrimas gotean
> allá en Tlatelolco.
> Por agua se fueron ya los mexicanos;
> semejan mujeres; la huida es general.

A partir del virreinato se establece ya, firmemente, una visión del mundo que utiliza, en su exigencia de supremacía y privilegio para una clase y para un sexo dentro de esa clase, represión moral y represión política, educación y gobierno. El virreinato concibe un orden de cosas donde la obediencia es la respuesta primera que se exige ante cualquier situación y donde las nociones de honra y virtud se integran como respuestas sociales y políticas. Durante los tres siglos de dominación española se fortalecen las estructuras de conductas patriarcales que —en lo básico— continúan indemnes hasta nuestros días, a través del principio vinculador de las relaciones de poder en sociedades como la nuestra, la educación familiar.

Los efectos retroactivos

De este modo, hablar de sexismo es calificar retrospectivamente todo nuestro proceso histórico: colonial, formalmente independiente, liberal, revolucionario, pos y contrarrevolucionario. ¿Admiten nuestro manejo y utilización actuales de la noción de sexismo efectos retroactivos? ¿No es un contrasentido histórico o un acto paródico calificar de sexista a Juan Ruiz de Alarcón o a Pedro Castera, autor de la novela romántica *Carmen*? En cierto sentido, sí. En otro, revisar del modo más exhaustivo a nuestro alcance la historia de nuestra cultura con enfoques y perspectivas nuevas o renovadas es una tarea útil y urgente, no por el afán vampírico de exhumar a escritores indefensos, iniciándoles juicios revanchistas, sino con el fin de examinar nuestra formación, el proceso manipulatorio de nuestras reacciones y juicios de hoy. Todos —en mayor o menor medida— dependemos del sexismo para juzgar la realidad y el conocimiento del problema sólo vendrá a partir de la aceptación de su existencia. En esto, como en muchas otras cosas, apenas empezamos y el punto de partida de estas notas ha sido reconocer que —inevitablemente— se encuentran impregnadas de sexismo.

En la literatura mexicana (y no hubiese podido ser de otro modo) el sexismo encuentra a un eficaz, imprescindible colaborador. El reflejo en este caso es directo y —casi siempre— sin matices. Si otros fenómenos de la vida nacional pueden admitir asimilación y recreación artística, no sucede así en el caso del sexismo. Es una visión demasiado profunda, tan poderosamente arraigada que —júzguesele como se le juzgue— constituye una idiosincrasia, una respuesta natural a las solicitudes externas e internas. De allí lo inútil, en esta etapa, de las reacciones puramente morales ante la institución del sexismo. La ofensiva moral tiende a detenerse en la satanización, en el cerco condenatorio. Y el sexismo, como todos nuestros acondicionamientos seculares, como todas nuestras respuestas culturales profundas, desborda juicios y anatemas, deshace o se burla de los intentos críticos. Frente al sexismo, la respuesta debe ser política, no moral. La lucha contra la servidumbre fatalizada de un sexo, contra la esquematización implacable de la conducta, debe insertarse de modo orgánico, en la lucha actual de liberación. La revolución sexual es un aspecto más (clásico) de la revolución de nuestro tiempo.

Mas las notas están tomando un rumbo dogmático, sentencioso y precipitado. Su título no anuncia un programa de acción sino un panorama. Retomo una línea supuestamente expositiva, con una declaración: a la tarea de precisar el alcance del sexismo en nuestra literatura, le atribuyo una importancia significativa. Ahora, cuando se inicia la revisión de nuestro proceso histórico, momento desmitificador y desmistificador, procede examinar el alcance y las tradiciones de los sistemas de explotación, uno de los cuales, esencial, determinante, es el sexismo.

La mujer como personaje

A la mujer, en nuestra literatura, le corresponde asumir un papel fundamental: el de paisaje. El hombre es, siempre, el centro, la razón de ser. En las márgenes, ennoblecida o mancillada, la mujer se mueve —según le vaya— con dignidad o sinuosamente. Puede ser la madre (que todo lo sufre), la esposa (que todo lo perdona) o la prostituta (que todo lo degrada). Es, por necesidad, un pretexto o una ocasión. Alguna vez lo expresó con tono lapidario (no musicalizable esta vez) Antonio Machado: "La mujer es el anverso del ser". ¿Cuál es el anverso del ser? ¿El no ser, la no entidad? ¿O el territorio a un costado de la ontología, donde afirmaciones o negaciones se producen invertidas, fantasmales, inexistentes a fuerza de oponerse a la verdadera realidad? El ser de la mujer, de acuerdo a esta concepción, es, cuando se da un ser derivado, prestado. Para esta literatura (y para esta pintura, esta música popular y posteriormente para esta radio, este cine, esta televisión), la mujer es una representación masculina de no estar (oficialmente) solo. La primera presencia es Tonantzin, Nuestra Madre que deviene en Guadalupe, quien no hizo igual con ninguna otra nación. Al decretarse y fundarse políticamente el milagro del Tepeyac, se fijan los términos de la idealización: la mujer venerable, reverenciable ("Te juro que eres lo más sagrado para mí") es la Virgen, con o sin mayúscula. Si la interpretación no estuviese sospechosamente teñida de psicologismo, se podría advertir en toda una zona de la literatura (o de la realidad) el programa panvirginal: lo inmaculado es el signo de las mujeres respetables: mi madre o mi esposa o mi hija son, han sido y serán vírgenes perfectas, porque la virginidad, más que una condición física, es un atributo de lo que me pertenece. Como objeto de mi posesión, es inaccesible, al margen y más allá de cualquier profanación. En última instancia, la virginidad será sagrada por manifestarse como forma, compleja y evidente a la vez, del derecho de propiedad.

Inventada, dibujada y desdibujada por la literatura, la mujer va asumiendo, encarnando diferentes papeles: es la amada remota a la cual deben dedicarse reflexiones y reminiscencias (el objeto idolátrico de algunos poetas modernistas, la Fuensanta de López Velarde); la novia pura (la Remedios de Emilio Rabasa, la Clemencia de Ignacio Manuel Altamirano); la madre abnegada y comprensiva que resplandece desde el dolor y la pérdida (ser ubicuo y omnipresente que se desplaza de la novela de folletín a la poesía popular, en el estilo de "El brindis del bohemio" de Guillermo Aguirre y Fierro, a los personajes dulces y firmes de Efrén Hernández); la pecadora arrepentida, Magdalena, enterada de que el precio por el rescate de su virginidad es la muerte (la heroína del folletín, la Santa de Federico Gamboa); la devoradora, quien adquiere de los hombres el espíritu depredatorio, quien acude a técnicas masculinas de sojuzgamiento para vengarse por la destrucción de su virginidad (este cliché, muy compartido, resulta personaje secundario en las novelas y principalísimo en el cine: María Félix lo convertirá en su emblema como también, en plena abundancia terrenal, las rumberas: Ninón Sevilla, Meche Barba, etcétera. Recientemente, Irma Serrano en *La Martina* revivió a la devoradora confundiendo a la ninfomanía con la mentalidad de la sociedad de consumo).

Otros arquetipos: la soldadera fiel, la criatura admirable que se deja matar por su hombre en el canje de vidas (la Codorniz de *Los de abajo* de Mariano Azuela); la coqueta victimable que juega con su honra para perder (Micaela en *Al filo del agua*, de Agustín Yáñez); el ser febril y remoto (Susana San Juan en *Pedro Páramo*, de Juan Rulfo); la amante enloquecida, la víctima del amor-pasión que en la entrega se redime de su impudor (Adriana en *La Tormenta*, de José Vasconcelos); la diosa venerada, tan magnífica que merece alternar con la madre (Rosario en el "Nocturno" de Manuel Acuña); la hembra terrenal ya irrecuperable, la india brava de bruna cabellera en el "Idilio salvaje" de Manuel José Othón); la ninfeta purísima cuyo amor con el adulto sólo puede consumarse en la tragedia (la Carmen de Pedro Castera).

¿Una conclusión rudimentaria y general? Nuestra literatura carece hasta el día de hoy de personajes femeninos cuya realidad se describa orgánicamente. No se establecen unitariamente: se presentan como mitología, diseños previos. Incluso en la que quizá sea nuestra mejor novela, *Pedro Páramo*, al lado de lo descarnado y obsesivo, de la presencia tajante del cacique, se da lo doblemente espectral, la presencia enloquecida por incorpórea de Susana San Juan, quien jamás desiste de su condición aislada y distante, es siempre el erotismo intenso e impreciso, la afonía fantasmal, el amor inasible. Pedro Páramo poseerá a todas, las ultrajará, las domará, las desechará. Mientras las mujeres sean inferiores son posibles: Dolorita Preciado o Damiana Cisneros. Cuando Pedro Páramo eleva a Susana a su nivel y la ama no con amor de violentador físico, en ese instante Susana San Juan se despoja de cualquier característica definible, se vuelve delirante proyecto místico, un abandono erótico que anhela la eternidad; se vuelve, en definitiva, el no ser.

Lo cual es inevitable. Porque así sea mínima la relación entre lo que podría designarse (de modo convencional) como realidad literaria y realidad real, ese vínculo unirá a la literatura con un espacio donde la mujer no dispone de peso específico, en una situación secundaria y dependiente. Para que la mujer llegue a la literatura con un centro de gravedad propio, debe advenir como invento, convenio entre el autor y la credulidad del lector. No es un problema de misoginia: lo que sucede es previo y posterior al odio a la mujer. Cultura y literatura conciben a la mujer como una criatura sólo concebible o consignable por escrito, ya que al ser reproducida naturalistamente, por ejemplo, carecería de interés y densidad espiritual. La mujer en la literatura mexicana, si va a ser expresada con complejidad, será, casi fatalmente, una abstracción.

El proceso histórico

En su espléndida "Respuesta a Sor Filotea de la Cruz", en pleno siglo XVIII, Sor Juana Inés de la Cruz describe una batalla: la de una mujer excepcional que decide ejercer la inteligencia en una sociedad que a la mujer sólo le consiente la gracia, el arrobo, el azoro y la sumisión. La carta a Sor Filotea es un documento admirable: la resistencia última de un sentenciado a quien aguardan la ignorancia y el silencio, la renuncia al entendimiento y "la quietud del claustro". Sor Juana, en una sociedad donde "muchos quieren más dejar bárbaras e incultas a sus hijas que no exponerlas a tan notorio peligro como la familiaridad con los hombres", defiende con angustia y celo su derecho a leer, su derecho a saber, su derecho a escribir. "Pues si está el mal —afirma— en que los use [los versos] una mujer, ya se ve cuántas los han usado loablemente; pues ¿en qué está el serlo yo?" En la pregunta de Sor Juana yace implícita la contestación: el mal intrínseco de una mujer es serlo, su "ruindad y vileza" como ella misma establece, son sinónimos de su condición femenina.

Entre el conocimiento de un fracaso inevitable y la voluntad de negarse —hasta el límite— al sometimiento (la extinción), se mueve la grandeza de Sor Juana, una grandeza que es defensa (personal y genérica) del conocimiento. Su singularidad la enfrentó a la represión, a esa incomprensión que se ha continuado en estudios y exégesis. Los padecimientos de Sor Juana prosiguen hasta hoy: por un lado, las integrantes de esas "asociaciones culturales" que todavía ven a la mujer como el "mejor aliado del hombre" la han asumido como símbolo, ignorando el sentido radical (intelectual y político) de su obra; por otra parte, la prisa o el desdén (ambas actitudes derivadas del sexismo) han convertido sus redondillas en la mera expresión (divertida) de una queja, no de la crítica que fue su declaración polémica sobre las desventajas institucionales de su sexo. De este modo, el "Hombres necios que acusáis…" se ha vuelto una simple referencia burlona a una protesta quejumbrosa, "sin ver que sois la ocasión/de lo mismo que juzgáis".

Las reglamentaciones del siglo XIX

José Joaquín Fernández de Lizardi, designado por aclamación el primer novelista mexicano, en uno de sus libros clásicos, *La Quijotita y su prima* (1818-1819), delinea para la mujer un código implacable de conducta. El pretexto lo proporcionan las oposiciones en la educación de dos niñas, Pomposa y Pudenciana. Un personaje, el coronel, vocero del autor, explica así el punto de vista del insurgente Lizardi:

> Por la ley natural, por la divina y por la civil, la mujer, hablando en lo común, siempre es inferior al hombre. Te explicaré esto. La naturaleza… constituyó a las mujeres más débiles que los hombres, acaso porque esta misma debilidad física de que hablo les sirviera como de parco o excepción para conservarse en aptitud para ser madres y sostener la duración del mundo… Creo que no me entiendes; [por supuesto, el coronel monologa con una mujer] te lo diré más claro. La naturaleza, o hablemos como cristianos, su sapientísimo autor, no concedió a las mujeres la misma fortaleza que a los hombres, para que éstas, separadas de los trabajos peculiares a aquellos, se destinasen únicamente a ser la delicia del mundo, y por consiguiente, fuesen las primeras y principales actrices en la propagación del linaje humano.

Se ha estipulado la misión de la mujer: es un artefacto de lujo, con capacidad reproductiva. La primera virtud: la docilidad. La segunda: la gratitud. En esta riquísima antología del sexismo decimonónico, *La Quijotita y su prima*, el coronel (resumen muy calificado de la mentalidad liberal de la primera mitad del XIX) expresa su criterio:

> Verdaderamente ellas [las mujeres] son dignas del aprecio y estimación del hombre culto, y este aprecio hace que se les tribute su respeto y que les ceda en muchas ocasiones la preferencia que a él le toca; mas estos respetos y atenciones debe recibirlos la mujer juiciosa; o como un premio debido a su virtud, o como un efecto de la generosidad de los hombres, y nunca los exigirá como unos derechos debidos a su soberanía de mujer.

La propia generosidad de Lizardi no termina allí. Posee también tesis tajantes en lo tocante a la división del trabajo:

Teniendo en consideración esa misma debilidad [la de las mujeres, que las hace inferiores a los hombres por ley de la naturaleza], las leyes civiles las han separado del sacerdocio, gobierno, política y arte de la guerra, que les han confiado a los hombres, de cuya privación resulta un justo premio debido al bello sexo, y tan justo, que los hombres en haberlas excluido de estos cargos no han hecho más que premiarles sus peculiares ejercicios, recompensarles sus fastidiosas fatigas y buscar sus propias conveniencias.

El hombre que las vitupere por razón de la diferencia del sexo debe ser declarado por necio y por ingrato; pero al fin de todo, hemos de confesar que justísimamente las mujeres son inferiores a los hombres por las leyes civiles. ¡Qué bien se acomodaría una mujer con un niño en los brazos asido de un pecho y sobre el otro apoyando un fusil! Lo mismo digo de una pluma, un formón, un arado u otros instrumentos peculiares de los hombres: era menester que abandonara el instrumento o el niño.

No tiene mayor sentido responsabilizar a un autor por la moral social prevaleciente en su época. Lizardi, producto típico de los códigos de conducta *avanzados* de la sociedad virreinal, no hace sino resumir un pensamiento general. Ocurre que esta visión patriarcal, que admite jubilosa la reducción de la mujer al metate, el comal y la tortilla, no termina en Lizardi. Dispone, para perpetuarse, de una admirable caja de resonancia: la familia, unidad monolítica forjada a conveniencia de las clases dominantes y de la Iglesia, que llega, casi inalterada, al día de hoy. La sociedad se funda en la familia y, en reciprocidad, la sociedad le aporta al matrimonio sus bases morales, religiosas, sociales y económicas; las bases que posibilitan la continuidad. Los novelistas del xix (y muchos del xx) identifican la felicidad con el matrimonio y solicitan de los contrayentes requisitos inflexibles: riqueza y crédito monetario; nobleza (nacimiento, linaje); prestigio ocasional; influencia y poder; educación; respetabilidad; reputación, temperamento y cualidades personales (físicas, morales, intelectuales, espirituales); incluso raza y color. En esta literatura acrece la defensa sistemática del matrimonio, sus ventajas y exigencias. Nada más justo, como indica el teórico de la novela de ese tiempo, Ignacio Manuel Altamirano, ya que la novela debe ser "fácil de comprender por todos, y particularmente para el bello sexo, que es el que más la lee y al que debe dirigirse con especialidad, porque es su género". Dueña de la novela por constituirse en la principal demanda en el mercado, la mujer acepta, en un acto de retroalimentación, que se la describa como a un valor económico y que se estimule su virtud en el logro de un matrimonio conveniente (esto es, financieramente respetable). El género novelístico posee leyes propias: los valores morales de la novela vigorizan la realidad económica burguesa, donde las mujeres dependen por completo del matrimonio para su sobrevivencia material (los ingresos de una mujer mexicana en el siglo XIX eran, en el mejor de los casos, una sexta parte, aproximadamente, de los ingresos del hombre, y la propiedad de la mujer pasaba, en el instante de la boda, a manos del marido en forma automática). En este sistema económico, no desaparecido, la honra se adjudica al mejor postor, y la virginidad cedida antes del matrimonio significa (inevitablemente) un descenso de las posibilidades en el mercado de la mujer en cuestión, y por lo tanto una disminución de su garantía de supervivencia.

La polarización de los papeles económicos se acompaña obligadamente de una polarización de los papeles psicológicos y a la mujer se le exige ser débil y pasiva en lo emocional, puesto que es dependiente en lo económico. Ni la María de Jorge Isaacs, ni la Amelia de José Mármol, ni la Clemencia de Altamirano disponían de ingresos propios, y eso las ayudaba a sufrir mejor y más noblemente, de acuerdo a la concepción de sus creadores.

La rendición por el espíritu

Distante, hierática, vaporosa, admirable, dulce, serena, mirífica o vagarosa, la mujer transcurre en nuestra literatura como un vasto proyecto utópico. Su capital inicial es su pasividad; su matrimonio es su meta y su realización; su adulterio es la expulsión del paraíso; su promiscuidad es su exterminio. De modo ritual, representa dos extremos de una teología para el consumo: es la Caída o es la Gracia. Si es la Caída, tenderá a confundirse con la ciudad, volviéndose una entidad sospechosamente parecida a los accidentes de trabajo. Si es la Gracia, devolverá con su sola presencia la pureza a quien la contempla. En este orden de cosas, ninguna maniobra más demagógica (y más evidente) que aquella que identifica a la mujer con el espíritu y la sacia de bienes verbales, la vuelve origen y recuperación. Si la mujer es el Espíritu, la mujer es, de nuevo, una magnífica irrealidad, un mero punto de partida de fantasías literarias. Y la Eva eterna, prestigiosa y perfecta, llena de virtudes frutales y ensanchadoras de rumbos, al concluir la parrafada lírica retorna a su espacio doméstico y se confina en los tres *ghettos* a su disposición: la cocina, la recámara y el confesionario. El sexismo dispone también de retóricas ennoblecedoras de su acción esclavista y uno de sus ejercicios predilectos es la metamorfosis de la mujer en esa honorable y vacua entidad romántica, el Espíritu, entidad que permite humillaciones y contriciones, arrepentimiento y postraciones de hinojos. La rendición ante la mujer a través del Espíritu —y de eso hay pruebas abundantes en la poesía romántica y en la declamación modernista de entonces y de ahora— no es (¿se necesita decirlo?) un acto de autocrítica, sino una autoexaltación que solicita testigos.

Por otra parte, esa especie de oculto priismo literario, donde el Espíritu sustituye a la Revolución mexicana en su representación totalizadora, no deja de manifestarse clasistamente. En esta narrativa y en esta poesía, las mujeres del pueblo podrán ser ingeniosas, dicharacheras, aguerridas, leales, graciosas. Espirituales nunca. El Espíritu es conquista de las elites y don sublime de las clases altas.

Al margen del sexo

La retórica de la mujer como el Espíritu es parte de una realidad inexorable: la asexualidad, la antisexualidad de nuestra literatura, una literatura que —todavía a principios de la década de los sesenta— conservaba casi intacta su estructura feudal, su negación del cuerpo y el orgasmo, su aversión vivísima a utilizar el coito como una explicación consecuente de la realidad. La mojigatería funcionó durante siglo y medio como agresividad y defensa: no había la referencia al acto sexual porque las relaciones se movían en planos ideales; no existía la visión o la glorificación del cuerpo humano porque a éste no se le concedía realidad literaria. No es de extrañar entonces que los escritores menos contaminados de sexismo sean los más penetrados de erotismo. El sexismo tiende, en su instancia más evidente y apocalíptica, a negar la explotación haciendo invisible lo que considera profanación. Para el sexismo, en forma a la vez hipócrita y consecuente, la virginidad es el estado alabable en la mujer, porque es una exaltación ficticia de la pureza y una especie de redención pública del objeto poseído, humillado, gastado, deteriorado hasta el punto de la maternidad constante.

Por eso, los escritores que han asumido profundamente su erotismo no responden, no pueden responder, a las calificaciones usuales de sexismo. En una sociedad como la nuestra, el erotismo es explosivo y subversivo e incluso el amor-pasión, con su carga de ingenuidad y teatralización primitiva, ha desempeñado una función renovadora. Una sociedad puritana, feudal, porfiriana, no gusta de las obsesiones. La obsesión (con su carga monomaniaca de insistencia, con su inflexibilidad) es a la vez un reproche y un desafío. Cuando, en 1904, Efrén Rebolledo insiste reiterativo:

Tú no sabes lo que es ser esclavo
de un amor impetuoso y ardiente,
y llevar un afán como un clavo,
como un clavo metido en la frente.

Tú no sabes lo que es la codicia
de morder en la boca anhelada,
resbalando su inquieta caricia
por contornos de carne nevada. […]

Y no sabes lo que es el despecho
de pensar en tus formas divinas,
revolviéndose solo en su lecho
que el insomnio ha sembrado de espinas.

se está produciendo —sin que la historia literaria lo sepa— una revuelta de proporciones considerables. En pleno porfirismo, un obseso sexual, alguien que reconoce y ama públicamente la lujuria, un escritor que ambiciona a un cuerpo de modo concreto. La tradición sacralizante de la poesía mexicana había ido de la abstención mitológica de Ignacio Ramírez ("Ara es este álbum: esparcid, cantores,/a los pies de la diosa incienso y flores") a la contabilidad de Manuel Gutiérrez Nájera, primer creyente en el poder adquisitivo de la literatura y adorador fiel de la mujer como objeto:

> Las novias pasadas son copas vacías,
> en ellas pusimos un poco de amor.
> El néctar tomamos… huyeron los días…
> ¡Traed otras copas con nuevo licor!
>
> Champán son las rubias de cutis de azalea;
> borgoña los labios de vivo carmín;
> los ojos oscuros son vino de Italia,
> los verdes y claros son vino del Rhin.

O la exaltación autoritaria, el credo de Salvador Díaz Mirón, quien en su poema "A Gloria" declara:

> ¡No intentes convencerme de torpeza
> con los delirios de tu mente loca!
> ¡Mi razón es a la par luz y firmeza,
> firmeza y luz como el cristal de roca!

y culmina:

> ¡Confórmate, mujer! ¡Hemos venido
> a este valle de lágrimas que abate,
> tú, como la paloma, para el nido,
> y yo, como el león, para el combate!

Frente a esta tradición, Rebolledo se decide por otro camino, un camino que se verá ocultado, disminuido por la necesidad de contener, de reprimir.

35

Según la cultura oficial, en México no hay instintos, hay principios sanos y firmes; no hay erotismo, hay locura carnal. La decencia acude a eliminar el mensaje de Rebolledo, como intervendrá después para reblandecer o suprimir el aspecto erótico de la poesía de López Velarde, hoy convertido —luego de agotadores homenajes oficiales y de una biografía fílmica que augura una serie de televisión— en el perfecto novio de provincia, el febriscente y casto pretendiente que se aferró con nostalgia al amor puro. López Velarde, por lo contrario, me resulta colmado de tensiones subterráneas, un poeta maldito (un blasfemo y un profanador protegido por su barroquismo y su franqueza) vencido "sobre un motín de satiresas y un coro plañidero de fantasmas" e inmerso en la idolatría "de los bustos eróticos y místicos". Mas sus posibilidades heresiarcas (su "barómetro lúbrico") no podían ser asimiladas por una cultura que sigue viendo en la pornografía a un enemigo (no tan ocasionalmente deleitoso) y sigue exaltando formalmente una monogamia feudal. López Velarde fue purificado, virginizado, devuelto al estado de inocencia que se identifica con el ánimo provinciano. Y este procedimiento depurativo no es ajeno al usado para convertir, digamos, a Flores Magón en un mero precursor lírico de la Revolución. De acuerdo a tal concepción, el destino de los heterodoxos, en el mejor de los casos, es la aureola romántica.

La venganza como sometimiento

"Porque el poder —afirmó D. H. Lawrence— es el primero y el más grande de todos los misterios. Es el misterio que está detrás de todo nuestro ser, incluso detrás de toda nuestra existencia. Incluso la erección fálica es el primer movimiento ciego del poder." Y quizá también el ocultamiento programado de la realidad sexual sea un primer movimiento de la debilidad o, por lo menos, de una búsqueda mutilada del poder. A la literatura mexicana, como a casi toda la literatura latinoamericana, la ausencia del sexo y del erotismo (oculto o evidente) la han vuelto borrosa, desleída, mentirosa. La carencia de las cargas subterráneas de la atracción física, de las tensiones y distensiones que engendra la relación sexual, se ha complementado con una descripción inalterable de la mujer: sujeto de servidumbre doméstica (lo que incluye el coito), es también una especie de testigo permanente de su existencia y de la ajena, alguien siempre presente de modo inmóvil, actuada reiterativamente por sus propias acciones. Aun ahora, con la novedad de las francas descripciones sexuales, la mujer continúa apareciendo como un pretexto y un escenario, el territorio pasivo, la trampa sojuzgable, el gemido de rendición ante la fuerza irrebatible de la voluntad fálica. Sin vida propia, la mujer es un designio de la naturaleza masculina.

¿Hay revancha en la mujer? En todo caso, hay complicidad con el desastre. Por el amor a la mujer (el "embrujo" o el "hechizo", nociones mágicas que indican la imposibilidad de un dominio femenino logrado por procedimientos —por así decirlo— normales) pueden desencadenarse catástrofes pavorosas sobre el enamorado, pero quien arrasa no es la mujer sino la voluntad de autodestrucción del personaje, su "debilidad femenina". Sólo si es *como* una mujer, podrá alguien ser vencido por una mujer. De allí que, abruptamente escondida, traspuesta, minimizada, la mujer aparece y reaparece en esta narrativa para *a)* frustrar o amortiguar el heroísmo y la participación política; *b)* revalidar el chantaje sentimental como la forma de comunicación entre el valor masculino y la cobardía femenina; *c)* transformarse en acicate del oportunismo.

Disminuida, la mujer crece como elemento negativo. O es la amada jamás perfectible o es la criatura sensata, nutrida de aptitudes hogareñas, que anula o castra al personaje. Ya que no cuenta con vida propia, la mujer (descrita como un acto de venganza que es una confesión de impotencia) intentará deshacer la de los demás.

Recurso o comprobante

Es inevitable que casi todos los autores coincidan o en su desprecio o su paternalismo filantrópico ante la mujer. La cultura de una sociedad colonial o colonializada como la mexicana así lo ha demandado y aun ahora —entre disfraces y eufemismo— así lo exige. Sujeto de cualquier experimento moral o de cualquier ejercicio cotidiano de poder, la mujer ha existido literariamente (y esta generalización, insisto, no se empieza a quebrantar sino en la década de los sesenta, de manera todavía retórica) como un recurso o un comprobante. Y en semejante uso y abuso han coincidido escuelas literarias y corrientes ideológicas. La concepción que de la mujer teme el marxista José Mancisidor no difiere notablemente de la expresada por el escritor cristero Antonio Rius Facius. El naturalismo y el realismo también se unifican. Santa, la prostituta ideal de Federico Gamboa, es un cúmulo de indecisiones y pecados que sólo la muerte logra resolver. La novela no es el trámite de una canonización, sino el recuento del castigo justo. Gamboa, tan típico como Santa, no intenta comprender o describir un personaje, sino elaborar una condena, una requisitoria de la sociedad a los seres marginados. Sin virginidad no hay trato social, como lo afirma Agustina, la madre de Santa, cuando se entera del primer mal paso:

> No la maldecía [la madre], porque impura y todo, continuaba idolatrándola y continuaría encomendándola a la infinita misericordia de Dios… Pero sí la repudiaba, porque cuando una virgen se aparta de lo honesto y consiente que le desgarren su vestidura de inocencia; cuando una mala hija mancilla las canas de su madre, de una madre que ya se asoma a las negruras del sepulcro; cuando una doncella enloda a los hermanos que por sostenerla trabajan, entonces, la que ha cesado de ser virgen, la mala hija y la doncella olvidadiza, apesta cuanto la rodea y hay que rechazarla, que suponerla muerta y que rezar por ella.
>
> Y conforme Agustina se enderezaba, Santa fue humillándose, humillándose hasta caer arrodillada a sus plantas y hundir en ellas su bellísima frente pecadora.

A partir de la Revolución mexicana

Si la Revolución mexicana modificó considerablemente la situación de la mujer, al permitir su participación activa como combatiente y obrera, la novela de la Revolución no registró perceptiblemente ese avance. Agustín Yáñez, en *Al filo del agua* (1947), trazó una imagen excelente del luto y el confinamiento de la mujer en la provincia porfirista:

> Muchas congregaciones encauzan las piadosas actividades de grandes y chicos, hombres y mujeres. Pero son dos los más importantes, a saber, la de la Buena Muerte y la de las Hijas de María; en mucho y casi decisivamente, la última conforma el carácter del pueblo, imponiendo rígida disciplina, muy rígida disciplina en el vestir, en el andar, en el hablar, en el pensar y en el sentir de las doncellas, traídas a una especie de vida conventual que hace del pueblo un monasterio. Y es muy mal visto que una muchacha llegada a los quince años no pertenezca a la Asociación del traje negro, la cinta azul y la medalla de plata; del traje negro con cuello alto, mangas largas y falda hasta el tobillo; a la Asociación, en donde unas a otras quedan vigilándose con celo en competencia, y de la que ser expulsadas constituye gravísima, escandalosa mancha, con resonancia en todos los ámbitos de la vida.
>
> La separación de sexos es rigurosa. En la Iglesia, el lado del Evangelio queda reservado exclusivamente para los hombres y el de la epístola para el devoto femenino sexo. Aun entre parientes, no es bien visto que hombre y mujer se detengan a charlar en la calle, en la puerta, ni siquiera con brevedad. Lo seco del saludo debe extremarse cuando hay un encuentro de esta naturaleza, y más aún si el hombre o la mujer van a solas, cosa no frecuente y menos tratándose de solteras, que siempre salen acompañadas de otras personas.

Pero no, los novelistas de la Revolución no produjeron una imagen correspondiente. Lo que es muy explicable. Al movilizar al país, al darle un golpe de muerte al sedentarismo, al destruir estructuras feudales, la Revolución inició la destrucción de una cultura, de una forma de vida. Mas el proceso, en lo que a moral social se refiere, quedó trunco. Si bien se ganaron libertades y se eliminaron los aspectos más visibles de la esclavitud, siguieron intactos los esquemas y el aparato opresor, el feudo familiar. En cierto modo, la Revolución legalizó legendariamente un aspecto (por lo menos) de esta persistencia: la visión admirable de la soldadera que, a varios metros de distancia de su Juan, arrastra comida y niños, ratifica una sumisión inalterable. Inevitablemente, los escritores de la Revolución confirmaron esta dimensión heredada. La mujer en Azuela es sufrida y entregada; cree en su hombre, lo sigue, lo defiende, asesina y se deja asesinar por él, se deja vivir por él; es una entrega exaltada o melancólica. Para José Vasconcelos, la mujer es una pasión indispensable y prescindible, un sitio donde consumar la lujuria, porque —lo advierte Vasconcelos con despreocupación de profeta— "jalan más dos tetas que dos carretas". Adriana, la amante, es una soldadera de lujo, que sigue al Ulises Criollo con una frívola y enloquecida abnegación. En la obra de Martín Luis Guzmán, las mujeres son proveedoras: de hijos, de placer, de comida, prostitutas combativas o sombras domésticas. Son un suministro y un servicio público. Nada más.

En, antes y después de la tormenta

Pero el país se desarrolla y las formas más rudimentarias o vergonzosas del sexismo tienden a ocultarse, por lo menos. Con el régimen de Miguel Alemán se inicia el auge de la burguesía y con ésta, la voluntad de eliminar los excesos que recuerden orígenes ya vistos como lamentables. Surge entonces el primer examen crítico del machismo, el primer análisis condenatorio y la gran mitificación. La clase media y la burguesía ya pueden permitirse esa prebenda. El machismo, definido como mera gesticulación y desplante, se vuelve un excedente. O en todo caso, una actitud folclórica advertible peyorativamente. Esto no significa, de modo alguno, un primer intento crítico del sexismo. Tal y como se maneja el asunto, en el periodismo y en la investigación del ser del mexicano (un intento fallido de nacionalismo filosófico y psicológico), el machismo es denostado, únicamente, en tanto exceso, exceso que rechaza el proyecto nacional de desarrollo al insistir con amplia beligerancia en el derroche y la destrucción. El machismo, en la Revolución mexicana, resultaba una afirmación desesperada, un *réclame* vital. En la etapa de la burocracia política es a la vez un dispendio prescindible y un mito alentador. La crítica del machismo honra e inventa al objeto de su atención. El macho (se enfatiza) es un abuso, el flagelo, la llegada al hogar a las tres de la mañana seguida de la paliza a quien le aguarda dócilmente, el desafío de cantina, la institucionalización del "si me han de matar mañana, que me maten de una vez". El machismo es el culto a la hipervirilidad y la práctica mexicana de la violencia. O sea, y este aspecto se acentuará paulatinamente, un mito que funciona como técnica de compensación. El cine, la canción popular y la crítica social se responsabilizan del invento del machismo. No que no existan las características que lo definen. Lo que no existía era el estilo que unificase dichas características. En la localización y condena del machismo se conjugan varios objetivos: idealizar una conducta cada vez más impracticable (desde el punto de vista personal) en una sociedad cada vez más represiva; darle a la clase media —engolosinada con su descubrimiento de las técnicas seudofreudianas— la oportunidad de comprender y nombrar una conducta límite, la oportunidad de sentirse superior a la bravata y superior también (en la burla protectora) a otro arquetipo, la compañera del macho, la Sufrida Mujer Mexicana; y, finalmente, tal ubicación del machismo permite el desprestigio público de un estilo político, el callista, ya condenable en una etapa de estabilidad que requiere de métodos menos altaneros y peligrosos. Lo que no se contradice con la resurrección de dichos métodos en 1968, cuando al régimen le parecieron indispensables.

Allí tal vez se encuentre uno de los motivos del debilitamiento y la final extinción del género narrativo de la Revolución mexicana. Este proyecto épico, este recuento dramático o melodramático de las vidas de quienes transformaron al país, acentuaba, por contraste, la atmósfera progresivamente gris, burocrática, despolitizada, rutinaria, del sector de lectores, la clase media. Admitida y admirada en su calidad de epopeya, de leyenda culminante de un país (que bien podía ser éste), la novelística de la Revolución mexicana cesó, en un momento dado, de relacionarse de una forma viva y directa con su público. La incitación épica, al cabo de la corrupción alemanista, estaba de más. La nación de héroes se transformó en la nación de diputados.

41

El sexismo contemporáneo

Pese a que ya no sea tan fácil advertirlo o volverlo materia de antologías evidentes, el sexismo, la ideología del chovinismo masculino, la capacidad represiva que recibe a la mujer sólo como objeto dominado y dominable, continúa manifestándose vigorosamente en nuestra literatura, para no mencionar a nuestro modo de vida. Se inicia una etapa de algo quizá denominable como "franqueza sexual" y los descubrimientos freudianos no han sido en vano. Mas la feroz intolerancia, la opresión militante que caracteriza al sexismo, prosigue impune. ¿Dónde está la narrativa que informe de otras alternativas a la monogamia rígida e hipócrita, al despotismo patriarcal, al machismo ocasionalmente avergonzado de serlo y preocupado las más de las veces por la falta de grandes oportunidades para exhibirse? Pese a unos cuantos escritores excepcionales, ni en la literatura, ni en ese otro gran tótem, la vida real, se puede afirmar que se dé en México la libertad sexual, ni siquiera (desde luego) que la sociedad la considere una meta deseable, válida. Ni las influencias internacionales, ni el desarrollo del mínimo sector del país que goza del subdesarrollo circundante, ni la aculturación, ni las revelaciones posfreudianas, ni el impacto de los movimientos de liberación, han conseguido ampliar nuestras perspectivas de libertad sexual. Seguimos sometidos a una moral rígida, que reprime para conservar y conserva para reprimir, moral de razias, de escándalos sociales, de aficiones pornográficas secretas, de incapacidad de admitir heterodoxias o elecciones de conductas diferentes. No hay libertad sexual porque no se conciben (ni siquiera se visualizan) las relaciones igualitariamente; porque la virginidad sigue siendo un fetiche —administrado con criterio bursátil— a partir del cual se definen las vidas (y por supuesto, las honras); porque no se reexaminan radicalmente teorías y situaciones (se sigue creyendo en nociones tan dudosas o tan poco verificables o tan inútiles como lo "licencioso", lo "indebido", lo "antinatural", lo "pervertido"); porque el acto sexual sigue inmerso en nociones de culpa y sensaciones de pecado que ahora se transfieren (para hallarles acomodo público) a referencias de conveniencia social ("A una madre soltera yo no la invito de madrina de mi hijo"), de interés carrerista ("Me perjudicaría que me viesen contigo") o de la distinción entre libertad y "libertinaje".

Sin duda, el panorama no es ominoso por entero. Más allá de las prohibiciones y los decretos de inmovilidad, se siguen dando la espontaneidad, el desafío, la herejía, la ruptura, posiciones disidentes que requieren, para transformarse de modo orgánico en la vanguardia de este cambio, de la crítica radical y artísticamente válida de un sexismo que sigue viendo en el águila y la serpiente una de las variantes metafóricas de la condición matrimonial. Crítica radical y desinhibitoria cuya urgencia fue señalada con precisión por Bertolt Brecht: "Se necesita arte para hacer humanamente practicable lo que es políticamente justo".

Colofón-homenaje a la mujer

1. "Una mujer debe ser/soñadora, coqueta y ardiente./Debe darse al amor/con frenético ardor/para ser una mujer."

   "Una mujer", letra y música de Mario Clavel

2. "Las mujeres, como los perros finos, se mueren de frío sin la caricia. Su naturaleza las arroja a la caricia, como su calor a la frescura del agua...

   "Una mujer es capaz de perdonar un día sin gasto; jamás un día sin caricia...

   "Una esposa buena es como una vaca gorda en tiempo de escasez..."

   De *Meditaciones*, de José López Bermúdez

2
NUEVA SALUTACIÓN DEL OPTIMISTA

¿Qué han logrado, en esta década de surgimiento militante, el feminismo y los movimientos de liberación sexual en México? Las respuestas varían de acuerdo al "criterio de utilidad" que se aplique. Si la medida es el desarrollo organizativo, el panorama es ciertamente magro y, sobre todo, sectorial; nos hallamos ante grupos no muy numerosos de clase media con frecuencia divididos o ideologizados hasta la parálisis. Si la medida es el grado de influencia social, los resultados son muy amplios, en especial en lo tocante al feminismo que, en pocos años, se ha convertido en punto de vista ya no prescindible, que trasciende con mucho su radio *deliberado* de acción y alcanza de modo difuso pero efectivo a vastas zonas de la población. No me refiero aquí, aunque no ignoro su grado de influencia, al afán imitativo y colonizado que ve en la liberación (con o sin comillas) una técnica de *estar al día* y que aprovecha el feminismo para modernizarse. Lo que me interesa destacar es más importante: a un país carente de organizaciones independientes, sin tradición democrática, con una todavía precaria sociedad civil, el feminismo y el movimiento de liberación sexual en general le están aportando una perspectiva crítica para entender la "condición femenina" y la "condición masculina" como productos históricos que alimentan y vigorizan la explotación laboral, la represión social y la manipulación política.

Hasta el momento, el éxito mayor del feminismo ha sido la campaña por la despenalización o legalización del aborto que de tema prohibido se ha convertido en causa apremiante pese a la oposición cerrada de la Iglesia (nacional y mundial) y la cómplice debilidad del gobierno (nacional). Una anécdota (para mí) ejemplar: hace cinco años el director de una publicación donde trabajo, arrojó al cesto una carta de feministas en pro del aborto diciendo: "¡Esto es sucio e inmoral!". Ahora, en la misma publicación, aparecen con frecuencia alegatos a favor del aborto, sin que nadie se oponga. Esto no es sólo atribuible al "espíritu de la época" o al terror extendido ante la explosión demográfica, sino al influjo de las razones feministas. Por eso, no tiene mayor sentido establecer la eficacia de la lucha en pro del aborto libre y gratuito únicamente por sus resultados legales, evitando otro criterio fundamental: *la disminución de la opresión social*. Esto es comprobable: han menguado de modo considerable, en casi todas partes, las sensaciones de pena, vergüenza, humillación y dolor asociadas generalmente al aborto. Ciertamente no ha sido el feminismo el responsable de la desaparición de la Honra como el primer valor familiar. Pero sí es atribuible, en buena medida, a propaganda y luchas feministas el cambio de actitud en decenas de miles de mujeres que, al abortar, no se consideran "víctimas del pecado" o "desechos humanos", sino seres que, de modo consecuente, eligen el alcance de sus responsabilidades. ¿A quién puede ya convencer el obispo de Tlalnepantla cuando fustiga a las mujeres por creerse "dueñas de su propio cuerpo"? Sólo, como lo probó la escuálida manifestación del movimiento Pro-Vida contra el aborto, a núcleos muy reducidos y fanatizados. De modo no explícito o verbalizado, quienes abortan (situación todavía exclusivamente femenina pese a los priistas que declaran idénticos los problemas de hombres y mujeres) le confieren a su acto una dimensión política, de resistencia al autoritarismo familiar o gubernamental o eclesiástico, de insubordinación ante destinos trazados desde fuera. Es un gran avance político reivindicar el derecho al cuerpo propio.

Por eso, la mayor victoria del feminismo se está dando a través de un proceso de *contagio* o *contaminación social*. Hoy las burlas a las "mujeres que se creen hombres" se mezclan con la inquietud ante los señalamientos y acusaciones de machismo (ironía de los setenta: ¡se ha vuelto término inculpatorio lo que fue todavía hace poco el mayor Timbre de Orgullo de un Hombre Cabal!).

Se puede decir, y con razón, que a las clases populares no les afecta visiblemente este contagio persuasivo: en ese ámbito ni los machos dejan de serlo por vergüenza cultural, ni las mujeres se consideran habilitadas para el libre uso de su cuerpo (no sólo en lo relativo al aborto). Pero, dada la rapidez de los cambios sociales, tanto el descenso de *prestigio interno* del machismo como la discusión pública de la despenalización del aborto, la efectiva igualdad jurídica de la mujer, el salario al ama de casa, el castigo legal a los violadores, los derechos homosexuales, etcétera, resultan avances no minimizables si se consideran los criterios de explotación capitalista, si se piensa en los siglos de invisibilidad social para las mujeres y las minorías marginadas o si se considera la estrategia de la moral tradicional que, sustentada en la Iglesia, insiste en no concederle beligerancia alguna a las mujeres y se obstina en no reconocer, fuera de las páginas policiales o la compasión destinada a lo abyecto, la existencia civil de los homosexuales.

El machismo tradicional, puesto a la defensiva, intenta actualizarse, volverse sofisticado, renovar sus prestigios. Si antes (la tesis de Samuel Ramos en los años treinta) el machismo se usó para desacreditar aún más a las clases populares, hoy es prueba de anacronismo cultural. Si "ser macho" fue signo de orgullo (desafío, identidad arrogante no ligada a sensaciones autocríticas), ahora, a fines de los setenta, el antimachismo es categoría cultural arraigada en sectores ilustrados que, al diseminar términos como "sexismo", arrincona o hace de lado las formas más reaccionarias de la ideología patriarcal.

La izquierda también ha sufrido transformaciones importantes. Durante muchos años, la izquierda "ortodoxa", de filiación estalinista, desdeñó y combatió el feminismo por "pequeñoburgués" y por "restarle fuerzas a la lucha contra el enemigo principal". Esta izquierda le opuso al feminismo su célebre *apocalipsis de la bondad*: todo se resolverá con el triunfo del socialismo; mientras tanto, conviene aplazar luchas parciales o fraccionadas como el feminismo para esperar todos juntos el advenimiento de la liberación integral. Ahora, sólo grupúsculos estalinoides en vías de liquidación como el Partido Popular Socialista sostienen sin ruborizarse estas "teorías" aunque distan mucho de precisarse situaciones como la doble militancia política de las mujeres o el "interclasismo" de las organizaciones feministas. Pero se resquebrajan diversos prejuicios ancestrales de la izquierda y una prueba adecuada es la reciente formación del Frente Nacional de Lucha por la Liberación y los Derechos de la Mujer, con la participación de distintos partidos (Comunista y Revolucionario de los Trabajadores), de sindicatos universitarios, de grupos feministas, etcétera.

Si en el espacio de la izquierda el principal debate se da en torno a la autonomía del movimiento feminista, en una discusión más amplia el punto más controvertible sigue siendo el control de la natalidad. Incluso militantes respetables abogan por la fertilidad inextinguible y se aíslan de la lucha por la legislación del aborto, aduciendo que la multiplicación de las masas será la señal de extinción del imperialismo, o se oponen a toda medida demográfica calificándola de malthusiana y empleando hipótesis igualmente convincentes: el homosexualismo es una enfermedad diseminada por los imperialistas y la CIA para quebrantar o debilitar el viril combate de los pueblos del Tercer Mundo (tesis, por ejemplo, del profesor José Santos Valdés en artículo no intencionalmente humorístico).

La fuerza de estos movimientos debe también medirse a través de sus expresiones límite. En dos manifestaciones donde han participado los grupos feministas y homosexuales (26 de julio y 2 de octubre de 1978), la respuesta ha sido variada, pero por lo común sorprendentemente respetuosa. En este reconocimiento social y político de la izquierda intervienen elementos diversos (invisibilidad social que se prosigue a través de la sorpresa, actitud distante hacia los "*freaks*", etcétera), pero también se advierte un auténtico desarrollo social. No ignoro los gravísimos inconvenientes de la "tolerancia", técnica de inmovilización política y táctica de modernización burguesa (*cf.* el lúcido ensayo de José Joaquín Blanco, *Ojos que da pánico soñar*), pero a este riesgo lo atenúan las transformaciones aceleradas del país y las decisiones militantes.

Por lo demás, logros y batallas se están produciendo básicamente en el terreno político. El feminismo busca informarle a las mujeres de que su inferioridad programada es parte esencial de la plusvalía capitalista, y los movimientos de liberación sexual intentan establecer con claridad que un primer derecho civil es el uso del propio cuerpo. De allí la vinculación obligada de estas luchas de liberación con el proceso general de democratización del país y la suerte colectiva de los derechos civiles. Si la izquierda comprende —como parece estar haciéndolo en sus sectores de vanguardia— los muy concretos e irrenunciables derechos de las mayorías y minorías marginadas y aplastadas por un sexismo que es también explotación económica, se habrá dado un paso fundamental. Otro será la toma de perspectiva respecto a limitaciones y querellas dentro de los movimientos liberacionistas. Es cierto: es menguado el tiraje y muy irregular la aparición de las publicaciones, los grupos son, de hecho, grupúsculos y suelen dividirse por polémicas sectarias o brotes de caudillismo, etcétera. Pero esto significa bien poco en función de lo obtenido masivamente y, por lo mismo, conviene revisar las nociones de *reformismo* y *estrategias de largo alcance.* En lo tocante a las diferencias individuales, todo logro puede ser radical. Disminuir o suprimir la humillación personal y la desolación familiar en el caso de quienes abortan es empresa suficiente en sí misma, como lo es también la conciencia sindical o cualquier uso concreto de derechos constitucionales y civiles en los casos de mujeres violadas o golpeadas o explotadas sexualmente en sus trabajos, de homosexuales vejados y chantajeados en redadas, etcétera.

He intentado resumir algunos avances indiscutibles de las luchas feministas y de liberación sexual en México. Falta examinar otros resultados (democratización y paulatina seriedad de la información sexológica, respeto creciente en el tratamiento del tema en los medios masivos, agotamiento del humorismo fácil y sus sarcasmos sobre "liberadas" y "jotos rojos", etcétera), pero, en lo fundamental, se puede *reducir* lo obtenido en el capítulo de liberación sexual a estos puntos: *a)* disminución general y sectorial de presiones sociales y familiares; *b)* eliminación mínima de la invisibilidad y opresión de las minorías marginales; *c)* polarización del "linchamiento moral" de minorías que, al concentrarse en las publicaciones amarillistas (*Alarma, Alerta, Homicida*), ha perdido ya parte de su atractivo catártico sobre las distintas sociedades de México; *d)* reubicación central del tema (del problema) de la liberación sexual, lo que neutraliza ya, en buena medida, los fervores manipulatorios: la señora Griselda Álvarez, candidata a gobernadora de Colima, se ve forzada a deslindarse: "No soy feminista, soy humanista"; *e)* creciente eliminación de la pasividad de las víctimas: se multiplican las denuncias por violaciones y empiezan a producirse las reclamaciones judiciales ante la arbitrariedad e inconstitucionalidad de las redadas; *f)* asimilación de un lenguaje derivado de los movimientos europeos y norteamericanos

49

al cual va "nacionalizando" el desarrollo de las luchas: así, la expresión "derecho al uso del cuerpo" empezó siendo frase erótica y hoy, en decenas de miles de mujeres, es el punto de partida de su comprensión de la realidad.

En menos de diez años, los movimientos feministas y de liberación sexual, pese a los enormes escollos internos y externos, son ya un elemento insustituible en la construcción de la sociedad civil, en la crítica de la explotación capitalista, en la visión de un socialismo democrático.

3
PERO ¿HUBO ALGUNA VEZ ONCE MIL MACHOS?

Machismo: si me han de matar mañana

¿Cuál es el sentido histórico de una palabra clave: *machismo*? Sin ánimo de responder, describo muy esquemáticamente un proceso. En México el término se prodiga *después* de las luchas revolucionarias para señalar a los hombres entre los hombres, quienes encarnan con denuedo la moral de la época, se irritan ante la posposición de la muerte, dan clases de serenidad ante el piquete de fusilamiento o la artillería enemiga. El *macho* representó la cúspide de un pacto presentado como "el arrojo de la especie". Si el concepto *hombre* contenía y exhibía la opulencia y la entrega bravía, su vocablo antagónico y complementario afirmó una actitud y la convirtió en herencia social: que nadie dude del valor supremo de *ser macho*, la virilidad es el mayor sentido de cualquier conducta y a la virilidad la expresan la indiferencia ante el peligro, el menosprecio de las virtudes femeninas, la afirmación de la autoridad en cualquier nivel. La vida vale mientras no se le aprecie demasiado. Da asco todo aquello que traiciona el ánimo escénico que expresa a los machos: mirada indiferente ante la extenuación física, ternura fugaz ante la mujer amada, desprecio por quienes faltan al compromiso de no rajarse. Lo que a fin de cuentas no es sino requisito indispensable de una época de violencia revolucionaria aparece como la conquista social que, al tiempo que reafirma la inferioridad de las mujeres, se convierte en incentivo bélico.

Machismo: ¡por su mamacita, no me dejen vivo!

Al ir adquiriendo mayúsculas la Revolución mexicana, un lenguaje de época reaparece como mitología pública. Admiren al macho a partir de la vestimenta, véanlo hablar, miren la gallardía con que nos mira desde la foto histórica... No se pueden manejar los temas de la crueldad y la barbarie; no hay explicación convincente ni disculpa que funcione. Mejor alisarlos o ignorarlos, olvidarse de la ferocidad con los vencidos e imaginarlo todo como feria del virtuosismo y de la inconsciencia: "y sin decirle una palabra a nadie, se lanzó hacia el nido de ametralladoras exponiendo el pecho ante las balas". La crueldad deviene pintoresquismo y los actos heroicos, aislados de su realidad, resultan incentivos de venta en la difusión histórica y la industria cultural. Lean, miren, observen esa época donde el *más hombre* moría de perfil, gallardamente y con lujo de detalles. Fíjense en el macho, quien prefiere acabar de una vez ante la impaciencia del fin.

La conducta paradigmática: serás hombre, hijo mío

El poema "If", de Rudyard Kipling (versión Efrén Rebolledo), termina heroicamente:

> tuya es la tierra y todos sus codiciados frutos,
> y lo más importante, ¡serás hombre, hijo mío!

Tal es, casi hasta el día de hoy, la filosofía prevaleciente, más allá de las consignas del machismo: *ser hombre* es la más alta cumbre de la conducta, ser capaz de vencer sucesiva y simultáneamente la adversidad, el egoísmo, la sinrazón, el ofuscamiento general que tacha tu entereza. "Uno se recibe de hombre" es frase muy extendida durante un siglo, que describe un canon que, en principio, excluye y condena a lo que, por su esencia, es lo opuesto: la condición de *mujer* ("y lo que menos importa; ¡serás mujer, hija mía!). La conducta patriarcal hace de un hecho natural la meta codiciada y prestigiosísima: *un hombre* es quien se deshace de debilidades, torpezas, limitaciones, para quedarse exclusivamente con la inefable madurez de los vencedores. Al definir a la hombría por el "éxito en la vida" se excluye, de modo tajante, a las mujeres... y a los fracasados. "Tu padre es poco hombre. Mira en qué situación nos tiene."/"No supo ser lo suficientemente hombre para garantizarte tu educación." Quien no logra el triunfo, derrotado y frustradísimo, debe conformarse con actuar, con escenificar a la hombría, ese privilegio de tan pocos.

El macho: al que me vea, al que no me vea y al que se haga el disimulado

Post mortem, Pancho Villa es símbolo exaltado del machismo. Su personalidad consiente tal "empleo social" en la medida de su talento de estratega, su "pintoresquismo" forzado por el clasismo y su inexorable rencor social. El periodismo, la narrativa y el cine proponen una y otra vez la esencia del personaje: familiaridad con la muerte, instinto sin contención, avidez feudal por las mujeres. Desaparece del esquema la exigencia reivindicadora que lo hizo posible, se omite el hecho de que su actitud correspondía perfectamente a la época y se le aísla como signo de barbarie, el Macho de la Revolución.

A esto, sucede una crítica más general. En 1934, poco antes de que los medios masivos conviertan a Villa de revolucionario en macho desatado, Samuel Ramos nos advierte en un libro que gozará de enorme influencia, *El perfil del hombre y la cultura en México*: la obsesión fálica del "pelado" no es comparable a los cultos fálicos, en cuyo fondo yace la idea de la fecundidad y la vida eterna. El falo sugiere al "pelado" la idea del poder. De aquí ha derivado un concepto muy empobrecido del hombre. Como él es, en efecto, un ser sin contenido sustancial, trata de llenar su vacío con el único valor que está a su alcance: el del macho. Este concepto popular del hombre se ha convertido en un prejuicio funesto para todo mexicano. Cuando éste se compara con el hombre civilizado extranjero y resalta su nulidad, se consuela del siguiente modo: "Un europeo —dice— tiene la ciencia, el arte, la técnica, etcétera, etcétera, aquí no tenemos nada de eso, pero... somos muy hombres."

Hombres en la acepción zoológica de la palabra, es decir, un macho que disfruta de toda la potencia animal.

De la crítica cultural se desprende una sentencia: el machismo es *concepto popular*, mal típico de las clases inferiores, delito que se agrega a los otros de la pobreza. En principio, un macho es un pobre al que sólo le quedan como recursos para hacerse notar la indiferencia ante la muerte propia o el dolor ajeno. La burguesía se actualiza lo suficiente para sonreír crónicamente ante los albañiles que golpean a sus mujeres o tienen demasiados hijos, en demasiadas partes y, además, el proceso de modernización del país atraviesa también por las mujeres, por su presencia simbólica en la política y efectiva en el trabajo. El machismo queda como el espejo deformado adonde se asomarán, sonrientes y sometidas, las clases subalternas.

El macho: de plano, eso no nos gusta

"Los mexicanos somos sentimentales por naturaleza. Cuando hay luna llena, salimos a verla. Nos gustan los atardeceres. Amamos la naturaleza. Nos gusta ver una flor hermosa. ¿Sentimentales? Para la gente del norte quizá seamos cursis. Eso le da un impulso tremendo y maravilloso a nuestras almas. Es natural para nuestra gente estallar en una canción. Mientras más simple es la gente, más hermosa resulta. En ellos se da un contraste: se enojan, pueden matar y quizá lo lamenten después, pero no saben odiar... En cambio, por todo el mundo encuentro muchachos vestidos de mujeres y mujeres vestidas de hombres. De plano, eso no nos gusta." Declaraciones a *Film and Filming*, junio de 1963, del director de cine Emilio *El Indio* Fernández.

El macho: y me he echado el compromiso con la tierra en que nací

El descrédito de un concepto atraviesa por su ideologización forzada. El cine, la radio, la canción popular toman un término y lo vuelven show: "Yo soy puro mexicano/y me he echado el compromiso con la tierra en que nací/de ser macho entre los machos/y por eso muy ufano yo le canto a mi país". ¿Qué es ser "macho entre los machos"? Mostrar coraje físico, probar la capacidad amatoria, no dejarse de nadie (fuera de las horas de trabajo), parecerse lo más posible a las presencias cinematográficas: Jorge Negrete, Pedro Infante, *El Indio* Fernández, David Silva, Arturo de Córdova, Pedro Armendáriz. La suprema virilidad es dramatizable, es comportamiento escénico en una sociedad excesivamente atenta a los gestos individuales, a la resonancia de gestos y modos de caminar. En las películas del *Indio* Fernández, Pedro Armendáriz es perfecto: su rostro, su voz iracunda, para hacer sentir su presencia, su fuerza impositiva que contrasta con la debilidad programática de su pareja Dolores del Río. En esas películas míticas de los treinta y los cuarenta, sobre un mundo sin historia y realidad, Jorge Negrete es exacto. Él canta: "tus hombres son machos y son cumplidores, valientes y ariscos y sostenedores, no admiten rivales en cosas de amores", y los espectadores saben que él no está proponiendo una forma de vestir o siquiera comportamiento, sino algo más expropiable: la altanería que hace falta para afirmarse, el curso de personalidad indispensable en una tierra donde la timidez es subproducto de siglos de dominación.

4
"¡NO QUEREMOS DIEZ DE MAYO, QUEREMOS REVOLUCIÓN!" SOBRE EL NUEVO FEMINISMO

La celebración del 8 de marzo, Día Internacional de la Mujer, resultó particularmente melancólica en la ciudad de México. Una marcha "poco concurrida" (eufemismo de solidaridad), artículos y reportajes con murmuraciones necrológicas, mesas redondas ordenadas por la obligación de hacer pasar el tema por el ojo de la aguja de la crisis. Tal "fervor caído" corresponde a lo observable en los grupos feministas de la capital: pérdida del primer "entusiasmo del descubrimiento", debilidad de los proyectos autónomos (asimilación a las tareas de partidos o a las empresas gubernamentales), certidumbre tácita en algunos sectores sobre el efímero carácter de "moda" de feminismo mexicano, agotamiento de repertorios verbales, cerrazones ideológicas, lucidez sin contexto de movilizaciones.

¿Qué ha quedado de la vehemencia y de la brillantez que desplegaron el feminismo y, en general, los movimientos de liberación sexual durante la década de los setenta? ¿En qué se han convertido su poder de provocación e irritación, su audacia política, la intrepidez con que desafiaron tabúes y prohibiciones expresas para usar la calle, los periódicos, los medios masivos, las asambleas estudiantiles, incluso las manifestaciones religiosas? ¿En qué han fructificado la agresividad de consignas y apariciones en público, la imaginación que produjo, al parecer de la nada, marchas jubilosas y combativas, la rabia esencializada en mantas y discursos, los excelentes documentales, las canciones, las obras de teatro panfletarias, la convicción que sostenía interminables debates y conferencias, el primer humor corrosivo de una sensibilidad marginal que irrumpió con desesperada vitalidad en el escenario del país?

El fenómeno es tan reciente y tan vasto que no consiente respuestas muy categóricas, ni optimismos o pesimismos fáciles. Lo más evidente es que, en gran medida por la pulverización individualista de la crisis, han dejado de obtener respuesta suficiente las técnicas más difundidas, las actitudes de los grupos en su mayoría de clase media universitaria, concentrados en el Distrito Federal e ideologizados hasta la parálisis, que se sectarizan en la medida en que no hallan eco entre obreras y campesinas, o en que no logran una aproximación importante a las colonias populares, donde es tan decisiva la participación de la mujer.

Al panorama anterior, de retroceso y confinamiento, lo matizan diversos hechos:

El estallido de la crisis, en cuyo afamado túnel apenas se va entrando, ha congelado o demolido casi todas las estrategias previas de toda la izquierda. Las manifestaciones contra la carestía, por ejemplo, han movilizado a los pequeños sectores de siempre, y de ningún modo han tocado a las amas de casa.

El ánimo feminista que se conoció entre 1976 y 1980 en el Distrito Federal se expresa ahora en provincia, en ciudades tan insospechadas como Puebla, Morelia, Durango y Colima. La existencia, pese a todo, de colectivos feministas en estos lugares, el clima de discusión en otras partes, evidencian que el feminismo dista de ser una "moda de importación", así su éxito inicial haya sido apuntalado por la admiración que en muchas mujeres de clase media causó el vigor de los movimientos europeos y norteamericanos.

Por primera vez el Estado mexicano, tanto por razones de modernización obligada como por su tradición camaleónica, reconoció algunas razones feministas durante la pasada campaña presidencial. En un acto del Instituto de Estudios Políticos, Económicos y Sociales (del PRI), el candidato De la Madrid aceptó "explícitamente que si bien la Revolución mexicana ha sido capaz de consagrar el principio y la normatividad de la igualdad (entre hombres y mujeres), la realidad está lejana del principio político y de la norma jurídica", y declaró también: "La libertad en México no es igual para la mujer que para el hombre, no hay libertad igual para la mujer si no puede tomar sus decisiones con márgenes de alternativa". Este tipo de discurso está ya demasiado lejos de la "caballerosidad y el respeto hacia la madre sublime" mostrado por los anteriores candidatos del PRI, y prueba la urgencia gubernamental de adoptar fórmulas verbales del feminismo antes de proponerse cualquier modificación política. Esto es algo más que un "saqueo semántico", es el principio de una asimilación forzosa de puntos de vista y programas. La complejidad de la sociedad mexicana ya no tolera "representaciones simbólicas de la mujer" como técnica de gobierno, y eso lo exhibe la rampante inutilidad de diputadas, senadoras y funcionarias que lo han sido en función estricta de su representatividad biológico-ideológica.

En relación con lo anterior, el desarrollo acelerado y muchas veces violento de los procesos sociales y la agudeza misma de la crisis han puesto en claro el término de un proyecto de nación fundado en exclusiones totales y concesiones mínimas. Desde el principio del México independiente, la ética prevaleciente le reservó a la mujer como único sitio "el hogar", y en su turno, la filosofía burguesa, al fundar el Estado sobre y contra el individuo, excluyó a la mujer del nuevo Estado-nación. Carente de ciudadanía y separada radicalmente de la estructura civil, la mujer no se agregó a la nación en 1953 (cuando Ruiz Cortines confió tanto en la alianza con la Iglesia que le concedió el voto "a las féminas"), sino después, cuando ya fue irrefutable la presencia feminista en el aparato productivo. Esta inserción en la vida pública de México no dispone aún de suficientes vías institucionales, y está enmarcada por la desconfianza y la manipulación del grupo gobernante. Sin embargo, es un acontecimiento económico, político y social que actúa de modo ubicuo: diputadas del PRI que exigen la despenalización del aborto, autocrítica respecto a las ya inservibles "asociaciones de mujeres", críticas de funcionarios y líderes obreros y campesinos que señalan a la Iglesia católica como "el principal obstáculo" para la planificación familiar por sus prédicas contra los anticonceptivos y el aborto, etcétera. Sea lo que fuere, el nuevo proyecto de nación que surja de la crisis tendrá que incluir, orgánicamente, a las mujeres y sus derechos irrestrictos.

Feminismo y movimiento de mujeres

Si algo, la rapidez y variedad de los acontecimientos subraya los distingos entre movimiento de mujeres y feminismo. "En México —aclara Marta Lamas en su ensayo *El nuevo feminismo en México*—, movimiento de mujeres no es sinónimo de movimiento feminista; éste es sólo una de sus manifestaciones. Paralelamente a su participación en movimientos políticos y sociales mixtos, las mexicanas se han movilizado específicamente como mujeres por razones diversas y con fuerza excepcional. Desde las luchas laborales y sindicales de obreras y empleadas, las peleas de mujeres campesinas por tierras, agua o medios de producción, hasta los recientes intentos de organización en torno a demandas específicamente feministas (las amas de casa que pelean que la empresa donde trabajan sus maridos las reconozca como trabajadores, después de haber visto a la empresa recargarles tareas que antes asumía, o las empleadas que se niegan a usar su uniforme de minifalda por considerar que se les está utilizando como objetos sexuales), pasando por las peleas que tradicionalmente han emprendido las mujeres al solidarizarse activamente con las luchas de sus compañeros —formando comisiones de apoyo o promoviendo los comités de familiares de desaparecidos—, todas estas movilizaciones se han llevado a cabo sin una estructuración o perspectiva feminista explícita." A lo descrito por Lamas habría quizás algo que agregar: las amas de casa que se niegan a prolongar en su hogar la explotación laboral de sus maridos, o las empleadas que no desean añadir su atractivo corporal a su desempeño profesional están actuando, en verdad, de acuerdo a la consigna "lo personal es político".

¿Qué se hizo el cinturón de castidad?

Ante el feminismo, la derecha tradicional (en la medida en que se deja representar por el Partido Acción Nacional, el Partido Demócrata Mexicano y las organizaciones de conducción eclesiástica, y no en la medida en que se expresa por la inercia de la sociedad en su conjunto) no ha encontrado respuesta adecuada, salvo la oposición a una demanda básica, la

60

despenalización del aborto, y la confianza cada vez más tenue en que —sobre todo en provincia— el peso inmovilizador de la Iglesia y de la Familia le ahorre esfuerzos. Para infortunio de la derecha, la política del silencio-como-negación-de-existencia no ha traído a cambio un aluvión de faldas bajadas hasta el huesito. Su idea de "femineidad aceptable" sólo dispone de escuálidos y moribundos ejemplos (la pureza burguesa de ayer en la chusquería clasemediera de hoy), y la transformación económica del país (con su cargo impresionante aunque insuficiente de trabajo femenino) modifica la ortodoxia de la Familia nuclear.

Quizá suceda que a la derecha le toca enfrentar el feminismo en la época en que —pese a todos los desplazamientos papales— la defensa de Los Valores Tradicionales depende más del juego político mundial que de cualquier respeto a las herencias sagradas de los ancestros. Antes de la década de los setenta, el feminismo había sido en México la actitud heroica y admirable de unas cuantas mujeres rodeadas de la incomprensión y la burla generales. Pero los dispositivos de su rápido y fulgurante desarrollo ya estaban instalados, y eso no dependió de la voluntad de modernización de las clases medias, sino de una exigencia de crecimiento nacional, que al estallar sorprendió a una derecha segura de contar para siempre, en sus negociaciones y enfrentamientos con el Estado, con una institución familiar (una visión ahistórica de la mujer) inmutable.

"¡No queremos diez de mayo, queremos revolución!"

Vuelvo a mi punto de partida. No obstante la debilidad ostensible del movimiento feminista hoy, si medimos sus logros por el grado de influencia social y cultural alcanzada, los resultados son impresionantes. Si recordamos que el feminismo anterior quedó cercenado de la vida nacional por las asimilaciones del PRI, y que el vínculo entre las luchadoras socialistas de los veinte y los treinta y una nueva generación sólo se recuperó lentamente a partir de 1968, es admirable lo conseguido en poco más de una década de acción militante. Un nuevo feminismo —ya no cargado de anarquismo, racionalismo, positivismo, evolucionismo, idealismo, experiencias de mutilación social extrema y vagas naciones de marxismo— aparece con su mezcla de marxismo herético, ideología juvenilista, conductas heterodóxicas, rechazo del sistema priista, odio al machismo y enjuiciamiento crítico de la sociedad patriarcal y, en pocos años, trasciende con mucho su radio deliberado de acción y alcanza, de modo difuso pero efectivo, a vastas zonas de la población. En un país donde son todavía débiles las organizaciones independientes y en donde la sociedad civil sigue siendo en gran medida un clima de opinión sin poderes de decisión, el feminismo velozmente se ofreció como la perspectiva indispensable (y en rigor única, de acuerdo a un criterio racional) para entender la "condición femenina" y la "condición masculina", esos productos históricos que declarados eternos, vigorizan la explotación laboral, la represión social y la manipulación política.

Muchos elementos contribuyeron a la celeridad con que prendieron consignas y prédicas del nuevo feminismo: la posición de la mujer en la producción, el crecimiento de la educación superior (con una considerable participación femenina), la explosión demográfica con sus ciudades infinitas y su debilitamiento de la moral antigua y el poder parroquial, la difusión del marxismo, el poder mimetizador de los *mass-media*, la demolición de la antigua provincia (con su consiguiente derrumbe de tradiciones), la inserción de México en un panorama mundial, la incapacidad de la Iglesia para contener una movilidad ideológica y mental expresada en el índice de divorcios y abortos y en el anacronismo súbito de términos antes audaces como "amor libre", la decisión engendrada a muy alto costo en 1968 de democratizar la vida nacional, la intensidad propagandística del Women's Liberation Movement y del Gay Liberation en Estados Unidos e Inglaterra.

En un plazo brevísimo, el feminismo en México dispuso de una armazón teórica (no muy amplia, pero suficiente), de un espacio social en los centros de enseñanza superior y en la clase media de origen universitario, y de las ventajas de su irrupción inesperada. De entrada, el movimiento existió a partir de la fuerza de sus insistencias: el cuestionamiento de la sociedad patriarcal, la ubicación y definición del sexismo (vocablo que expresó más y menos que el anterior machismo, pero que cubrió un terreno mucho más vasto), el señalamiento reiterativo de que "lo personal es político", la crítica y la ridiculización de la doble moral sexual (hasta entonces detenida en la petulante frase de don Luis Mejía a don Juan Tenorio, a propósito de una seducción: "La habéis dejado imposible para vos y para mí"), la lucha por la despenalización del aborto, el examen de la sujeción del ama de casa, el primer análisis de la servidumbre doméstica, el rechazo a la violación.

Toda una temática, desconocida, oculta, negada, sepultada por siglos de prejuicios y convenciones, y miedos, emergió para no retornar más a la oscuridad. Lucha de clases, lucha de sexos, trabajo invisible y gratuito, imposibilidades y esclavitudes que afectan a todas las mujeres en su conjunto, y a cada una en particular. Todo un orden fue enjuiciado de golpe; el orden que le prohibió a Sor Juana Inés de la Cruz seguir escribiendo, que ignoró los esfuerzos libertadores de Juana Gutiérrez de Mendoza y las anarquistas, que canceló la vida partidaria de Benita Galeana y sus semejantes, que obligó a muchos escritores a "profesionalizarse como mujeres", que convierte al trabajo doméstico en el infierno circular que narra Elena Poniatowska en su admirable prólogo a *Se necesita muchacha* de Ana Gutiérrez (prólogo que es, voluntaria e involuntariamente, un gran manifiesto feminista), el infierno de la minucia implacable y gigantesca de las sirvientas:

> […] tallar de nuevo, echar Holandesa o Bon Ami, blanquear, tallar por tercera vez, escobetear, tallar, desempolvar, trapear, lavar, enjuagar, tallar, sacudir, guardar, acomodar; todos los verbos de rodillas dobladas están ligados al trabajo doméstico. Levantar, trapear, escombrar, cargar, cocinar, acarrear, contestar el teléfono, destapar, abrir, servir, servir, servir, hacer todo lo que los demás no quieren hacer, levantar todo lo que se deja tras de sí, recoger los calcetines del suelo, restregar contra la piedra del lavadero los calzones con su riel de oro, el arco gris de mugre de los puños de las camisas, el polvo que se junta en círculos, el polvo que gira esférico sobre las pantallas, el polvo circular sobre la bola de cristal del futuro, el polvo sobre las manzanas, el polvo redondo de las cosas, el polvo que se hace irrespirable y va rodando en una sola bola llamada tierra, el que hay que barrer de los rincones, el que se amontona sobre los buenos propósitos y debe sacarse junto con la basura de la

63

mañana… (Prólogo a *Se necesita muchacha. Historia de la formación del Sindicato Peruano de Trabajadores del Hogar*, FCE, 1983.)

Muchas cosas ya se sabían y todas se vivían acerbamente, pero al feminismo se debe la articulación panorámica y la creciente claridad ideológica sobre el conjunto. La fórmula "Lo personal es político", pese a los riesgos inevitables de cualquier generalización, ha ido modificando paulatinamente la percepción de numerosas actividades, del ámbito doméstico al partidario, lo que, como afirmó el Foro Nacional de Mujeres del PSUM (febrero de 1982), "para el movimiento obrero significa el conocimiento de la importancia de lo privado para el funcionamiento de lo público, a la vez que significa la exigencia de una recomposición entre privado y público, de una politización que se basa en la socialización". Si el movimiento obrero todavía no parece reconocer tales enseñanzas, éstas sí han actuado poderosamente en la vida cotidiana y en la conducta política de decenas de miles de mujeres.

Las palabras y las cosas que ya no quieren serlo

No sólo es cuestión de ampliación de nomenclatura —sexismo-falocracia-chovinismo masculino—; en una escala mucho más profunda, las distintas sociedades mexicanas se han modificado, en diversa medida gracias a las razones y alegatos del feminismo. No es posible ahora saber de qué manera, pero un proceso de cambio radical se inicia al irse precisando los métodos que han obligado y programado la inferioridad de la mujer (de esa mayoría con mentalidad programada de minoría). Hoy se sabe que todas las sociedades, en mayor o menor medida, conocen su convicción fundadora en el sexismo, que no depende de modo mecánico de los sistemas de poder, trasciende ideologías y estructuras económicas y hace de lo femenino una respuesta natural e instintiva. "Las reglas del juego en esta sociedad —dice Susan Sontag— son crueles con las mujeres. Educadas para no ser nunca completamente adultas, pasan a ser obsoletas antes que los hombres. De hecho, pocas adquieren libertad o expresividad sexual antes de los treinta años. El hecho de que maduren sexualmente más tarde —mucho más tarde que los hombres— no se debe a razones biológicas sino a la cultura que las retarda en su desarrollo; como siempre se les niegan las salidas sexuales que se permite a los hombres, les toma más tiempo desprenderse de sus inhibiciones."

Eso ha puesto en evidencia la argumentación feminista. El sexismo es también una psicología que minimiza —a través de creencias y tradiciones— cualquier posibilidad igualitaria del ego femenino. Es un fenómeno de clase, un hecho sociológico, un sistema económico y educativo, una teoría de la fuerza, una presunción biológica, una estructura antropológica que somete a mitos y religiones. El sexismo conoce su forma política más lograda en el patriarcado y su institución evidente en la familia.

Pero ¿hubo alguna vez once mil machos?

Entre los grandes logros del feminismo se encuentra su problematización aguda de tres temas: el trabajo doméstico, el aborto y la violación. En su ensayo "¿Salario para el trabajo doméstico?", Alaíde Foppa cita a la feminista italiana Giuliana Pompei:

> Uno de los principales descubrimientos que hicimos al empezar a mirar a nuestro alrededor como mujeres fue precisamente la casa, la estructura familiar como lugar de explotación específica de nuestra fuerza de trabajo. Debíamos, por tanto, darle preferencia en nuestro análisis a esa esfera "privada", a estos muros domésticos ante los cuales se detiene el análisis marxista de clases, y también la práctica de la organización política de la izquierda, parlamentaria o no. En la casa descubrimos el trabajo invisible, esta enorme cantidad de trabajo que cada día las mujeres están obligadas a realizar, para producir y reproducir la fuerza de trabajo, base invisible —porque no pagada— sobre la cual se apoya toda la pirámide de la acumulación capitalista. Este trabajo nunca se presenta como tal, sino como misión cuyo cumplimiento enriquece la personalidad de quien lo hace. Una mujer es una madre, esposa, una hija cariñosa,

sólo si está dispuesta a trabajar para los demás horas y horas en días de fiesta, en vacaciones, de noche, y sin quejarse. Esta relación de trabajo se ve siempre, y solamente, en términos personales: es un asunto personal entre una mujer y el hombre que tiene el derecho de apropiarse de su trabajo. Se le explica continuamente a la mujer que su mundo es la familia y no la sociedad: en la familia debe, pues, desahogar las contradicciones vinculadas a la división del trabajo entre hombres y mujeres que la sociedad le impone.

El derecho al cuerpo

De tema prohibido, la campaña por la despenalización o legalización del aborto se ha convertido en causa apremiante pese a la oposición de la Iglesia (nacional y mundial) y la complicidad del gobierno (nacional). Una anécdota para mí ejemplar: hace diez años, el director de una publicación muy conocida arrojó al cesto una carta de feministas en pro del aborto, diciendo: "¡Esto es sucio e inmoral!". Tres años después, allí mismo salieron con frecuencia, sin oposición alguna, alegatos en favor del aborto. Esto no es sólo atribuible al "espíritu de la época" o al terror ante la explosión demográfica, sino al influjo de las razones feministas, a su uso convincente y dramático de las estadísticas: más de millón y medio de abortos y 25 mil muertes al año.

La violación es un tema contiguo que, como lo han probado las feministas y su altísima frecuencia, no es necesariamente patología (en ese caso, la Revolución mexicana, con sus centenares de miles de violaciones, hubiese sido un fenómeno más propio de la psiquiatría que de la historia), sino una demostración límite de la mentalidad patriarcal, que va del abuso brutal a la continuidad de la violación por otros medios: el terror de formular la denuncia, la vergüenza de la familia, las exacciones y humillaciones del aparato judicial contra las denunciantes. La violación es un crimen sexual en cadena. No empieza en el violador ni termina en la comisión del acto. Empieza en una cultura que hace de cualquier relación sexual (del matrimonio al encuentro ocasional) una interminable cadena de violaciones que "forzosamente complacerán a la víctima". (No hay humor más despreciable que el extraído del hecho de la violación.) Educados en un penoso culto a la "hombría", convencidos sinceramente de que la mujer sólo eso desea, incapacitados para recibir crítica alguna o para enfrentarse verdaderamente a sus explotadores, abrumados por sus dificultades, muchos recurren a la violación como el supremo acto de afirmación del Yo o como el desquite. Pero esta explicación o muchas otras similares no alcanzan a volverse una justificación. Las mujeres tienen el derecho de movilizar al Estado y a la sociedad en defensa de su integridad física, exigiendo el cumplimiento estricto de las leyes contra los violadores.

La honra y quien la puso

Es por lo pronto inútil decidir la eficacia de la lucha en pro del aborto libre y gratuito, o de la aplicación de la ley a los violadores, ateniéndose únicamente a sus resultados legales. Hay otro criterio básico: la disminución de la opresión social. La joven que recientemente acusó al chofer de la embajada de la India por violación, y obtuvo su consignación, trascendió prejuicios e inhibiciones y mostró que la verdadera vergüenza debe recaer sobre el violador, no sobre la víctima. En el asunto de las violaciones, la victoria no depende tanto de la relativización del valor social de la honra, como del coraje y de la valentía de las denunciantes. Esto es comprobable: han menguado de modo considerable, en casi todas partes, las sensaciones de pena, humillación y dolor asociadas generalmente al aborto, y sucederá algo similar con la violación, en la medida en que aumenten las denuncias públicas y la comprensión ideológica y política del tema.

Ciertamente, no ha sido el feminismo el responsable mayor de la desaparición de la honra como el primer valor familiar. Pero si es atribuible, en buena medida, a propaganda y luchas feministas el cambio de actitud en cientos de miles de mujeres que, al abortar, no se consideran "víctimas del pecado" o "desechos humanos", sino seres que, de modo consecuente, eligen el alcance de responsabilidades. Sin duda, hay también cientos de miles que, en el ejercicio respetable de sus creencias, piensa que de abortar privarían de la vida a un ser humano y se estremecen al oír

67

a los obispos fustigar a las mujeres por creerse "dueñas de su propio cuerpo". Por eso, así las manifestaciones del grupo Pro-Vida sólo movilicen a núcleos muy reducidos y fanatizados, la causa contra el aborto dispone todavía de un gran consenso social que involucra públicamente a muchos de quienes lo auspician en privado. Pero también, de modo no explícito o verbalizado, quienes abortan (situación todavía exclusivamente femenina, pese a quienes declaran idénticos los problemas de hombres y mujeres) le confieren a su acción una dimensión política, de resistencia al autoritarismo familiar o gubernamental o eclesiástico, de insubordinación ante un destino trazado desde afuera. Reivindicar el derecho al cuerpo propio es un gran avance político

La contaminación social

La victoria mayor del feminismo se da a través de un proceso doble: de contagio o contaminación social y de acreditación cultural. Hoy, las burlas a las "mujeres que se creen hombres" se mezclan con la inquietud ante las acusaciones de machismo (ironía de la pequeña historia: ¡es ya vocablo inculpatorio lo que fue hasta hace poco el gran Timbre de Orgullo de un Hombre Cabal!). Esto afecta principalmente al "sector ilustrado"; a las clases populares todavía no les toca visiblemente este contagio persuasivo: en ese ámbito ni los machos dejan de serlo por vergüenza cultural, ni las mujeres se sienten habilitadas para el libre uso de su cuerpo (así practiquen el aborto en gran escala). Recuérdese la conclusión de Simone de Beauvoir, luego de un encuentro con obreros: "Cuando hablamos de la opresión que ellas sufren de parte de sus maridos, nos hicieron entender muy claramente que se sentían mucho más próximas a sus maridos proletarios que a una mujer burguesa".

Sin embargo, la rapidez de los cambios, el abrupto descenso del prestigio interno del machismo y la ventilación pública de temas como la despenalización del aborto, la efectiva igualdad jurídica y laboral de la mujer, el salario al ama de casa, el castigo legal a los violadores, los derechos de la minoría homosexual, etcétera, son avances no minimizables, si se consideran los criterios de explotación capitalista y de moral posfeudal, si se piensa en los siglos de invisibilidad social para las mujeres y las minorías marginadas, o se atiende a la estrategia de la moral tradicional sustentada en la Iglesia y en la praxis provinciana de la familia.

Puesta a la defensiva, la actitud patriarcal intenta actualizarse, sofisticarse, renovar sus prestigios ante la amenaza de anacronismo. Si ser macho fue signo de orgullo (desafío, identidad arrogante jamás ligada a sensaciones autocríticas), ahora, el antimachismo es categoría cultural arraigada en sectores que se van ampliando y que, en la medida en que necesitan adecuarse al frenesí cambiante de la sociedad de masas, arrinconan y hacen a un lado las formas más reaccionarias de una ideología.

La izquierda machista jamás será alarmista

En la izquierda, las transformaciones importantes todavía no se traducen en la incorporación de la mujer en un proyecto orgánico, ni en la claridad respecto a la doble o triple militancia política de las mujeres y el "interclasismo" de las organizaciones feministas. Por décadas, la izquierda ortodoxa (estalinista) combatió al feminismo por "pequeñoburgués" y por "restarle fuerzas al combate contra el enemigo principal". Esta izquierda le opuso al feminismo su célebre apocalipsis de la bondad: todo se resolverá con el triunfo del socialismo, las desigualdades y los resabios machistas; mientras, conviene aplazar luchas parciales o fraccionalistas como el feminismo para esperar todos juntos el advenimiento de la liberación integral. Ahora, sólo grupúsculos estalinoides en vías de liquidación como el Partido Popular Socialista o individuos orgullosamente atrasados sostienen estas "teorías". Se resquebrajan prejuicios ancestrales y por lo menos el PSUM, el PRT y diversos sindicatos ya consideran y respetan una militancia específicamente feminista.

Si en el espacio de la izquierda política el debate principal ha sido la autonomía del movimiento feminista (¿por qué hacer una lucha separada cuando lo mejor es posponer la lucha juntos?), en un ámbito más amplio los puntos controvertidos son el miedo al enfrentamiento entre los sexos y el control de la natalidad. No sólo los curas, también viejos y abnegados militantes aseguran que cada hijo trae su pan, abogan por la fertilidad

69

inextinguible y se apartan de las campañas pro legalización del aborto (que no se relacionan con el control natal) aduciendo que la sola multiplicación de las masas extinguirá al imperialismo, o calificando de "malthusiana" a cualquier política de contención demográfica.

De mal o buen grado, la izquierda empieza a entender el feminismo como una categoría permanente. En este reconocimiento, intervienen elementos diversos (desarrollo ideológico de sectores, muy amplios, aceptación de la justicia de algunas demandas casi combinadas con gran distancia emocional, imposiciones de la vida urbana que se convierten en "ideología de la tolerancia", etcétera) que se organizan gracias a un avance genuino que neutraliza los gravísimos inconvenientes de la tolerancia, técnica de inmovilización política y táctica de modernización burguesa (*cf.* el lúcido ensayo de José Joaquín Blanco *Ojos que da pánico soñar*).

Una declaración de bienes

El feminismo busca informarle a las mujeres que su inferioridad programada es parte esencial de la plusvalía capitalista y de la gran plusvalía patriarcal, y los movimientos de liberación sexual establecen con claridad que un primer derecho civil es el uso del cuerpo propio. Por lo mismo, estas batallas dependen del proceso general de democratización y la suerte colectiva de los derechos civiles. Se dará un paso fundamental si la izquierda comprende —como lo hacen, ya en buena medida, sus sectores de vanguardia— los muy concretos e irrenunciables derechos de las mayorías y las minorías marginadas y aplastadas por un sexismo que es también explotación económica. También habrá que revisar a fondo las nociones de reformismo y estrategias de largo alcance. En lo tocante a vidas individuales, todo logro es o puede ser radical. Hay empresas eficientes en sí mismas: disminuir o suprimir la humillación personal de quienes abortan o son violadas, aprender a no delegar el sentido de la vida en otros seres, manejar la conciencia sindical o de derechos constitucionales y civiles en los casos de mujeres acosadas y explotadas sexualmente en sus trabajos, o en los casos de prostitutas condenadas a la vida más abyecta.

He intentado resumir avances indiscutibles de las luchas feministas y de liberación sexual en México. Falta examinar otros resultados:

- democratización y paulatina seriedad de la información sexológica;
- necesidad de las instituciones de incluir, representativamente, mujeres;
- respeto creciente en el tratamiento del tema en los medios de difusión más importantes;
- reconocimiento de la importancia de situar históricamente la lucha de la mujer;
- agotamiento del humorismo fácil y sus sarcasmos sobre las "liberadas";
- persistencia de la idea del movimiento por sobre las contingencias de los grupos, lo irregular y exiguo de sus publicaciones, sus polémicas sectarias, etcétera;
- disminución general y sectorial de presiones sociales y familiares;
- eliminación gradual (aunque el proceso apenas empieza) de la invisibilidad y opresión de las minorías marginadas por el sexismo;
- uso de voz pública de las mujeres que ya hablan de su cuerpo, sus deseos sexuales, sus opresiones específicas, y que producen una literatura ya importante y singularizada;
- polarización del "linchamiento moral" de minorías que al concentrarse en las publicaciones amarillistas (*Alarma, Alerta*) ha perdido ya parte de su atractivo catártico sobre las distintas sociedades de México;
- politización general (inserción progresiva en la nación) de las feministas;
- reubicación central del tema (del problema) de la liberación sexual, la que neutraliza o impide los fervores manipulatorios;
- nítida constancia del modo en que la calle es asunto exclusivamente masculino (lo que se acentúa con el aumento de la violencia urbana);

- creciente eliminación de la pasividad de las víctimas (se multiplican las denuncias por violaciones);
- división clara entre creencias y obediencia ciega a quienes interpretan las creencias, en función de los derechos y la sobrevivencia personal (la píldora, el aborto);
- mezcla de lenguaje derivado de los movimientos europeos y norteamericanos con la experiencia histórica y la realidad presente de México. Se recupera el pasado feminista y se "nacionalizan" las luchas. Así, la expresión "derecho al uso del cuerpo" empezó siendo frase críptica y hoy, en decenas de miles de mujeres, es el punto de partida de su actitud.

5
LAS JÓVENES MEXICANAS EN EL
AÑO INTERNACIONAL DE LA JUVENTUD

1. ¿Cómo situar históricamente la permanente marginación social y política de las jóvenes y las adolescentes en México? En pos de la respuesta, considérense dos instancias fundamentales: *a*) el modo en que el Estado y la sociedad acatan la ideología y el temperamento patriarcales, ordenados por la moral tradicional y encarnados en el cura y en el político convertido en "padre de la colectividad", y *b*) la visión restringida y sectorial que impera en la sucesión de proyectos nacionales en México, cuyo triunfo más contundente es el Estado que funda la Constitución de 1917, y consolidan los gobiernos de Obregón y Calles y, en 1929, el Partido Nacional Revolucionario (PNR). En la Nación que partirá hacia el progreso no hay sitio para mujeres.

La obediencia al origen. A lo largo del XIX, siglo de la formación nacional, muy pocos discuten las tradiciones prehispánicas y novohispana en relación con las mujeres, no consideradas seriamente sujetos de la Historia por crearse. En la Nación que imagina y traza el grupo de avanzada, los liberales, no intervienen ni indígenas, ni sectores marginados, ni mujeres, y esto pese a intentos excepcionales. Al reducirse tan severamente la idea de Nación y decretarse la inexistencia constitucional de las mujeres, se solidifica una tesis, por siglo y medio presupuesto indiscutido: México, en rigor, es sólo un país de adultos varones que pertenecen a las clases dominantes. Quienes no gocen de estas características serán, si les va bien, mexicanos de segunda, lo que afecta a un grupo muy protegido: las mujeres burguesas.

De tal espíritu segregador no se escapa la Constitución de 1917. No son todavía pensables la función política de las mujeres o los derechos femeninos separados de la familia, lo que equivale a decir que simplemente la mitad de la población no posee autonomía jurídica y moral. La situación varía lentamente en el transcurso de los regímenes "institucionales", condicionados en este asunto por la duda irónica y la desconfianza. Desde perspectivas a la vez republicanas y sexistas se estudia la condición civil de la mujer y se concluye desoladamente que, de dárseles el voto, se lo transferirán a la Iglesia. Verdadera o no la premisa, a quienes la formulan no les preocupa la formación política de las mujeres y no lo intentan, porque eso sería entrometerse —se supone— en un dominio estricto del hombre: su hogar. Si en 1953 ya es inevitable, por la presión de la modernidad, el voto a la mujer, a nadie se le ocurre —por desinterés y por escepticismo previo— adjuntar al voto educación alguna. Ni los políticos confían en la democracia, ni reditúa perder el tiempo "politizando" a las mujeres. Si ya no le ceden el voto al cura, se lo cederán a la estabilidad. A lo sumo, se le ofrecen a un género (escasas) posiciones representativas.

2. Proscrita de la Nación Visible, en el siglo XIX la mujer mexicana (esto es, las privilegiadas) ve en el hogar su confinamiento inevitable (con extensiones implacables: el confesionario, que es la prueba de su vulnerabilidad cotidiana, y el trato con otras mujeres, que es la reiteración por espejo de su falta de albedrío). Un consejo a las afortunadas: dense por bien servidas, cuántas desearían habitar en la Nación que cabe en una cocina, una recámara, un mercado, unos diálogos de vecinas, un trato con sirvientas. En esta *zona profana*, la educación de las jóvenes conoce diversas etapas. En el XIX, a las "señoritas de sociedad" se las educa para agradecer y agradar, son expertas en bordado, cocina, suspiros, gavotas, poemas largos memorizados a la perfección, mirada baja al salir de misa. En el libro *Presente amistoso dedicado a las señoritas mexicanas* (de 1850), editado por Ignacio Cumplido y escrito, en su mayor parte, nada menos que por Francisco Zarco, el teórico liberal, se insiste en la idea seráfica y ennoblecida de la mujer (el ángel abstracto que es, en la práctica, la esclava concreta) y se reparten consejos entre las señoritas; un fondo inmenso de piedad, compasión hacia los pobres, formación del carácter moral con la religión y la virtud, y el adorno de "su entendimiento con algunos conocimientos, que aun cuando no sean profundos,

sean útiles. Debe huir de dos extremos igualmente desagradables, que son el de una ignorancia grosera y el de una vana ostentación del saber".

Ni analfabeta ni culta. A las recomendaciones se añaden dos reglas en la conversación que harán a las señoritas agradables: la amabilidad y la cortesía. De postre, los adornos preciosos de la música y del canto. Y el regalo final, la tarea suprema: el orden y el cuidado domésticos: "¡Oh, mujeres, conoced vuestra misión en el mundo y haced buen uso de ella!".

3. A las jóvenes que, por su clase, no alcanzan el rango de Señoritas, no se les concede formación alguna. Son materia prima del pecado, del fango, de las jornadas exhaustivas, de la interminable crianza de hijos. Fornicables, paridoras, bestias de carga, estos seres, de hecho, nunca son jóvenes; dejan de ser niñas, eso es todo. E incluso su niñez es, por lo común, sin que nadie se incomode, un preparativo laboral o un ingreso a la explotación. Esta situación cubre también la segunda mitad del siglo XIX y los años del porfiriato. O se es señorita o se vive una edad sin prerrogativas adjuntas, con las disyuntivas inmisericordes o la prostitución, o la sumisión embrutecedora, o una mezcla de ambas.

Ésta es la tradición genuina de la gran mayoría de las jóvenes y jovencitas de México: la eliminación de los derechos y la multiplicación forzada de los deberes. La lucha armada, al precipitar el gran vuelco social de la década del diez, destruye formaciones feudales e instaura la movilidad social (con su mito para las masas: la ilusión del ascenso en la vida), pero no autoriza la preparación de las mujeres. El proceso de ampliación de espacios (en primer término los laborales) es largo y dispone de dos vertientes: la de clase media o burguesía, las llamadas peyorativa o vindicativamente "mujeres liberadas", y el mundo inexpresable de las mujeres de clases populares. En el primer caso, las necesidades mismas de modernización estimulan reformas, reconocimientos verbales de igualdad, críticas incesantes al machismo. En el segundo caso, la necesidad de mantener en el atraso a las clases trabajadoras favorece el presupuesto fundamental del machismo popular: la mujer es el principal recurso de mi patrimonio elemental.

4. Los medios electrónicos encargados de proporcionar casi todos los elementos de la cultura popular urbana colaboran con entusiasmo, aunque sin demasiada eficacia, a mantener la situación. El suyo es un sexismo desenfrenado, la interiorización constante de la mujer convertida en espectáculo para las masas. Pero la nueva dimensión del melodrama lo convierte, obligadamente, en algo muy distinto, y el didactismo lacrimógeno ("Sufre por otros para que no tengan que sufrir por ti") se convierte en la mezcla de pretexto y de sinceridad, de truco y de postrer apego a la tradición ("Deja que el melodrama te enseñe los nuevos estilos de comportamiento"). A lo largo de tres décadas, en la nación entera, las jóvenes y las adolescentes acuden al cine para educarse en la variedad de formas de conducta que su existencia les niega, y la radio y la industria disquera son los instrumentos que les permiten la expresión sentimental.

A la industria cinematográfica, las jóvenes le interesan mucho como público y absolutamente nada como tema a explorar (es mucho más reditable "el alma de los niños", siempre amenazados, siempre rescatables). Para ellas las funciones decorativas. Serán noviecitas santas, ingenuas a diez pasos de la Caída, coquetas que ignoran que su coquetería las devorará, sombras del paisaje hogareño. A los papeles preestablecidos, que no exigen ningún desarrollo dramático, se les rodea de un entorno igualmente esquemático, donde los hombres recios (padres tiránicos, novios enérgicos, villanos insaciables) son la exacta representación del Destino. Sin mayores averiguaciones se implanta el modelo que a las jóvenes les ofrece la nueva sociedad industrial de México: las diversiones que no implican la libertad; la entrega amorosa que no requiere del albedrío; la desgracia social que no solicita una voluntad enmendadora.

A mediados de los cincuenta, y en relación directa con los cambios en Norteamérica, está a la vista el nuevo programa de trato a las juventudes. La clase media ha crecido lo suficiente y se permite ya colaborar con la burguesía en la invención de adolescentes y jóvenes que, en su temporada de ocio patrocinado, sinteticen virtudes que son utopía de clase. El joven deberá ser ambicioso, deportivo, familiar, relajiento, enamorado, capaz de combinar el estudio con la obtención de experiencias inolvidables. La joven necesitará ser moderadamente ambiciosa, deportiva, familiar y hogareña, sentimental (lo opuesto a enamorada), capaz de combinar la preparación para la vida con la preparación para el hogar.

En los sesenta, esta tendencia de ilustrar ideales de clase con películas tontas y falsamente emotivas se allega figuras convincentes: Angélica María, Julissa, Patricia Conde, jóvenes que la pasan mal un momento para mejor oír la incitación victoriosa de Mendelssohn. De la incomprensión y el regaño a la *Marcha nupcial*. Ya pasó el tiempo en que la joven (Marga López) veía su existencia quebrantada porque sus padres (Fernando Soler y Sara García, paradigmáticamente) no aceptaban su casamiento con un ateo (Lalo Noriega) en *Azahares para tu boda* (al final de la película, Marga, tía solterona, defiende a su sobrina, Silvia Pinal, y la conmina a no dejar que le destruyan la vida como se la destruyeron a ella). Ya pasó también el tiempo de *Nosotros los pobres* (1947), donde una joven hundida "en el fango" (Carmen Montejo) no tiene derecho a ver a su hija ni a informarle que ella es la madre. A mediados de los sesenta el problema de la Honra ya no ocupa sitio central.

5. Mientras en el cine y en la literatura se debaten las imágenes y los diálogos que representarán a la "moderna juventud", a las industrias y a los centros de enseñanza media y superior adolescentes y jóvenes ingresan de manera creciente. (De modo nítido, la fijación pública del estado de la moral social va siempre a la zaga de la realidad.) Por definición, la cultura urbana desintegra a diario a la moral tradicional, y la industria farmacéutica aporta la moraleja que prescinde ya de las fábulas profesionalmente virtuosas: la píldora. Al masificarse las pastillas anticonceptivas, se diseminan también sensaciones de liberación, difusas, no ideologizadas en su mayoría, pero muy vigorosas en cuanto a sus alcances. Si los medios y la cultura masiva sólo forzadamente aceptan las dimensiones del cambio, esto no le quita su carácter totalizador.

Cálculo promedio: un millón y medio de abortos al año. A las consecuencias legales y sociales se añade la repercusión moral, la evidencia de la profundidad de los cambios. No hay —digan lo que digan los moralistas— millón y medio de asesinas, o millón y medio de mujeres en pecado mortal. Se da la renuncia masiva a la parte de una moral que obstaculiza la vida y existen las decisiones autónomas sobre su cuerpo de millones de adolescentes y de jóvenes.

¿Por qué lo anterior no se traduce en una nueva legislación que incorpore el aborto a los derechos elementales de la mujer? No únicamente por la fuerza política (innegable) de la Iglesia y de los sectores tradicionalistas, sino porque estas decisiones de autonomía corporal no corresponden a un desarrollo orgánico de la conciencia femenina. A la decisión del aborto la condicionan razones de todo orden: económico en primer término, familiares, de libertad de comportamiento, pero su clandestinidad y la sordidez en que se realiza atestiguan el carácter fragmentario, individualizado, culpabilizado de este hecho de la resistencia. En situaciones límite, las jóvenes o las adolescentes (la mayoría de quienes abortan) reivindican su derecho a la vida, pero por lo general, se pliegan a las determinaciones sociales.

6. ¿Cómo se traduce en nuestro medio "la revolución sexual"? El avance en veinte años es sorprendente en diversos terrenos: democratización creciente del trato, nuevas perspectivas de convivencia, información sexológica (se vive todavía en el prejuicio, pero ya es otro tipo de prejuicio), adquisición del vocabulario "prohibido" de los hombres, disminución creciente de la conciencia de culpa (subsiste, pero ya aletargada en algunos sectores, y muy rebajada en otros), evaporación creciente de la vergüenza en lo relativo a hechos sexuales, etcétera.

Pero falta muchísimo para una plena relación civilizada. La virginidad ya no es, abrumadoramente, la primera dote de una joven, y su valor absoluto apenas existe (una prueba: la cantidad de películas mexicanas cuyo objetivo "sociológico" es desmontar un anacronismo). Véase por ejemplo *Amor libre*, de Jaime Humberto Hermosillo, o la conducta de las heroínas de telenovelas. Pero millones de jóvenes siguen atadas a la esclavitud doméstica, sujetas a autoridades indiscutidas como objetos de uso sexual y laboral. En el caso de los homosexuales, se prueba lo poco que se ha avanzado en la tolerancia social con la saña de los crímenes gay (por lo común, expresiones del linchamiento social, acciones contra personas desconocidas a las que salvajemente se les priva de la vida por el solo delito de la desobediencia a la norma). En el caso de las mujeres, la violencia en su contra reitera la difusión precaria de la actitud antisexista. Desde mi punto de vista, es infrecuente el violador que sea, clínicamente, un enfermo mental. La mayoría de las veces son individuos que, sin una grave alteración de su sentido de la realidad, creen ejercer prerrogativas naturales al disponer del cuerpo de una mujer. Actúan dentro de los límites de lo permitido en su idea del mundo, consideran que en el fondo satisfacen los deseos secretos de la víctima. (Para este sexismo de la fuerza, no hay violación posible. Si la mujer se resiste es para aumentar la excitación del poseedor.)

Consideración al calce: si la violación se nutre de tal modo de las corrientes subterráneas de la sociedad, para combatirla es preciso insistir en el castigo legal. La solución a fondo es una intensa y permanente educación sexual, pero es preciso apuntalar este proceso, aún muy lento, con disposiciones judiciales. En contra de la certeza machista (la violación es un derecho secreto) hay que levantar una noción jurídica y moral: la violación es un crimen público. Mientras esta certidumbre no se añada a la conciencia social profunda, seguirá reduciéndose el ámbito a la disposición de jóvenes y adolescentes, no dispondrán de las horas nocturnas, vivirán —sobre todo en las colonias populares— en un terror institucional, sentirán agobiadoramente cómo la simple voluntad de un macho o de un grupo de machos nulifica en un momento todo lo obtenido con el veloz y continuo cambio de mentalidad y con su propio esfuerzo diario.

7. ¿Qué es la adolescente de hoy? En nuestra cultura urbana, y masivamente, alguien que sabe de antemano la carencia de sitio en la sociedad (en las sociedades) y que, como sea y sin mayor convicción, intenta apropiarse de los recursos que le permitirán integrarse. Su realidad es áspera, hostil, aglomerada, sexualizada con gran violencia. La respuesta: la invención de su temperamento confiado, idílico, romántico. La adicción a ídolos de la canción, la lectura obsesiva de fotonovelas y telenovelas, mucho tiene que ver con la conquista de una psicología alejada de lo que viven. Esto, que desde fuera se llama despectivamente "escapismo", es indispensable para el equilibrio emocional y la salud mental de millones de púberes y adolescentes, sin acceso a otras alternativas.

¿Qué es la adolescente de hoy? No existe ciertamente una respuesta general, y tampoco son muy convincentes las divisiones del comportamiento según la clase social a la que se pertenezca. Sobre todo porque así se perciben muy distantemente, las influencias son, en todo el ámbito nacional, casi siempre las mismas: el caos nacional, los medios electrónicos, la presencia de la cultura norteamericana, la idea de la moda como el inflexible espejo de la juventud (y la rígida conducción de la moda por la industria cultural). A partir de los setenta, adolescentes y jóvenes de las clases populares se han decidido a imitar a las clases medias, y han creído en la mímesis a toda costa, siendo sucesiva o simultáneamente adictos a la disco music, al rock, al heavy metal, al punk, al break. La adolescencia, en todo caso, es la sucesión de conductas que ven en la afirmación sexual, en la pertenencia a subculturas y en la reproducción de la moda, la determinación propia de su edad. Soy adolescente porque no soy como los niños, porque tengo plena conciencia de mi genitalidad y mi individualidad, y no me preocupo como los jóvenes en la proximidad de los límites de mi vida plena. Si en las clases medias, adolescentes y jóvenes tienden, finalmente, a justificarse por la condición estudiantil, en las clases mayoritarias, el adolescente y la adolescente son aquellos educados activamente para el fracaso, y que rechazan este acoso normativo con utopías de amor idealizado, con rabia autodestructiva, códigos de cuerpo y atavío, demostraciones de fe y de odio a la familia, conducta sexista, incluso en perjuicio propio, reverencia por un sistema escolar que los excluye. Frente a las familias más "privatizadas" de la clase media, las familias, por así decirlo, más públicas y triviales de las colonias populares, producen seres que crean, en conjunto, otra definición de la adolescencia, ya no ligada sustancialmente al descubrimiento del sexo ("el despertar de primavera" de los dramaturgos del siglo XIX) y del derecho al relajo, sino a la aceptación fatalista del fracaso individual y de clase. En los bailes frenéticos, en la memorización puntual de todas las canciones de moda, en la contemplación masturbatoria del póster del ídolo, en el grito orgásmico ante Menudo, Juan Gabriel o José José, en el diario enfrentamiento a la ruindad machista, las adolescentes aprenden a separarse de la niñez mediante la frecuentación de sueños inducidos y compensaciones gregarias.

6
DE LA CONSTRUCCIÓN
DE LA "SENSIBILIDAD FEMENINA"

Nota introductoria

En 1972 publiqué unas notas sobre el sexismo en la literatura mexicana, dedicadas a probar las hegemonías del patriarcado en nuestra cultura.* Trece años después admito la inutilidad de tal empresa, como cualquiera donde de antemano se conocen, con detalle, los resultados de la búsqueda: a la cultura mexicana, desde el principio, la ha ordenado el machismo. Y este hecho no admite controversia. Por eso considero más adecuado examinar la construcción de esa entidad múltiple, "la sensibilidad femenina".

"Procure ser discreta en lo posible"

En el proyecto de nación liberal la mujer no tiene sitio. La Constitución de 1857 y la Constitución de 1917 trazan claramente un espacio de privilegio y responsabilidad que excluye a las mujeres, los pobres y los indígenas. Más allá de los datos unificadores (territorio, legislaciones, idioma, tradiciones), una minoría guiada por motivos nobles e importantes sabe, o cree saber, lo que le conviene más al resto de los pobladores. *Nación* no son todos los habitantes del territorio, sino —únicamente— los dotados de conciencia, los enterados del sentido (social, político, económico) del país. ¿Qué pueden hacer las mujeres que, según los dirigentes de la Nación, carecen

---

* Véase el primer texto de esta antología.

de calidades participativas, son frágiles y débiles, no tienen otro destino que la condición de amas de casa, cuidadoras de las llaves del hogar?

Forjar una nación es asunto de fuerza viril y del refinamiento que facilita el ingreso al "concierto de las naciones". Los porfiristas, por ejemplo, creen ser la excepción de un país bárbaro y ven en las maneras recién aprendidas y en la educación gálica, no una formación cultural sino el proceder amable y brillante de una clase. A la cultura (versión occidental aprobada en París y, con algo menos de importancia, en Londres y Berlín), el gobierno y la sociedad le conceden funciones ornamentales, a tono con el ideal: ¡la madurez de la civilización!

"Un sentimiento puro y ardiente"

Desde el principio, la sensibilidad de los personajes femeninos está marcada y va desde la imposibilidad de alternativas morales al permiso degradado de la creación artística. El ejemplo evidente: las poetisas (luego "poetas" para indicar la seriedad de su intención, como reza el absurdo sexista). ¿Qué se demanda de una *poetisa* en el siglo XIX? Sencillez, espiritualidad, búsqueda de los valores que enaltecen el hogar. Y si la escritora no cumple al pie de la letra con las exigencias, peor para ella. Sus lectores la tratarán como si así lo hubiera hecho, y desdeñarán sus brotes de sexualidad, sus intentos heterodoxos de transmitir la condición femenina. Una cita de Ignacio Manuel Altamirano viene al caso, en relación con una amiga:

> Gratísima y por demás deliciosa es la impresión que deja en el ánimo la lectura de las poesías de usted. Un sentimiento puro y ardiente, robustez de inspiración, inefable ternura en las expresiones, profunda moralidad en los asuntos, gala en los cuadros descriptivos; he aquí las cualidades que sobresalen en las composiciones poéticas de usted ("Carta a una poetisa" en *La literatura nacional*).

La *sensibilidad femenina*: "un sentimiento puro y ardiente", "robustez de inspiración", "inefable ternura", "profunda moralidad", las cualidades definitorias de quienes jamás dispondrán de ciudadanía ni de genio o talento, pero que repiten en el hogar las lecciones morales aprendidas de los hombres. Ser eco fiel de la didáctica masculina, "dulcificar" la realidad, es cumplir con los requisitos de la "condición femenina". Por eso el interés narrativo en la prostituta, que es la mujer quintaesenciada (la rendición) y la negación de la femineidad verdadera (la permanente disponibilidad sexual). La prostituta es mujer sólo en lo biológico, porque al prescindir de su vida espiritual se *desfeminiza*. Lo femenino es la sensibilidad indefensa, tal y como lo ejemplifica en su obra una poetisa típica del siglo XIX, María del Refugio Argumedo de Ortiz:

DESALIENTO

Tiembla en el cáliz de la blanca rosa
la gota cristalina de rocío;
cruza ligero murmurando el río;
la niebla se levanta vaporosa;

gime suave la brisa vagarosa
entre arboleda de ramaje umbrío,
y en las noches templadas del estío
la luna se desliza misteriosa...

Sólo mi alma de duelo entristecida
vaga entre sombras de letal tormento
con la esperanza y la ilusión perdida;

me agobia sin piedad el sufrimiento;
que al emprender mi madre la partida
en brazos me dejó del desaliento.

No hay aventura literaria, y esto no sólo por el talento o la falta de talento, sino por la ordenanza social: no te apartes de un vocabulario poético, no te alejes de la sensibilidad reconocida y reconocible. Otro ejemplo: un soneto de Mateana Murguía de Aveleyra (1856-?):

83

A UNA ROSA

Lozana ayer, fragante se ostentaba
luciendo sus espléndidos colores,
y del sol a los vívidos fulgores
en su tallo gentil se columpiaba.

El céfiro amoroso la besaba
al arrullo de tiernos ruiseñores:
era la reina entre las otras flores,
y el pensil orgullosa engalanaba.

Pero llegó la noche, y la tormenta
de sus galas airadas la despoja
dejándola marchita, amarillenta:

así la mano del pesar deshoja
la flor de mi ventura, y macilenta,
en el abismo del dolor la arroja.

La mujer es una flor, la mujer es objeto bello, la mujer es la falta de resistencia ante la adversidad, y que las interesadas se sometan, es tarea de la sociedad literaria: "Si es mujer deberá escribir como mujer". En todo caso, las escritoras sólo tienen una defensa: el aprendizaje brillante de la técnica. Éste es el principio de su independencia. Véase el caso de Josefa Murillo, llamada más que demostrativamente *la Alondra del Papaloapan,* título que ya en sí mismo previene ante la obra. Josefa Murillo es reconocida por su dominio técnico y eso le permite expresar otros registros (entre ellos, la apetencia sexual), pero es mujer (y Alondra) y no hay modo de huir a la lectura-sin-lectura. ¡Qué espiritual y casta! Esta poesía será sucesión de ritmos gráciles, artificios meritorios, sensaciones de finitud, ausencia de ideas, visión del mundo desde la debilidad y la falta de recursos del poder. A los hombres les toca la poesía vigorosa que exalte y eduque el espíritu. A las mujeres, la poesía que se escribe cuando no hay poesía.

Los personajes que no logran ser autores

Altamirano *dixit*: las mujeres, por disponer de más tiempo, leerán novelas, género dedicado fundamentalmente al bello sexo y que se conmueve más rápidamente ante los sufrimientos. Lectoras, nunca autoras. No hay en el siglo XIX de América Latina equivalentes a Jane Austen, George Eliot o George Sand (dos mujeres que travistieron su nombre literario para posponer los prejuicios). El desarrollo literario tiene que ver con muchas cosas, entre otras la tradición. Pero como lectoras, las mujeres de clase media apresan con facilidad el chantaje sentimental de los relatos y crean la tradición oral del melodrama al contarle historias a sus hijos a la hora de la comida, "función reproductora" y pedagógica.

En las novelas, antes que ninguna otra cosa, los personajes femeninos encarnan la falta de poder. Si son decentes, se les desensualiza o desexualiza, se les aparta de la política, del "mundo verdadero". Para compensarse, las lectoras se transfiguran en heroínas, disfruten o no (lo más probable es que no) de posibilidades amatorias. En tanto lectoras, ejercen al máximo la sensibilidad a su alcance, las virtudes "propias de lo femenino", la espiritualidad (sinónimo, en las novelas del XIX, de *sumisión* o de un espíritu cuya nobleza y decisión de sacrificio se somete a los dictados del padre, del cura, de la sociedad). Ellas también creen que la inferioridad natural de la mujer es fundamento de la autoridad, y de ese sitio secundario ni la heroína más notable se exime, especialmente a partir de que la lectura de novelas comienza a ser asunto básicamente de hombres.

Un ejemplo de la pureza como insignificancia: el personaje de Remedios, en la tetralogía de Rabasa (*La bola, La gran ciencia, Moneda falsa* y *El cuarto poder*, 1887-1888). En el ambiente mezquino y ruin de la provincia y de la capital, entre sublevaciones y corrupciones, Remedios es el ángel que atraviesa con semblante de éxtasis y dolor entre las acechanzas del destino, dormida, agónica, en estado de fiebre. Mientras ella inconsciente suspira y gime, la contempla con unción quien la protege de la realidad. Su autonomía, su pureza es la única dignidad que se le otorga, y su representación social es la debilidad prestigiosa.

En esta literatura (y la regla implacable casi no permite excepciones), si una mujer es independiente no dispone de dignidad social. Esto no sólo vale para el caso extremo de las prostitutas, sino para la "coqueta", categoría femenina tan fechada que desaparece al establecerse nuevas leyes sociales. ¿Qué es la *coquetería*? El elemento de distracción funesta, la disponibilidad que ofende a la moral y anticipa la independencia como negación de la moral (por eso, al dejar de ser la coquetería rasgo negativo de lo femenino, se amplía el espacio de independencia). En la novela que introduce a la mujer en la sociedad mexicana de la Independencia, *La Quijotita y su prima* (1819) de Fernández de Lizardi, la oposición surge entre la mujer que conoce y ama su lugar-en-el-mundo, y la coqueta, despilfarrada y alocada. Pudenciana, virtuosa y hacendosa, cuida de su hogar; Pomposita (la *Quijotita*) es la exhibición del deterioro: mimada, lisonjeada, consentida, "fiada en su hermosura y en sus gracias, sólo trataba de acrecentar el número de esclavos, que así llamaba a sus admiradores".

Los efectos retroactivos

Hablar de pensamiento patriarcal es calificar todo nuestro proceso histórico: colonial, formalmente independiente, liberal, revolucionario, pos y contrarrevolucionario. Por eso, en la literatura mexicana el sexismo encuentra a un colaborador eficaz e inevitable. En este caso, el reflejo de la moral dominante es directo y —casi siempre— sin matices. Si otros fenómenos de la vida nacional (la pobreza, o la pasión política, por ejemplo) suelen admitir asimilación y recreación artística, no sucede así en lo tocante al sexismo. Es una visión tan poderosamente arraigada que —júzguesele como se le juzgue— constituye una respuesta idiosincrásica a las solicitudes externas e internas. Así, cuando Díaz Mirón se exacerba y dice:

> ¡Confórmate, mujer! ¡Hemos venido
> a este valle de lágrimas que abate,
> tú, como la paloma, para el nido,
> yo, como león, para el combate!

encarna el machismo de su época y, al mismo tiempo, escenifica el papel concedido al hombre por las costumbres, una visión operática de la realidad, que se requiere para ser captado. (Gran parte de la literatura del porfiriato recurre al énfasis para no disolverse.)

La sensibilidad traducida en imágenes

La "sensibilidad femenina" se construye a través de funciones fijas: diosa idolatrada, recipiente de la concupiscencia, fragilidad envilecida y redimible, compañera de la vida, pecadora arrepentida, santa de los mataderos y las cabeceras de los enfermos, ingenuidad acosada, virgen de medianoche, señora tentación, pinche puta, madrecita adorada, vieja chismosa, momia rezandera, candor pisoteado, pobre beata, noviecita santa, patrona de México... gracias a las imágenes, el estereotipo (el cliché) (el arquetipo) se interiorizan, devienen lugares comunes del comportamiento social.

La "sensibilidad" impuesta no requiere de mujeres específicas, sino de la Mujer con mayúscula, el don del espíritu, la presencia reconfortante que le otorga su poesía a la lucha por la vida: "Brindo por la mujer mas no por esa/en la que halláis consuelo a la tristeza". Y la abstracción culmina en el Hogar (el Recinto Sacrosanto) del cual será guardiana y vestal.

Una hipótesis de trabajo: en el proceso de la cultura mexicana (en éste y otros sentidos, tan dependiente de la cultura occidental, de la ortodoxia judeocristiana), la construcción de la "sensibilidad femenina" sigue una táctica: concederle una *imagen visible* a la mujer para mejor invisibilizarla, y confirmar —a través de paseos simbólicos— su ausencia de los verdaderos escenarios del poder.

Tómese el caso límite de los años de la guerra contra la dictadura y las guerras civiles en México (1910-1930, aproximadamente). Hasta ahora el personaje femenino por excelencia de la Revolución mexicana es la soldadera. Y si una mujer —Nellie Campobello o Rosa Castaños— quiere escribir sobre la violencia armada, deberá hacerlo prodigando símbolos y alegorías. Cito un fragmento de Nellie Campobello:

Pablo Mares murió maromeando su rifle de caballería. Cuentan que detrás de una peña grande, un día que hacía mucho sol. Su cara era dorada, su frente bien hecha, sus ojos claros, nariz recta y manos cuadradas. Hermoso ejemplar. Sus hijos le habrían agradecido la herencia. Los niños feos y enclenques, pobrecitos, y sus padres también. Los Pablos habrían dado hijos sanos y bien parecidos. Yo creo que Pablo Mares dejó de maromear su rifle y el cuerpo fuerte, el regalo que hacía a la revolución, cayó poco a poco, resbalándose sobre su lado izquierdo; las manos se fueron acostando sobre la peña y se quedaron quietas junto a la tierra, sus ojos claros no se cerraron. Su cara roja se fue muriendo poco a poco. Sus anchas espaldas reposaron ya tranquilas. Toda la sangre que corría hecha hilos rojos, hervidos sobre la roca, pedía perdón por no haber dado hijos fuertes... Yo creo que sus brazos se durmieron junto con el rifle después de un canto de balas.

Son Elena Garro y Elena Poniatowska las primeras escritoras que trascienden los impedimentos culturales que vedan a las mujeres la descripción de la violencia. O de los temas "ajenos a la femineidad". Así, los esfuerzos de Rosario Castellanos por usar las posibilidades temáticas y formativas a su alcance sólo quebrantan con claridad cuando recurre a la ironía, al sarcasmo, a la autodeterminación, y se inventa un personaje que le da vuelta a las prohibiciones y a los rechazos. En los años de la Revolución se fomenta una sola cultura, que ve en el nacionalismo la mayor creación cultural del proceso armado y encuentra en el muralismo y en la novela de Revolución sus expresiones mayores. El énfasis se deposita no tanto en la creación o en la reconstrucción nacionales, sino en el sentimiento nacionalista donde la mujer no tiene participación activa. En novelas, poemas proletarios, narraciones costumbristas, obras de teatro, crónicas, etcétera, encontrarán cómo lo que impulsa al nacionalismo es el sentimiento de pertenencia que da origen a la nación, y en este nacionalismo impulsado, la mujer sólo tiene papeles secundarios, así sea Tina Modotti repartiendo los rifles en el mural de Diego Rivera. El nacionalismo mexicano está hecho a imagen y semejanza del impulso masculino de construcción de la nación y del orgullo de pertenecer a una nación construida con violencia.

En la "alta costura", a la mujer se le encomienda encarnar, hasta el límite, las sensaciones y los sentimientos, ser cursi hasta lo último, agotar la sensiblería. Las poetisas de provincia (aquellas que le dan tan mala fama a las poetisas y a la provincia) representan la sensibilidad como inermidad cultural, la defensa de los valores familiares, la desprotección que se sublima en el sufrimiento o la dulzura extrema. Lo femenino es contemplación plácida, arroyuelo cristalino, amanecer diáfano, etcétera, y esto se aviene perfectamente con la cultura de la provincia, ya carente de prestigio desde los años veinte, así su poder de reproducción alcance todavía a los años cincuenta, y de un modo u otro todavía hasta hoy.

La pureza es una luz que no se extingue

En el siglo XIX se destina para las mujeres un espacio de "crecimiento espiritual" a pausas, donde desarrollen sus "potencialidades" sin esforzar su mente, sin abandonar *los deberes propios de su sexo* (entiéndase por *mujeres* aquellas "menores de edad moral" bendecidas por la "respetabilidad" de la clase media y la burguesía). Los *calendarios para señoritas,* las lecturas piadosas, la incitación a la lectura de *novelas convenientes,* el cuidado del habla masculina en su presencia, el sometimiento a la complicada jerarquía paternalista, la prohibición de salir solas, la imposibilidad de recibir trato igualitario de las leyes, la obligación de mostrar cualidades específicas, todo el conjunto de prohibiciones y deberes interviene en la construcción de la "sensibilidad femenina". Social y culturalmente, la mujer es más objeto que sujeto, y en ese orden de cosas su ser le resulta al patriarcado un reflejo del ser verdadero.

La primera presencia es Tonantzin, nuestra Madre, que será Guadalupe. Al afianzarse religiosa y políticamente el guadalupanismo, quedan fijos los términos de la idealización: la mujer más venerable ("te juro que eres lo más sagrado para mí") será la Virgen, con o sin mayúscula, la guardiana del himen inviolable. Y en la literatura (o en la realidad) cuaja el programa panvirginal: lo inmaculado es el signo de las mujeres respetables: mi madre o mi esposa o mi hija son, han sido y serán vírgenes sin tacha, porque la virginidad, más que condición física, es atributo patrimonial. Todo objeto de mi posesión, en especial las mujeres, es inaccesible: se encuentra más allá de cualquier profanación. Por eso, y en última instancia, se sacraliza la virginidad femenina: es la manifestación más compleja y evidente del derecho de propiedad.

La lucha armada trae consigo una revolución cultural que reordena los términos de la "sensibilidad femenina". Imposible sólo representarla como la fragilidad ilustrable. En los campos de batalla y en las tareas de la sobrevivencia, las mujeres han destruido el mito de la debilidad sin límites. Se dan entonces diferentes procesos. El primero, y más notorio, el literario. En cuentos, poemas, novelas, artículos, la mujer será la amada, enmarcada por la evocación y los eufemismos sexuales (el objeto idolátrico cuya cumbre es la Fuensanta de López Velarde); la novia pura (que para no dejar de serlo, carecerá de cualquier personalidad); la madre abnegada que resplandece desde el dolor (ser ubicuo que va de la novela de folletín al melodrama teatral, a la poesía popular, en el estilo de "El brindis del bohemio", de Guillermo Aguirre y Fierro); la pecadora arrepentida, Magdalena, enterada del precio a pagar por el rescate de su virginidad, la muerte (la corriente que encumbra *Santa* de Federico Gamboa); la devoradora, que aprende del espíritu depredatorio de los hombres para vengarse por la destrucción de su inocencia (este cliché atraviesa el folletín y en el cine, María Félix lo convierte en su emblema); la soldadera fiel, presta a morir por su hombre (la Codorniz en *Los de abajo*, de Mariano Azuela); la coqueta que juega con su honra para perderse (Micaela en *Al filo del agua*, de Agustín Yáñez); el ser febril e inaccesible que es la poesía pura entre las ruinas (Susana San Juan en *Pedro Páramo*, de Juan Rulfo); la amante enloquecida cuya entrega decidida la redime de su impudor (Adriana en *La Tormenta*, de José Vasconcelos)… La lista es muy amplia, pero no hay dudas sobre el hecho fundamental: el ámbito cultural en México tarda mucho en incorporar nociones contemporáneas sobre las libertades de la mujer.

En el proceso de implantación forzosa de la "sensibilidad femenina", la literatura es, por razones obvias, elemento menor. Los agentes principales son el Estado (reacio a los derechos de la mujer: el voto femenino se concede apenas en 1953), la Iglesia (empeñada en negarle derechos corporales y psíquicos), la familia (en donde se opera la curiosa estrategia de decirle *matriarcado* a la típica delegación de funciones del paterfamilias) y la sociedad (renuente a todo cambio que amenace su sistema jerárquico). Antes de los años sesenta, a la literatura mexicana le corresponde el registro de los prejuicios, con muy escasa resistencia de su parte.

Las dificultades del cambio

La modernización pone en crisis la "sensibilidad femenina" tradicional. Se deteriora el cerco protector de revistas que exaltan el candor, homilías, eufemismos de la madre para endulzar los procedimientos nupciales, graves y leves regaños del confesor, propaganda de los almacenes comerciales, cultivo del pudor y del rubor... Diversos fenómenos actúan simultáneamente: la virginidad el día de la boda deja de ser requisito inexorable, la familia tribal cede el paso a la familia nuclear, se adelanta la edad de la pubertad con la formación más precoz de los cuerpos, las costumbres evolucionan (en gran parte gracias a la explosión demográfica y al influjo internacional de los medios masivos), se resquebraja casi en todas partes la moral tradicional, se acrecienta el peso de la mentalidad permisiva.

Casi de golpe, y en todas las zonas del país, las jóvenes descubren su cuerpo (con la pequeña ayuda del culto al deporte y la publicidad), ya no apena confesarse a disposición del placer sexual. Pese a las resistencias de los núcleos tradicionalistas, se prodiga la educación sexual (que de batalla científica pasa a la condición de industria), se divulgan las teorías de Freud: seguidores y adversarios. La sexología es un horizonte de conocimientos deleitosos y casi siempre inexactos. El salto dialéctico: la eficacia de los métodos anticonceptivos. El vuelco de las mentalidades: el tránsito del aborto de pecado mortal a imprevisión lamentable, lo que implica la disminución del control de la Iglesia sobre las vidas, y la eliminación gradual del concepto represivo de la Honra.

De la "sensibilidad femenina" del siglo xix quedan huellas profun-

91

das en el lenguaje público, y en la literatura, en donde se pierde todo intento "correccional" (ya nadie educará como Lizardi, ni amonestará como Payno, ni regañará como Gamboa), y a cambio de la indiferencia ante la "sensibilidad femenina" de dulzura y resignación, que se da por bien perdida, se libra la campaña contra la censura que es reclamación de una nueva "sensibilidad", con más derechos, pero igualmente sometida en lo esencial. En las novelas abundan ya los personajes tanto más libres de acostarse con quien quieran, cuanto más incapaces de autonomía psíquica.

Hoy no se advierte con claridad cuál es el concepto dominante de "sensibilidad femenina". Lo impide la democratización de la vida social (precaria todavía, pero enorme a comparación de lo anterior). La industria cultural propone una "sensibilidad moderna", consumista, deportiva, libremente dependiente, fundada en los criterios de belleza y elegancia. El tradicionalismo mantiene sus premisas de sometimiento, cuyo mayor éxito es convencer —so pena del infierno— a las millones de jóvenes que han abortado, de que deben llegar vírgenes al matrimonio, que a pocas se les ofrece. Y la "feminización de la economía" (la entrada creciente de mujeres al mercado de trabajo) genera otro proyecto de sensibilidad, mucho más ajustado a la realidad, cada vez menos dictado desde fuera.

Hasta ahora, el mito o el sistema de mitos llamado la "sensibilidad femenina" ha sido sinónimo de las cualidades que facilitaban la vida doméstica y mistificaban las relaciones sexuales. Aunque todavía esta versión dispone de fuerza social, su reemplazo está a la vista: una sensibilidad más franca, directa, belicosamente resentida, irónica, democratizadora, la vislumbrada en los últimos poemas de Rosario Castellanos, la que hace de la conciencia de la enajenación el punto de partida para la libertad crítica.

7
EL AMOR EN (VÍSPERAS ETERNAS DE)
LA DEMOCRACIA

¿Son compatibles el amor y la democracia? Hasta hace poco, la respuesta inmediata era negativa, todos creían que el amor, situación gloriosa y dolorosamente subjetiva, sólo se entendía desde la sinrazón de dos personas, sin vínculo alguno con la política, y tan poderosa que trascendía los determinismos de la economía ("Te amo aunque seas rica"). Y el amor, la noción suprema, era antidemocrática por naturaleza, en la pareja existía siempre la parte vencedora, y la igualdad era la falacia que sólo tenía adeptos verbales. El enamorado aspiraba a la posesión y el dominio, y no admitía menos.

Las instituciones apoyaban esta versión del amor, que le imponía a la mujer tributaciones morales y persecuciones físicas y/o sociales, y sólo le suplicaba al hombre mantener las apariencias en la vida matrimonial. El melodrama era el espacio formativo de la ideología amorosa, y todo (frases, tramas, canciones, novelas rosas, obras teatrales, películas) coadyuvaba a implantar la noción del amor, el clímax humano, que, frenético o tierno, era forzosamente jerárquico. Por el amor, en estos desfiles mitológicos, el hombre redimía a la mujer de su condición pasiva; por el amor, la mujer ascendía al rango de compañera; por el amor, el hombre conseguía la operatividad doméstica.

En la primera mitad del siglo XX, las ideas freudianas deshacen el entendimiento tradicional del amor. Ante las sucesivas revelaciones del inconsciente ("La verdadera motivación de los actos radica en..."), ¿cómo defender las explicaciones de los tradicionalistas, liberales y conservadores, que erigieron desde púlpitos y epístolas laicas la dictadura del amor ideal, arrobado, eterno (si era compromiso ante la ley divina y la humana), que

93

le exigía a las mujeres la perenne virginidad espiritual, es decir, la abolición de cualquier deseo confeso, y al hombre le pedía que pecase para que fuese perdonado? Pero la duda sobre la naturaleza de los actos diseminó ideas y sensaciones nuevas: nada era como se creía, el trasfondo del sacrificio era el aplastamiento de la voluntad, negar el deseo es profundizar la autodestrucción. Y se vino abajo (como creencia verdadera, no como escenificación del deseo ni como representación social) el mundo de juramentos, convicciones, sollozos al pie de los santos, miradas lívidas en la alcoba en penumbras, viaje de un noviazgo gentil a las bodas de diamante. Si los motivos eran cuestionables, el amor debía reclasificarse.

La difusión de las tesis freudianas impulsó, por oposición, la creencia de los románticos, según la cual el amor intenso y arrebatado (el amor en su sentido estricto) es por naturaleza efímero y lo que lo sucede antes o después es la tediosa y corrosiva representación del amor ante los ojos de la sociedad. De acuerdo con esta versión no sólo jerárquica sino juvenilista, cada quien, a lo largo de su existencia (en especial y casi únicamente entre los 20 y los 40 años, antes de la madurez pasada de tueste), sólo tiene muy escasas oportunidades de conocer el amor. Y por lo mismo, debe educarse en ese sustituto de la pasión límite, la resignación. ¿Quién puede vivir en llamas más de unos meses?

Al lado de estas teorías generales, las parejas urbanas convivían, aceptaban o rechazaban los mitos amorosos que resultaban más cómodos, decretaban sin decirlo en gran número de casos el carácter experimental del matrimonio, se divorciaban para darse otra oportunidad, se volvían a casar para reivindicar la rutina, creían en y detestaban la "jubilación" de los sentimientos, veían con alarma y/o con deleite las posiciones feministas, lavaban platos y cuidaban a los niños juntos, desmitificaban al amor al grado de prescindir de él, lo mitificaban en el nivel del suave tratamiento irónico.

¿Hasta qué punto lo personal es político?

Desde su lanzamiento, la consigna "Lo personal es político" recibió numerosas críticas. Sólo el extremismo, se dijo hace veinte años, lleva las cuestiones más íntimas al contexto más inconveniente. Lo personal es personal, aunque ciertamente hay cuestiones donde lo personal es político: el aborto, la legislación sobre el amasiato y los derechos de los hijos "naturales", las condiciones de igualdad laboral con el hombre, etcétera. No obstante las críticas, la consigna probó su eficacia, al restituirle al fenómeno amoroso los paisajes que nunca se tomaban en cuenta: la sujeción al patriarcado, la confusión entre amor y "título de propiedad" sobre otra persona, los celos como el método socialmente aprobado de retener el impulso amoroso.

En medio de todo esto, ocurre la Revolución Sexual de los setenta, que desplegó y extremó libertades (algo por entero diferente al término represivo de "libertinaje") para exhibir la hipocresía de la noción habitual de amor. Y así como en el siglo XVIII los libertinos querían masificar la seducción para burlarse de los tabúes, evadir la vigilancia omnipresente de lo moral y convertir cada coito en hazaña bélica, la Revolución Sexual, al prodigar la fornicación, hizo desaparecer, en la práctica, las calificaciones morales para esa "geografía de la cintura para abajo", y el amor se volvió la gran convención, asediada incluso en sus fortalezas semánticas. ¿Qué caso tenía el eufemismo "hacer el amor" cuando, de modo más simple y llano, se podía decir "coger"? La vida amorosa dejó de ser sinónimo de vida sexual, y por amor se entendió, cada vez más, el aura del sentimiento.

Esto en medio de cambios significativos. El hedonismo dejó de ser privilegio de pocos, y concluyó la duda, muy común, entre fornicar exhaustivamente y llevar existencias convencionales pero productivas. Durante la Revolución Sexual los yuppies, el género del éxito como método para jamás conocer el fracaso, creyeron inaugurar un espacio histórico, donde el sentido de la productividad se acoplaba con la frecuencia sexual ("Tanto más trabajo cuanto más fornico"). El amor parecía acto excéntrico de la voluntad, que en el fondo incitaba a la disciplina: "Me enamoro con tal de ordenar mi vida", y no se concebía relación posible entre amor y democracia, a no ser la muy programática descrita por Mario Benedetti, donde el amor era parte del ritual militante y del repertorio sentimental de la adolescencia. Se cantaba: "Y en la calle, codo a codo, somos mucho más que dos", y la pareja se disolvía en el mitin.

Del miedo a la solidaridad

En una década, el sida destruye la Revolución Sexual y provoca el afianzamiento creciente de la pareja, y la primera reconsideración no religiosa del amor. A la presión social la sustituye el miedo a la muerte, y la mirada de recelo sobre el desconocido o la desconocida con quien se empieza el *flirt* es casi sinónimo de la dificultad de enamorarse. El sexo pierde su cúmulo de facilidades, el condón es el recordatorio más ácido del temor a la muerte y el acoso lleva a reconsiderar los significados de los roles fijos, la crítica al fatalismo de los géneros y las visiones más libres de la pareja, ya no la fundación del mundo, Adán y Eva, sino algo menos alegórico y por lo mismo mucho menos convencional.

    ¿Qué tanto se ha avanzado en el terreno de la humanización o la significación humanista de la relación amorosa? Hablar, si eso es posible, de las relaciones entre amor y democracia significa también examinar el modo en que la vida política y social incorpora demandas de la intimidad y/o de la vida privada, como se prefiera. En esto, lo personal tiende a ser democrático, no sólo por lo obvio: quien se pronuncia contra el autoritarismo debe eliminarlo de su conducta, sino porque en etapas de situaciones y transformaciones dramáticas, el amor es componente esencial. Esto, desde muchos puntos de vista, puede ser un hecho inasible o una premisa portentosamente cursi, pero lo que expresa y contiene es una realidad urgente. Si el PRD, por ejemplo, se propone ser la gran alternativa ante la barbarie del neoliberalismo y la cerrazón del conservadurismo, necesitará incorporar orgánicamente a su programa lo que el PRI y el PAN jamás podrían hacer: las exigencias de la vida cotidiana, la lucha por la despenalización del aborto, la información sistemática sobre el sida, la lucha contra los violadores, el asedio ideológico al sexismo, etcétera. En todo esto, y por difícil que sea usar la palabra más desgastada y resbaladiza del lenguaje, el amor es una realidad primordial cuya traducción democrática profunda es la solidaridad, que hoy conoce su admirable vanguardia en los grupos dedicados al apoyo de los enfermos de sida y a evitar como se pueda la propagación del mal.

8
DE CÓMO UN DÍA AMANECIÓ PRO-VIDA CON LA NOVEDAD DE VIVIR EN UNA SOCIEDAD LAICA

Pórtico: ya todos hablan de lo indecible

Viernes 15 de febrero de 1991. En el canal 9 de Televisa se transmite *Usted, ¿qué opina?*, programa de discusión múltiple, que conduce Nino Canún de once de la noche a cinco de la mañana (aproximadamente). En el estudio, la polémica se enardece, alcanza momentos plenamente corales, unos a otros se arrebatan la palabra, todos convencidos de la importancia de su postura y del gran auditorio a su alcance (que en efecto existe, y le es fiel a una desvelada tan ideológica); el punto de vista, en este caso, es la autobiografía, quienes abogan por la despenalización del aborto se sienten integrados a una sociedad abierta, donde las creencias no obstaculicen las libertades indispensables, y sus opositores, al calificar el aborto de asesinato, pura y simplemente, desde la acusación penal que ahorra los argumentos, se sienten protegidos por las tradiciones venerables a las que su devoción protege.

Son ya casi hogareños los argumentos en pro y contra. El representante de Pro-Vida, el grupo emblemático de la negación y la censura (No al aborto, No a los anticonceptivos, No al condón, No al sexo fuera del matrimonio, No a las representaciones sacrílegas y sensuales), la asambleísta de Acción Nacional y los jóvenes como de la Universidad Anáhuac (las apariencias engañan: muy probablemente estos jóvenes sólo sean de la Universidad Anáhuac) transmiten con monomanía la consigna: el embrión es un ser vivo y con derechos plenos. No escuchan los razonamientos opuestos, no tienen por qué oírlos. Ellos operan con base en verdades reveladas, y a esto se atienen. Los oponentes —dos feministas, una diputada del PRD, un psicoanalista,

97

un sexólogo— y los "neutrales", que en verdad defienden la despenalización (un abogado de la Procuraduría del D. F., un médico del Seguro Social), ofrecen cifras y razonamientos, insisten en el elevado número de abortos al año (dos millones, según datos del programa) y en las mujeres que mueren a consecuencia de las situaciones sórdidas, explican la insensatez de imponerle a una sociedad laica las determinaciones de una sola religión y la imposibilidad de probar que es asesinato la interrupción del embarazo. Y preguntan: "¿Meterían ustedes cada año a dos millones de mujeres en la cárcel?".

No hay respuesta. No puede haberla. El dogma impide el inicio del diálogo. Pero esto no es lo que cuenta, sino el hecho mismo del programa. ¡Seis horas de discusión sobre un tema antes inmencionable y en el "Canal de la Familia Mexicana"! Y los telefonemas —en su mayoría de jóvenes entre 14 y 25 años— dan fe de la intensa polémica y del campo ganado en pocos años por los partidarios de la despenalización. Para la derecha, admitir el debate es retroceder, es aceptar que su liderazgo se ha convertido en punto de vista, ya no la única moral que no tiene por qué sentarse en la misma mesa de los réprobos, sino una versión más de los hechos, la tradicional, la identificada con el mundo de las prohibiciones y el machismo al amparo de las Buenas Costumbres, lo que se quiera, pero una versión más que debe contender porque su sola palabra ya no basta.

Los jóvenes que, siéndolo, parecen de la Anáhuac, repiten con frases rígidas: "Es un asesinato. Si se permite el aborto, van a permitir que se mate en las calles a la gente decente". No son razonamientos, son creencias como templos, como formaciones calcáreas, como homenajes de la minoría de hoy a la mayoría de ayer. Y otros jóvenes le preguntan a Serrano Limón, de Pro-Vida, qué realidad sexual imaginan en su agrupación: ¿monjas histéricas supliciándose en los conventos, adolescentes perseguidos por la culpa de haber pecado o de no haber pecado? La feminista le pregunta a la panista, afianzada en su credo (sólo es válido copular si el fin es concebir): "Usted es madre de cuatro hijos, ¿así que sólo ha hecho sexo cuatro veces en su vida?". La panista se sonroja (supongo), y uno, en el ocio de las tres de la mañana, piensa que en el extremo de la lógica provideana, cada unión sexual sin consecuencias demográficas —lujuria y desidia que ahuyentan a un ser vivo con derechos plenos— es también un homicidio.

Ver y oír para crear, *dearest Saint Tommy*. La derecha controla la idea que la Buena Sociedad tiene de sí misma, veta las decisiones del gobierno, promueve la intolerancia con cierta eficacia, pero ya no rige, creo que desde hace mucho, la idea que de su propio modo operativo tiene la sociedad en su conjunto.

El Congreso de Chiapas: la chispa y la pradera

A fines de diciembre de 1990, el Congreso de Chiapas, de abrumadora mayoría priista, despenaliza el aborto en la entidad, o, mejor dicho, amplía las razones para permitirlo. La derecha contesta de inmediato: ¿se quiere reanudar la Guerra Santa? ¿Cómo se atreve el gobierno a desafiar a su gran aliado, la Iglesia católica? No se concede que una legislatura local, desdibujada por exigencias históricas del centralismo, emprenda por sí misma un acto de tan vastas consecuencias. Se formule explícitamente o no, todos ven en esto un experimento y no hay demasiada atención para las circunstancias de Chiapas, más allá de cualquier confrontación Iglesia-Estado. La miseria define al estado, con sus 16 mil comunidades indígenas y campesinas muy dispersas, su alta tasa de mortalidad infantil, su acercamiento frecuente a la hambruna en diversos sitios y su vida cotidiana regida por la desinformación extrema. El propio gobernador de Chiapas, Patrocinio González Garrido, da su punto de vista:

> ¿Es que vamos a dejar que las mujeres sean más que meros animalitos? ¿Así las queremos ver y tratar? Aquí a los 12 años comienzan a traer hijos al mundo. Y no paran hasta que ya tienen 15 años. Hasta 18. ¿Cuál es el futuro de esas criaturas? Desnutridos en el vientre materno. Lesionados en la vida por falta de proteínas. Niños sin cerebro. Niños sin inteligencia. ¿Es eso lo que queremos? Detesto aludir a cosa tan terrible. Pero las mujeres indígenas de Chiapas —y aquí hay un millón de indígenas— se hieren en su embarazo hasta con plumas de pavo. ¡Terrible! Y no queremos encarar el problema... En Chiapas ocurren 200 mil abortos cada año. [*Excélsior*, 13 de enero de 1991.]

Ante la decisión del Congreso de Chiapas, las respuestas se acumulan. El Partido Acción Nacional, que cuando le conviene transita de la política a la teología, subraya su negativa al examen racional de los hechos: "No se puede despenalizar lo no despenalizable", afirma de modo típico el diputado federal Jaime Aviña. El dirigente panista José Ángel Conchello ve en quienes abortan a la especie más baja de la delincuencia y encuentra abominable cualquier referéndum sobre el caso "porque esto es una cuestión moral y en esto no se acepta la democracia". Él lo enuncia con claridad: el dogma no se somete a la racionalidad social. Y ya entrada en gastos metafísicos, la dirigencia del PAN se sobreactúa (en *La Jornada*, 11 de enero de 1991): "el aborto no se justifica ni siquiera en casos de violación... asesinar el producto de la violación no repara el agravio... es por ligereza, comodidad y hedonismo por lo que se acepta el aborto... no nos sometemos a decisión alguna si da licencia para matar". Y, a ras del Catecismo, el vuelo especulativo del PAN atenta, de paso, contra su propia tradición sentimental: "El ser en gestación en el seno materno *no es parte ni biológica ni existencial de la madre* [cursivas mías]. Por lo tanto, ésta no puede disponer del niño no nacido como si fuese parte de su organismo. El niño no nacido es otra persona. La madre es parte, junto con él, de una simbiosis transitoria que no termina del todo con el nacimiento". Los del PAN llaman "simbiosis transitoria" a lo que en otra circunstancia calificarían de "amor eterno".

La Iglesia católica amenaza, se moviliza sin demasiada convicción y lanza un módico diluvio de amonestaciones. Su argumento es uno y el mismo: el aborto es el asesinato de un ser indefenso. En esto insisten: "El mandamiento de *No matarás* es absoluto", reitera el vocero del Episcopado, Genaro Alamilla, quien al instante califica de "abuso de autoridad" la decisión del Congreso de Chiapas y conmina al presidente Salinas a enmendar los males de "sus" diputados locales. Hasta aquí todo es previsible. La derecha política y eclesiástica no necesita actualizar sus pronunciamientos, porque sus criterios se han fijado de aquí a la cesación de los milenios, y allí no se filtran ni el hecho incontrovertible (nadie aborta por gusto), ni la voluntad de las mujeres, ni la miseria que les aguarda a los hijos no deseados, condenados, en su gran mayoría, a vivir privados de lo elemental.

Pero sí hay novedades en el debate: la posición de algunos sectores gubernamentales y la transformación de razones del feminismo en argumentos de la sociedad civil. De golpe, el término indeseable, indecible (el aborto) se enuncia con naturalidad, porque el contexto no son los dramas individuales sino la tragedia colectiva. Y lo que antes hubiese indignado al extremo, ofende todavía a los sectores tradicionalistas, pero no equivale a un sacudimiento. Pese al poderío de la Iglesia católica, la manifestación de protesta en Tuxtla Gutiérrez lleva apenas a tres mil personas, cifra inesperada si se recuerda que al acto convocan todas las parroquias y el obispo de Chiapas, Samuel Ruiz, quien preside la marcha y condena "a las cinco feministas de San Cristóbal que promovieron la ley". Y la amenaza de excomunión no impide los pronunciamientos inesperados (el Congreso del Trabajo a favor de la despenalización) ni el alud de pronunciamientos despenalizadores con argumentos jurídicos, políticos, médicos, morales. Cito un ejemplo: el magnífico ensayo de Luis Villoro, del que reproduzco una de las conclusiones:

> *Cuarto. Los derechos de la madre.* La penalización del aborto no puede justificarse en ningún derecho del feto, porque éste no es sujeto de derecho; en cambio, atenta contra los derechos individuales, inalienables de la madre. Veamos.
>
> *a)* Atenta contra el derecho de todo individuo a decidir de su propiedad, por lo tanto, de su propio cuerpo. Mientras el feto se alimenta, respira y crece gracias al organismo materno, es parte del cuerpo de la madre. El Estado tiene la obligación de garantizar ese derecho.
>
> *b)* Atenta contra el derecho de todo individuo a la preservación de su salud. Según datos de la Cámara Nacional de Hospitales, los abortos ilegales cuestan la vida a unas 300 mil mujeres al año. El Estado tiene la obligación de proteger a esas mujeres y de suministrarles la atención médica para que una decisión sobre su cuerpo, que sólo a ellas compete tomar, no ponga en peligro su vida.
>
> *c)* Atenta contra la igualdad de oportunidades a que todo individuo tiene derecho. Sólo las ricas abortan en condiciones

101

satisfactorias. El castigo legal del aborto sólo se aplica a quienes no tienen medios para pagar lo necesario y están abandonadas a sus propios recursos. La penalización del aborto es un elemento más de discriminación social. El aborto es un acto doloroso, cruento, a veces trágico. Nadie lo desea. La manera de prevenirlo no es el castigo, que sólo fomenta los abortos clandestinos, sino la educación sexual, la difusión masiva de medios anticonceptivos, la asistencia médica. [*La Jornada*, 11 y 12 de enero de 1991.]

Casi todos los argumentos a favor de la despenalización se habían dicho y repetido, pero nunca antes tuvieron auditorio tan considerable, ni surgieron en forma tan espontánea y numerosa. Esto es lo significativo. Como siempre, un sector se declara públicamente tradicionalista y en uso de sus derechos ciudadanos rechaza el aborto, pero en la opinión pública (ese círculo vago y concreto de prensa, sindicatos, agrupaciones, figuras relevantes, jerarquización social de temas) avanza la tendencia que al favorecer la despenalización del aborto, atiende a lo demostrable: las atmósferas punitivas no han disminuido los abortos, ni su aumento según el ritmo de crecimiento de la población; la ley se ha aplicado contra médicos y enfermeras, no contra quienes abortan (dos sentenciadas en diez años con multas); la penalización incrementa las corrupciones, las humillaciones y los riesgos físicos de la clandestinidad, y sólo sirve para afectar dramáticamente millones de vidas.

Antes, los campos estaban muy delimitados. De un lado, grupos de feministas, con escaso acceso a la prensa y nula intervención en radio y televisión; del otro, la Iglesia católica, sus partidos y grupos incondicionales, y el miedo de la sociedad laica ante la mera mención del tema. Pero en el cambio de mentalidad participan la internacionalización cultural del país, el auge de la educación media y superior, la secularización generalizada que usa la tolerancia como vía de desarrollo y las teorías del feminismo. Y en el proceso también influye la actitud de numerosos católicos, que respetan y comprenden la desesperación de quienes abortan.

De las derrotas parciales que son victorias sociales

La respuesta de la jerarquía eclesiástica del PAN y de los organismos paraeclesiásticos detiene la ley del Congreso de Chiapas (Pro-Vida afirma: "Nos proponemos impedir que en uso de su soberanía y libertad, los gobiernos estatales puedan hacer modificaciones a sus legislaciones para permitir el aborto"). Los congresistas turnan el caso, un tanto inexplicablemente, a la Comisión Nacional de Derechos Humanos, cuyo presidente, Jorge Carpizo, anuncia un estudio sobre el tema. Pero la derecha se apresura en festejar su triunfo. La despenalización anunciada libera las fuerzas y las convicciones de la tolerancia, y algo equivalente a un referéndum se produce en todas partes y, de seguro, en todas las familias.

Tómese el caso del sector político de centro-izquierda. Por décadas, la izquierda partidaria se opuso al control de la natalidad, en donde incluía, irracionalmente, la despenalización del aborto, calificándolo de "estrategia del imperialismo, que se propone evitar a toda costa que nazcan las masas combatientes del Tercer Mundo". (En la ultraizquierda estuvo de moda la canción ultrasexista: "A parir, madres latinas,/a parir más guerrilleros".) El sectarismo que soñaba en vientres fértiles como misiles no se ha disuelto del todo, y aun ahora hay quienes se oponen a la despenalización porque eso "es quitarle responsabilidades al Estado, que debe cuidar de la maternidad", pero tales posiciones antes omnipresentes, hoy son, si acaso, grupusculares. Lo opuesto es lo dominante, como lo demuestra, entre otras cuestiones, la resolución del Partido de la Revolución Democrática, tomada por unanimidad el 13 de enero de 1991, y que propugna la despenalización del aborto.

Desde los años setenta, la izquierda social apoyó las razones humanistas del feminismo. Esto se disemina y abarca otros sectores, y si por lo pronto no se traduce en la apertura legislativa, se reduce considerablemente la presión social sobre quienes abortan. Y, además, el proceso continúa. El 15 de febrero pasado, el Congreso de Quintana Roo aprobó una serie de indicaciones en relación con la práctica del aborto, posibilitando de esa manera el debate en la entidad.

103

9
LA REPRESENTACIÓN FEMENINA

¿Qué tienen que hacer las mujeres en política?

En pos de la respuesta, hágase la pregunta contraria (¿qué tienen que hacer los hombres en política?) y se la hallará inadmisible o impensable; la política, señores, es asunto de hombres, porque de acuerdo con esa creencia maligna que llamamos tradición el hombre es el creador de instituciones, el constructor por excelencia. El prejuicio es sólido y, para colocarlo en vitrina, elijo, de los miles a mi disposición, dos ejemplos muy recientes.

a) La Secretaría de Gestión Social del CEN del PRI le preparó a sus candidatos a diputados y senadores un manual de preguntas de primera necesidad, y de respuestas a estudiar y, en su atendible caso, a memorizar. Los temas son los cruciales en el México de hoy: el Tratado de Libre Comercio, la modernidad, la privatización, la economía subterránea, el sistema financiero, la educación, los salarios, etcétera. Y en este repertorio de asuntos formidables, la única mención —maravillosa— de la mujer se halla en la pregunta 77: "¿Propone (usted) alguna política de protección a grupos sociales? Niñez, juventud, mujeres, indígenas, ancianos, drogadictos, homosexuales, ¿qué propone?".

Con lo anterior, la Secretaría de Gestión Social del PRI nos informa: *a*) la niñez, la juventud y los ancianos son grupos sociales; y *b*) los indígenas y las mujeres son *grupos* protegibles. Y las respuestas están a la altura de la pregunta. De los homosexuales, previsiblemente, no se dice una palabra; en lo tocante a los niños el PRI decide protegerlos "de su estado de indefensión en el seno familiar y en el ámbito social"; y a la mujer, responsabilizada

105

de "la dura tarea de mantener unida a la familia", la alcanza el siguiente alegato:

> En relación a la participación de la mujer, el partido postula la necesaria promoción para el acceso de la mujer, en igualdad de condiciones con el hombre, en los procesos políticos, así como la práctica efectiva de su derecho al trabajo, condición indispensable para su integración en la vida social y base de su completa liberación.

Si no muy brillante y clara, al menos la respuesta que se le ordena o sugiere a los candidatos es sincera: a los niños, los jóvenes, las mujeres, los indígenas y los ancianos, grupos sociales, los protegerá el *único* sector que puede hacerlo, los *protectores profesionales*: los hombres de entre 30 y 60 años, los que sí cuentan en el país. Y si la mujer quiere liberarse deberá hallar la fórmula mágica del derecho al trabajo, milagro que no requiere, según el PRI, de más especificaciones, ni de procesos legales o sociales ajenos al buen deseo.

b) Un fragmento del *Manual de imagen,* de mayo de 1991, dedicado también a los priistas, y que nos pone al día de los requisitos esenciales en un político que no quiere ser confundido con un naco:

> El político debe usar vestimenta que, por una parte, simbolice que está identificado con los valores y las instituciones de sus antepasados como plataforma, infraestructura o base de sus acciones, y por otra parte, que es progresista y tiende a buscar soluciones modernas, acordes con las ideas contemporáneas. De manera que su ropa debe observar lineamientos conservadores, al mismo tiempo que, dentro de éstos, se agreguen los elementos de moda. Otra cuestión, no menos importante, es tomar en cuenta factores que, dentro de la parte técnica de los medios (en este caso la televisión), resulten adecuados en la definición estética de la imagen.
>
> *Mujeres en general*
> * Vestidos, trajes de dos piezas o falda y blusa modernos, pero no muy llamativos.
> * Medias del tono de color de la falda o vestido.

- Zapatos y bolsa del mismo color y que éste combine con el del vestido, es decir, que se repita alguno de los colores de la vestimenta.

Ocasiones informales
- Colores claros.
- Algodón, rayón o lino.
- Moda sencilla.
- Maquillaje natural.

Ocasiones formales (actos formalmente públicos o de noche)
- Colores oscuros o un poco más intensos.
- Seda, lana o texturas con cierto brillo.
- Moda un poco más sofisticada.
- Maquillaje un poco más acentuado.

La política no es sólo publicidad, es también ornamentación. Al cielo para el asalto de estos "arquitectos de exteriores" y "arquitectos capilares" que son los modistos y los estilistas. Y si no tan estrictos en la apariencia, los demás partidos procuran no estar a la zaga del PRI en materia de olvido de la mujer. Ni en el PAN ni en el PRD, para no hablar de la terracería grupuscular, se hallarán planteamientos en verdad elaborados sobre la condición política, económica y cultural de la mujer. Y en esto los partidos, por así decirlo, no improvisan su discriminación, que obedece al condicionamiento histórico y al proceso de integración nacional, que sólo dificultosamente admite la presencia de la mujer en la vida pública.

"Heroína es la mujer del héroe"

Según la historia oficial, muy escasas señoras merecen figurar en su seno, y eso en calidad de heroínas colaterales o complementarias: Josefa Ortiz de Domínguez, que le avisó al Tata Cura de que ya le sabían la maniobra; Leona Vicario, por arrimarse al buen árbol de don Andrés; Agustina Ramírez, que le subarrendó a la Patria a todos sus hijos… y a la lista precaria se añaden los símbolos de la Revolución que son certificados de gratitud a la especie: la soldadera, la coronela. En este siglo, sólo la escritora Rosario Castellanos ha obtenido credencial de socio regular en la Rotonda de los Hombres Ilustres (cuando se inauguró, el adjetivo era redundante). Y así sucesivamente, desembocando en lo obvio: hasta fechas recientes a las mujeres se les destinaba el gran papel: testigos de la grandeza ajena.

Si de fechas se trata, a las admisiones republicanas de la capacidad femenina les falta mucho para su primer centenario: en 1979 Griselda Álvarez, primera gobernadora, toma posesión; en 1980 Rosa Luz Alegría es la primera en el gabinete presidencial: secretaria de Turismo. ¿Y tiene caso seguir detallando el sitio subordinado de la mujer, en un paisaje histórico y social donde cada situación es un ejemplo discriminatorio?

¿Quién que es, es mujer? En 1953, el presidente Adolfo Ruiz Cortines le concede el voto a las féminas, así como se oye, él le concede a las féminas porque, como dicen entonces los columnistas, traductores simultáneos del Sistema, las buenas relaciones con la Iglesia católica hacen ya innecesaria la alarma sobre la cesión del voto femenino a los curas. Las mujeres votarán por el PRI, que garantiza la estabilidad de la carestía y, además, como son la mitad de la población habrá que darles algunos derechos formales para que no digan. Al principio, el voto es un apoyo psicológico que desea reducir el efecto maligno de "Era mujer y sin embargo pensaba", pero no se extienden mucho más sus beneficios. Está bien que las mujeres voten, pero ¿a quién se le ocurriría votar por una mujer?

"Y ahora la diputada les va a explicar a las señoras por qué votar no va en contra de la ternura propia de su sexo"

Durante una larga etapa, en los ámbitos del monopolio político la representación femenina se burocratiza a la fuerza; quienes ya fueron aceptadas como las más iguales entre las desiguales deben profesionalizarse como emblemas. Un ejemplo curricular, ni muy reciente ni demasiado antiguo, la profesora normalista y dirigente cetemista Hilda Anderson Nevares. Ingresa al PRI en 1958, en donde es secretaria de Acción Femenil (1971-1973).

Es fundadora y dirigente de la Agrupación Nacional Femenil Revolucionaria (1973-1977). Secretaria general de la Federación de Organizaciones Femeniles de la CTM. Presidenta del Comité Femenino de la Confederación Internacional de Organizaciones Sindicales Libres (1981-1983). Miembro de la Comisión para la Mujer de la Organización Internacional del Trabajo, diputada federal, senadora, candidata nuevamente a diputada… Concluido lo anterior, ¿qué sabemos, públicamente, de los pronunciamientos de doña Hilda en asuntos de la mujer? Vaguedades, brumas verbales. Se trata, inequívocamente, de una representante profesional, alguien que, al margen de sus méritos, se ha especializado en el oficio de símbolo que anida en la burocracia.

En la mayoría de los casos, ¿en qué se ha traducido hasta el momento la representación de la mujer en el PRI y en la oposición? Hasta fechas muy próximas, la respuesta parecía obvia: se ha traducido en el crecimiento de la burocracia femenina o femenil, o en el perfeccionamiento de lugares comunes contestatarios. Y más símbolos no quiere decir el fin del acceso simbólico a la política, sólo la ampliación de los compartimentos alegóricos.

Los presidentes y los ministros se suceden, el tono va cambiando del paternalismo sentimental ("la mujer, la mano que mece al mundo") al paternalismo tecnocrático ("la mujer, la capturista de emociones nobles"), pero en lo básico, en lo tocante a las creencias profundas de la clase política y de la sociedad, no se modifica el prejuicio: la política es cosa de hombres.

¿Cómo destruir la idea-fortaleza: la política es la técnica de obtención del poder que precisa de la astucia, del coraje moral que elimina los escrúpulos, de la disponibilidad que es asunto de hombres, del valor que arraiga en el Ideario Testiculario o, como dice la elite, en los muchos *güevos*? En América Latina, la política es asunto del hombre fuerte, para el cual todo reemplazo es alegórico. Y en ese fuero de la sociedad que llamamos "sabiduría de la época", a la mujer la siguen caracterizando, en el juicio no afectado por los hechos, las "virtudes de la indefensión": la fragilidad, la ternura, la sensibilidad exacerbada.

Razones de la llegada a la antesala

Sin duda, muchos factores nacionales e internacionales presionan para el cambio en materia de los derechos constitucionales de la mujer. Enumero sin jerarquizar:

- La participación femenina creciente en la educación superior, la economía e incluso la policía (hay mujeres granaderas).
- Las gobernantes, nueva costumbre mundial: Margaret Thatcher, Indira Gandhi, Corazón Aquino, Violeta Chamorro.
- El impulso del feminismo que, se admita o no, es el piso teórico de la participación de todas las mujeres, y propicia o exige el análisis permanente de los prejuicios sobre la desigualdad intelectual y política.
- La multiplicación de lideresas en todo el país, en especial en los movimientos sociales. Aun si muchas de ellas se transforman en cacicas, recreando sin variantes los modelos tiránicos, se acentúa la capacitación femenina en el liderazgo; avanza hasta donde es posible (algo, nunca mucho).
- Las transformaciones incesantes de la familia y de la sociedad, que exigen lo antes impedido y vetado: un mucho mayor desarrollo de las capacidades de la mujer, que necesita ampliar a diario sus ideas y puntos de vista. Esto no se da de modo parejo, varía según la clase social, el sector ideológico y político, los ritmos de vida familiar, la región, etcétera, pero el resultado es inequívoco: la mujer del tradicionalismo es asunto del pasado.
- El acoso cultural a los mitos de la supremacía masculina, lo que no equivale, desde luego, a la caída del patriarcado, pero sí al resquebrajamiento o el derrumbe de axiomas y certidumbres del machismo.
- El apoyo electoral de miles de mujeres a los diversos partidos que les ha servido para comprobar: *a*) sus niveles de eficacia; *b*) la gran distancia entre sus niveles de eficacia, notorios, y su sitio en las organizaciones, invariable; *c*) la manera en que se ha modificado

su percepción de la política, en un giro que equivaldría al salto de la visión sagrada a la visión profana; *d*) el desinterés real (no verbal) de las organizaciones en asuntos de la condición de la mujer; *e*) el criterio de sorteo y decoración que guía a las organizaciones al elegir a sus representantes femeninas; *f*) el modo en que la calidad de mujeres potencia las dificultades en el ejercicio de los cargos, de representante de casilla a gobernadora.

"El machismo, mano, es un prejuicio de la objetividad"

En el proceso electoral de 1991 han imperado, entre forcejeos no demasiado advertibles, los antiguos criterios de selección emblemática ("Te elijo no por lo que vales, sino para que no digan"). Esto, me parece, pone en crisis la idea misma de representación. Si la tendencia sigue favoreciendo a la designación simbólica, ¿quién puede representar debidamente a las mujeres?, ¿por qué es importante representar a las mujeres en partidos que toman tan escasamente en cuenta sus problemas específicos y retroceden ante temas esenciales? Un ejemplo límite: la despenalización del aborto. A esto, el PAN se opone furibundamente, el PRI sección Chiapas se atrevió a despenalizar para verse refutado por el centralismo, y el PRD aprobó la medida por unanimidad, pero se ha olvidado de notificarle al país su decisión.

La pregunta es obsesiva: ¿de quién es la política y dónde hacen política los dueños del término y de lo que el término engloba? Las mujeres pueden ser, sí, activistas, y en atención a su empeño, organizan las visitas del candidato (o, en su minoritario caso, sus propias visitas), presentan las comidas de la campaña, hablan persuasiva o dogmáticamente con las amas de casa de jacal, lanzan porras, emiten fogosos discursos, convocan al voto y precisan en las reuniones lo que juzgan imprescindible. Pero de acuerdo con las reglas del juego, su quehacer es la política antes de la política, lo siempre ajeno a la genuina esfera de poder, al palomeo y al planchazo, a las consideraciones estratégicas en donde ellas, de nuevo, se ven distribuidas en territorios partidarios sospechosamente semejantes a los clásicos: la cocina, el confesionario, el cuarto del bordado y el espacio adjunto a la televisión.

111

En este orden de cosas, ¿qué sentido tiene la expresión, tan oída, "no se le ha dado oportunidad a las mujeres"? La frase es desdichada, porque oportunidad que se regala o se entrega es oportunidad que en verdad no existe. Así, por ejemplo, el voto se dio, pero la tardanza en asumir a fondo su ejercicio refiere el proceso gracias al cual numerosas mujeres dejaron de ver en el voto una obligación incomprensible para transformarlo en derecho con frecuencia gozoso.

"Dos otras mujeres dulcifican el panorama facial del senado"

¿Dónde se hace política en México? Hasta ahora en el espacio donde sólo unas cuantas mujeres entran por breve tiempo, bajo invitación restringida y sin poderes amplios. Tal vez suceda que la política engendra reglas del juego tan implacables (de obtención y retención del poder) que, en última instancia, sólo trascienden las acciones que evaden o sobrepasan las divisiones rígidas, falsas y verdaderas, entre lo masculino y lo femenino, para dar paso a lo que es "el sexo de la política", hecho de actos y consideraciones que surgen de la psicología única y distante del poder o de la aspiración al poder. Por así decirlo, se gobierna como político, un género sólo masculino así lo desempeñen mujeres, un añadido a la teoría de los géneros, y allí radica la especificidad del espacio donde se hace política, y donde las mujeres, como tales, hasta el momento no han tenido verdadero acceso.

Por esta vez, en 1991, la representación de las mujeres ha visto disminuidos sus niveles, los simbólicos y los reales. La "generosidad" de otros tiempos se desvanece y cada oportunidad o incluso cada falta de oportunidad (el lugar 32 en la lista plurinominal, por así decirlo) se peleó minuciosamente, y en todos los partidos disminuyó el número de candidatas. Según Patricia Mercado, de la Convención Nacional de Mujeres, esto se debe a la dispersión de los contingentes femeninos en cada partido. Según la gobernadora de Tlaxcala, Beatriz Paredes, la derrota se consumó mucho antes, cuando no se protestó por la frivolidad utilizada en los documentos de todas las organizaciones en relación con la mujer.

¿En dónde se hace política, y en dónde se enteran las mujeres, y para el caso los hombres, de las plataformas partidarias? Las campañas giran en torno no de los programas sino de los procedimientos, y un candidato piensa en cifras de gastos, no en "tonterías programáticas". Las mujeres no suelen votar por las mujeres, se nos dice, y mientras se comprueba la verdad de tal afirmación, lo que se observa es el retroceso o, si se quiere, el avance del machismo. En el caso del PRI, de 32 candidatos al senado, dos son mujeres; de 300 candidatos a la diputación, 21 son mujeres, y hay 14 estados de la república sin representación femenina; y de los 95 plurinominales, 11 son mujeres. Y en los demás partidos impera la misma línea de sobrerrepresentación.

¿Deben darse las cuotas de poder? ¿No indican pese a todo un progreso estas cifras, si se las compara con las de 1960 o 1970? No se puede responsabilizar a nadie (porque la sociedad y la historia no son responsabilizables) por la despolitización y la falta de preparación específica de las mujeres. Es una lástima, es la respuesta *off the record*, que las mujeres ajenas cuenten en las organizaciones, pero no se deben ni se pueden forzar los tiempos de la república, y en veinte o treinta años la situación cambiará, y entonces no habrá necesidad de insistir, la misma sociedad equilibrará las fuerzas.

Realpolitik, cinismo, indiferencia que expresa adecuadamente el movimiento interno de la sociedad. La causa de la mujer (de sus derechos, de su formación como dirigente, de la respuesta a los graves problemas de la desigualdad y el aplastamiento) avanza hasta donde es posible y se ve contenida por las mismas fuerzas que se oponen a la democratización, y en política, según creo, los objetivos específicos de las feministas (de la despenalización del aborto a la justicia salarial) intensificarán su eficacia sólo cuando correspondan de modo orgánico a un proyecto más amplio. De otra manera, la causa se diluye en la contingencia, las activistas desembocan en peticionarias, las luchas se vuelven mitologías y los avances son siempre profundamente insatisfactorios, al cotejárseles con el todo del monopolio machista.

¿Eso es renunciar a los principios? Más bien, es ampliar su radio de acción. Así sea el eje, la perspectiva feminista debe ser, para las mujeres que intervienen en política, sólo una parte de su planteamiento. De otra manera, perpetuarán la exclusión en nombre de la teoría.

10
LA ENSEÑANZA DEL LLANTO

En cambio me enseñaron a llorar. Pero el llanto es
en mí un mecanismo descompuesto y no lloro en la
cámara mortuoria ni en la ocasión sublime ni fren-
te a la catástrofe. Lloro cuando se quema el arroz o
cuando pierdo el último recibo del impuesto predial.

Autorretrato

En 1948, Rosario Castellanos publica *Apuntes para una declaración de fe*. Si se descuenta un final oratorio (el "remate" cifrado en el llamado a la esperanza que exige una cultura en boga, requerida de mensajes), el poema ya contiene los elementos que desarrollará su obra: un lenguaje probadamente literario, un ir y venir de la cosmogonía al trazo irónico, un apego a la "sensibilidad femenina" y un rechazo sarcástico de la sensiblería. En 1948, Rosario tiene 23 años, la experiencia de una niñez chiapaneca, estudios en filosofía y letras, lecturas exhaustivas de la Biblia, Paul Claudel, Gabriela Mistral, los Contemporáneos (en especial José Gorostiza y *Muerte sin fin*), la formación en un medio familiar y social donde se entremezclan las vidas de los santos y las recomendaciones a las mujeres sobre su sitio en el mundo. De ese caudal, surge una poesía que, insólitamente, combina la devoción por la angustia con el sarcasmo, la piedad con la sonora falta de devoción:

¡Qué implacable fue Dios —ojo que atisba
a través de una hoja de parra ineficaz—!

¡Cómo bajó el arcángel relumbrando
con una decidida espada de latón!

En 1948, en el arranque de la plena industrialización, la literatura mexicana ha renunciado visiblemente a la vanguardia y a la experimentación. Lo
obtenido en las décadas anteriores por el grupo de Contemporáneos se ha
vuelto rápidamente la academia para los jóvenes. Rosario no es vanguardis-
ta, se prepara con disciplina para una poesía "ortodoxa" de vocablos culmi-
nantes (muerte, polvo, raíz, niebla, memoria, amor…), de reflexión sobre
la poesía misma y de sensaciones prestigiosas (soledad, angustia, inmersión
en el mundo). Sin embargo, en *Apuntes para una declaración de fe* la actitud
difiere de la prevaleciente por la introducción de un ánimo distinto, equidistante de la reverencia y de la profanación, capaz de jugar con los valores
culturales:

A nadie se le ocurre morir tuberculoso
ni escalar los balcones ni suspirar en vano.
Ya no somos románticos.
Es la generación moderna y problemática
que toma coca-cola y que habla por teléfono
y que escribe poemas en el dorso de un cheque.
Somos la raza estrangulada por la inteligencia,
"la insuperable,
mundialmente famosa trapecista
que ejecuta sin mácula
triple salto mortal en el vacío".
(La inteligencia es una prostituta
que se vende por un poco de brillo
y que no sabe ya ruborizarse.)

A casi una década de la publicación de *Muerte sin fin*, Rosario no considera
conveniente celebrar desde el pasmo metafísico a la inteligencia ("soledad
en llamas/que todo lo consume sin crearlo"). A la visión de un "páramo
de espejos" opone el descamado "cinismo" de quien refiere lo que ve y ha

cesado de tener ilusiones culturales, así mantenga sólidamente su fe en la palabra. Pero de los *Apuntes* a *En la tierra de en medio*, el libro final de principios de los setenta, es arduo el proceso por hacerse del propio idioma y de la sencillez. Revísese la bibliografía: *Trayectoria del polvo* (1948), *Apuntes para una declaración de fe* (1948), *De la vigilia estéril* (1950), *Dos poemas* (1950), *El rescate del mundo* (1952), *Presentación en el templo* (1951), *Poemas: 1953-1955* (1957), *Salomé y Judith* (1959), *Al pie de la letra* (1959), *Lívida luz* (1960), *Materia memorable* (1969) y la recopilación del Fondo de Cultura Económica *Poesía no eres tú* (1972).

Aparte del discutible acierto en los títulos, se transparenta el apego, todavía considerable, a una retórica que, a las mujeres, les exige la conmiseración, el dolido reconocimiento del mundo y el confinamiento en las tradiciones que son garantía de "pureza" y de "femineidad".

Es tan oprobioso el peso del machismo que las escritoras deben, para liberarse del determinismo, hacer explícita la "condición femenina", volverla materia prima de su poesía o de su narrativa. (O deben atenerse a un tono neutro, falsamente impersonal, que congela el desarrollo literario. "Escribo como un hombre." Es decir, escribe como Nadie.) En Rosario, "la femineidad" es lirismo que se desborda y se ajusta, es humor cotidiano, es cuidado celoso y exhibición (al mismo tiempo) de la intimidad, es sarcasmo moroso que no pretende herir sino lograr la frase justa, es pérdida y desgarramiento:

> Pues yo lamí su sombra hasta borrarla
> con una abyecta, triste lengua de perro hambriento,
> y fui insultando al día con mi luto
> y arrastré mis sollozos por el suelo.
> (De "Fábula y laberinto")

El abandono de sí alcanza su límite en *Lamentación de Dido*, momento magistral de una obra. Dido, apasionada y abandonada, evoca a Eneas, refiere su proceso amoroso, se queja, desfallece, recobra el ímpetu. A la condición tan común de la mujer dejada, Rosario la encumbra con un lenguaje intenso, donde el acento neoclásico se niega a sí mismo y se vuelve moderno. Expresada con tal vehemencia, la circunstancia cotidiana del abandono se transfigura y se torna escena trágica. El ama de casa, cualquier ama de casa, es Dido, la "guardiana de las tumbas… nave de airosas velas… mujer siempre, y hasta el fin". A la luz de la expiación y la catarsis, la mujer abandonada adquiere otra condición social y cultural, y *Lamentación de Dido* anuncia el cambio de actitud de su autora:

> Ah, sería preferible morir. Pero yo sé que para mí no hay muerte.
> Porque el dolor —¿y qué otra cosa soy más que dolor?— me ha
> hecho eterna.

La *"ternura funesta"* y la invención de la ternura

Lamentación de Dido, con su trasfondo bíblico, clásico y claudeliano, es seguido por una sucesión de poemas breves que manifiestan una indecisión: entre una poesía claramente reconocible como tal y una personalización literaria más decidida. La destreza expresiva de Rosario se acrecienta y, cuando no cede a la tentación entonces de moda (dispersar el poder verbal en celebraciones "abstractas", en ejercicio de estilo que hace las veces de introspecciones o de graves reflexiones existenciales) logra poemas perfectos, obras maestras concentradas.

PIEDRA

> La piedra no se mueve.
> En su lugar exacto
> permanece.
> Su fealdad está allí, en medio del camino,
> donde todos tropiecen
> y es, como el corazón que no se entrega,
> volumen de la muerte.
>
> Sólo el que ve se goza con el orden
> que la piedra sostiene.

Sólo en el ojo puro del que ve
su ser se justifica y resplandece.
Sólo la boca del que ve la alaba.

Ella no entiende nada. Y obedece.

Las dos obras dramáticas, *Salomé y Judith,* fallidas en tanto tragedias líricas, son importantes por las resonancias del lenguaje y por el cambio de actitud. En ambos personajes, la femineidad ya no es destino impuesto, y se vuelve, desde la entrega y el sacrificio, condición asumida. Salomé ya no repetirá la vida de su madre, condenada a la oscuridad y a la resignación ("Y fui educada para obedecer/y sufrir en silencio./Mi madre en vez de leche/me dio el sometimiento"). Y Judith se rebela ante la tarea impuesta:

¡No, no iré! ¡Que se cumpla la catástrofe!
¡Que Dios clave en mi espalda el ojo más tremendo,
que el peor anatema me pudra las entrañas!

A Rosario Castellanos todavía le corresponde librar un combate explícito por su derecho a no confinarse en una literatura profesionalmente "femenina". Si sus proposiciones teóricas no son feministas de modo estricto, su búsqueda de un tono personal sí corresponde a una voluntad colectiva de autonomía y libre elección de temas y actitudes. En este sentido, su poesía es una progresión, el registro consciente del significado cambiante de ser mujer y de rechazar, desde dentro, las imposiciones de la "sensibilidad femenina". Si esto en ocasiones parece una batalla explícitamente ideológica, es porque el clima cultural eso exige, para darle garantía de voz y de público a las escritoras. "Matamos lo que amamos. Lo demás/no ha estado vivo nunca", dice Rosario alterando y extendiendo la frase de Wilde y ella, que amó profundamente la sensibilidad débil y protegida, la aniquila sin cesar en sus poemas, la rodea de sarcasmo y distancia crítica.

ACCIDENTE

Temí… no el gran amor.

Fui inmunizada a tiempo y para siempre
con un beso anacrónico
y la entrega ficticia
—capaz de simular hasta el rechazo—
y por el juramento, que no es más retórico
porque no es más solemne.
No, no temí la pira que me consumiría
sino el cerillo mal prendido y esta
ampolla que entorpece la mano con que escribo.

En sus años finales, Rosario destruye memorablemente muchas de las trampas y prisiones de la "sensibilidad femenina" y escribe una poesía admirable, despojada de cualquier velo retórico, directa, crítica. Poesía claramente autobiográfica, pero no poesía "confesional". De *confesar*, Rosario seguiría atada a su formación primera, involucrada sin cesar en las sensaciones de culpa que son la esencia de la sujeción. Ella no *confiesa*, se limita a dar fe de que la intimidad no es vergonzosa ni inexpresable. El lector no es el confesor, sino el amigo o el cómplice o, más simplemente, el lector.

VALIUM 10

A veces (y no trates
de restarle importancia
diciendo que no ocurre con frecuencia)
se te quiebra la vara con que mides,
se te extravía la brújula
y ya no entiendes nada. […]

Y deletreas el nombre del Caos. Y no puedes
dormir si no destapas

el frasco de pastillas y si no tragas una
en la que se condensa,
químicamente pura, la ordenación del mundo.

Diez años antes, esto hubiera sido una "indiscreción freudiana". Los cambios del proceso social contribuyen poderosamente a liberar las fuerzas narrativas y poéticas de Rosario, obligada —con su anuencia y a su pesar— a representar a la mujer pensante y a la escritora en México. Ella, que fue una representación, termina harta de los papeles y de las imposiciones culturales, decidida a la libertad a partir de la conducta y los gestos espontáneos.

Debe haber otro modo que no se llame Safo
ni Mesalina ni María Egipciaca
ni Magdalena ni Clemencia Isaura.
Otro modo de ser humano y libre.
Otro modo de ser.

121

11
ALABEMOS AHORA

E l sonido es heterosexista como fácilmente se ve. No sé si fue malentendido de mi parte, pero cuando Marta Lamas me ordenó poner esta realidad combinatoria de participante el día de hoy, no me avisó que el tema eran las mujeres al fin del siglo, por eso estoy llegando para rendirle un homenaje a las precursoras y primeras militantes y activistas del feminismo. Hice un texto metiendo a las mujeres de fin de siglo, pero de fin del siglo XIX, por lo que espero que no contradiga el espíritu analítico del día de hoy tan normado por nuestro primer conocimiento-reconocimiento de Chiapas. Yo hasta hace unos pocos días, por ejemplo, estaba seguro de que la guerra de las castas había sido un enfrentamiento a muerte entre dos vírgenes y he tenido que sorprenderme ante su resurrección evidente.

Alabemos ahora a las mujeres del nombre irrepetible o jamás conocido que en las épocas de la femineidad como tesoro de las buenas maneras de sobremesa, cantares, tocar el piano, bordar, suspirar con melancolía escénica, mirar con rostro absorto al confesor, sonreír grácilmente para que las facciones adquieran una expresión adoratriz que en las épocas donde el hombre era el único fenómeno concebido por el ser humano, se organizaron, se reunieron para intercambiarse quejas y protestas, y escribieron documentos que fuera de su grupo nadie leía y se prepararon disciplinadamente para el pleno ejercicio de su individualidad.

Alabemos ahora a las mujeres que resistieron el embate de la nulificación y la supresión del yo y no se limitaron cuando en la velada, mientras el piano retumbaba con una sonata, alguien proseguía con voz ronca los versos de Salvador Díaz Mirón: "¡Confórmate, mujer! ¡Hemos venido/a este valle de lágrimas que abate,/tú, como la paloma, para el nido,/yo, como el león, para el combate!"; y si al concluir la declamación, mientras se distribuía la bebida, otra voz gritaba entre risotadas: "la mujer en casa y con la pata rota", siguieron pensando en la existencia de sus derechos, muchas noches leyeron algunos escritos de españolas o francesas o norteamericanas, la señora Margaret Sanger, por ejemplo, y concluyeron por enésima ocasión que sí, que tenían razón y que otros y otras eran los equivocados, por ejemplo sus madres, sus hermanas, todas las criaturas de la fuerza íntima y del abandono público.

Alabemos ahora a las mujeres que, sin dejar de ser creyentes y aun cumpliendo con sus deberes religiosos, se dieron tiempo para sonreír primero y burlarse después cuando se afirmaba en la reunión "el hombre es fuego, la mujer estopa, y viene el diablo y sopla", o cuando se decía que en fórmulas se aspiraba a lo inefable ("entre santa y santo, pared de cal y canto"), o que enseñaba la modestia, que era gloria de las vírgenes antes del matrimonio, y la humildad, que era el muro de contención de la coquetería, repitiendo los versos de aprendizaje infantil: "Al subir la barca me dice el barquero:/'Las niñas bonitas no pagan dinero'./Yo no soy bonita ni lo quiero ser,/porque las bonitas se echan a perder", y ellas al oír lo anterior reflexionaron, y sin estas palabras, con esta actitud, decidieron que la femineidad de la disposición era una conjunción social, un largo aprendizaje del conocimiento, la iluminación piadosa de los rincones, y quisieron ser lo que eran de modo distinto, adueñándose del sentido de su vida al poner en duda la disputa a ciegas y única de la femineidad.

Alabemos ahora a las mujeres que no se adueñaron de ninguno de los roles a su disposición y no quisieron ser la virgen compasiva o la madre de voluntad transferida al esposo, los hijos y el confesor, o la virgen mental con su numerosa descendencia o la esposa fiel que sólo toleraba el cuerpo del marido porque Dios así lo dispuso, mientras en el preparativo para el coito murmuraba rezanderamente: "Esto que hacemos, Santo Señor, no es por vicio ni por fornicio, sino para hacer un hijo en tu santo servicio", y que tampoco mujeres reacias a la acumulación quisieron inspirar amores fatales repitiendo el destino de Rosario que llevó a Manuel Acuña al cianuro, o de las grandes coquetas que entraban a los salones y sólo quisieron ser ellas mismas, algo casi imposible de concretar entonces, cuando el ser de las mujeres era de la perfecta obsesión y la inacabable confesión.

Alabemos ahora a la joven que, a fines del siglo XIX, se propuso estudiar medicina y no se le permitía la inscripción, y ella forcejeó y luchó apoyada por su madre y al fin se obtuvo la primera mujer que, en 1882, pudo estudiar medicina y soportó el ser vista con burla y desdén, y aceptó porque no le quedaba otra y no se le permitía practicar en el anfiteatro con cadáveres si había hombres presentes que vieran cómo una mujer veía un cuerpo desnudo y únicamente a solas pudo adiestrarse en el conocimiento anatómico y sobrellevó rechazos y humillaciones hasta obtener el título profesional, pero no los pacientes, porque quién podía creer que una mujer era capaz de un diagnóstico.

Alabemos ahora a las jóvenes que intentaron la poesía y no se inmutaron ante la condescendencia con que fueron recibidas, "Natural es", dice Francisco Zarco, "que la mujer participe un tanto de las cualidades del sueño en que se abren sus ojos a la luz", y ellas publicaron sus versos sin darse crédito para no avergonzar a sus familias y no perseverar porque nadie lo solicitó, o siguieron escribiendo en torno a los temas para ellas legítimos o permitidos, la rosa, el amor, los sentimientos maternales o filiales, el paso del tiempo, la aspiración a la igualdad, que dieron sentido a la poesía denotada, las descripciones del paisaje, las escenas bíblicas, los ayes y gemidos de la pasión desexualizada, los cortejos a las jovencitas en edad de merecer, como éste de Refugio Barragán y Lozano a fines del siglo ya casi antepasado: "No te demuestres liviana,/guarda de tu amor la esencia,/ si hoy juega con tu inocencia/se reirá de ti mañana./Niña gentil y hechicera,/ve con tiento,/lo que te dice es quimera,/humo en el viento", y ellas siguieron escribiendo y la fe en el idioma les fue indispensable en su forma y temperamento, el aprendizaje de las leyes de fuego, también les sirvió la poesía para fincar su sexualidad, sus apetencias y clamores bajo las tantas formas del amor que nace en vano.

Alabemos ahora a las mujeres de los anarquistas de fines del siglo XIX y principios del siglo XX que poco a poco (no había para ellas otro tiempo histórico, otra veracidad) fueron aceptando las ideas de sus maridos y entendieron, con la profundidad del caso, la misión de sus derechos y los defendieron en los talleres imprimiendo proyectos a la medianoche, repartiendo hojúsculos en las fábricas, en los talleres, hablando contra la discriminación y en contra de sus propios compañeros, ocupando paulatinamente los sitios de combate, con ello también las grandes oportunidades de ser reprimidas.

Alabemos ahora a Juana Belén Gutiérrez de Mendoza, que nació en 1875 y murió en 1942, la autodidacta a la fuerza, que colaboró en *El Hijo del Ahuizote*, la presa política de 1897, en Millas Nuevas, Chihuahua, por su denuncia de la explotación de los trabajadores, la coordinadora de clubes, la editora por su cuenta y muchos riesgos del periódico *Vesper*, la precursora de la Revolución, la compañera en prisión de los hermanos Flores Magón, la exiliada, la creadora de grupos obreros, la maderista, la fundadora del Club Político Femenil Amigas del Pueblo, la cándida, que a pesar suyo se vestía de hombre para marcar su rechazo de la prisión conceptual de la femineidad, la conspiradora de 1911, la partidaria de Zapata, que la hizo coronela y debió organizar el Regimiento Victoria, la presa política del carrancismo en 1916, la fundadora del Consejo Nacional de Mujeres Mexicanas, la militante del Partido Comunista Mexicano, la editora de *Alba Mexicana*, el gran símbolo de la consecuencia y la tenacidad.

Alabemos ahora a las primeras sufragistas que, antes que nadie, creyeron en la humanización que el voto les conferiría porque les otorgaba a sus actos esa suprema virtud de la elección, que eso puede ser la ciudadanía. Ellas lo soportaron todo: burlas, vejámenes y condescendencia de quienes no estaban capacitados para entenderlas, intolerancia, agravios de la estupidez machista y su ideario prostitutario, retrasos burocráticos, engaños políticos, ellas prosiguieron y desfilaron y salieron a la calle no para conquistar las primeras ocasiones, sino con tal de abandonar públicamente sus zonas de encierro y confinamiento: el confesionario, la cocina, la recámara.

Alabemos ahora a Laureana Wright, la directora de *Violetas del Anáhuac*, que comienza en 1887, y ya en 1887 pide el voto para la mujer y la igualdad de derechos.

Alabemos ahora a las hermanas Frías, fundadoras del club mago-
nista, hijas de Anáhuac, perseguidas, encarceladas, llenas de obstinación,
incapaces de reclamar para sí otro mérito que el de la militancia.

Alabemos ahora al exgobernador de Yucatán Salvador Alvarado,
que convocó en 1916 al Primer Congreso Feminista en Mérida, y a doña
Adolfina Valencia de Ávila, su presidenta, y a quienes allí participaron con
un lenguaje todavía muy en verso, con la suprema cursilería que se les en-
dilgaba y se les obligaba a vivir, pero ya capaces de asumirse como seres dotados radicalmente de voluntad.

Alabemos ahora al poeta Antonio M. Plaza, el primer abanderado
en México, si el anacronismo vale, de la contracultura de corte combatiente, liberal y juarista y anarquista literato, que le cantó a la prostituta cuando
nadie le reconocía siquiera humanidad, descreyó del matrimonio, detestó
las costumbres burguesas y se burló de las virtudes al uso.

Alabemos ahora a las soldaderas que fueron a la batalla por el amor
a sus hombres y cocinaron, se hicieron de comida como diese lugar, pe-
learon, amamantaron a sus vástagos, murieron a causa de balas perdidas y
encontradas, recibieron apenas el pago de un corrido y unos cuantos personajes literarios, pero rehicieron, sin darse cuenta, la sensibilidad femenina de las clases populares.

Alabemos ahora a las maestras rurales, que en sus palabras, válidas
todavía por la inmensa vida que las sustentaba, sembraron la luz del alfa-
beto, se propusieron disipar las doblegueces del oscurantismo y le impusieron al fanatismo su reciedumbre. Se las vejó, se las violó delante de sus
alumnos, se las desorejó en nombre de la fe, pero ellas, en los medios más
hostiles, adelantaron la secularización.

Alabemos ahora a las guardianas de la tradición, que no obstante
sus limitaciones y prejuicios, las cárceles ideológicas de donde surgían y se
promovían, se dieron tiempo para crear redes de solidaridad femenina.

Alabemos ahora a las mujeres disidentes que sólo quisieron darle a
su género las premisas del libre albedrío y el ejercicio de la voluntad racional. Recuperar ahora con plenitud sus legados es indispensable al tránsito
a la democracia y el proyecto civilizatorio.

Alabemos ahora.

127

12
ENVÍO A NANCY CÁRDENAS, ACTIVISTA EJEMPLAR*

Queridísima Nancy:

¿Quién te puede dividir, Nancy, tú la del cardenismo marginal? Eres un fenómeno unitario en tus poemas (el amor custodiado por la ironía), en tus puestas en escena, en tu actividad política, en tu teatro (directora, autora, traductora), en tus artículos, en tu lucha por los derechos tan irrefutables de las minorías. Al trazar las notas para este recado me doy cuenta de lo que eres y de lo mucho que significas para tus amigos, y sólo te pido por favor, en tu horizonte teatral, que te resignes a la dimensión cívica. Es mucho lo que le significas a la sociedad mexicana.

Empiezo desde el principio este relato de la amistad y la admiración. Te vi por vez primera en 1955, en los pasillos de la Facultad de Filosofía, y me atrajo vivamente tu *body language*, tu modo de discutir y de conminar al esfuerzo heroico de ir a clases. División del trabajo de hace cuarenta años: yo era tímido y tú, sin poder evitarlo, protagónica. Luego el licenciado Luis Prieto Reyes, de la Universidad, me presentó contigo y lo supe todo media hora después: habías nacido en 1934 en Parras, Coahuila, de familia numerosa de orígenes campesinos y comerciantes, estudiabas arte dramático y querías dirigir, escribir, actuar… ¡Ay, los años cincuenta! Todos (los que debíamos conocernos) nos conocíamos, la ciudad invitaba a diálogos y caminatas, y los problemas nacionales no debían serlo o

---

* Nancy Cárdenas murió de cáncer el 23 de marzo de 1994.

parecerlo tanto porque les dedicábamos un interés lejano. (Muchas situaciones no nos irritaban porque ignorábamos que debían irritarnos.) Y al agobio de una sociedad normada por la censura le oponíamos lo que teníamos a mano: lecturas, rechazos, gestos, sesiones de psicoterapia gratuita jugando a *La Botella* (el Juego de la Verdad) que, en la madrugada, nos permitía las confesiones aparatosas que luego no conseguíamos recordar. ¡Ah, saber de nuestro apetito sexual a través de las respuestas audaces! Y estábamos tan empeñados en ser distintos que no nos sentíamos marginales.

Tú entraste a Poesía en Voz Alta, la experiencia teatral de una generación, y muy pronto te decidiste por el *come out*, inspirado en la consigna casi sartreana: "Se vive solamente una vez". Te hiciste de amistades inesperadas (para nosotros que leíamos para vivir) y no te abstuviste de lo que entonces, con cierto candor, llamábamos "bohemia" y que en lo básico consistía en el juego de lo entrecomillado: la "vida irregular", los horarios "del desarreglo", las "conductas equívocas". Recuerdo vívidamente una noche de 1957 o 58, cuando llegaste al departamento de Sergio Pitol, en la calle de Londres, con un grupo de amigas, entre ellas una mujer que me pareció muy austera o muy esencial, de jorongo, calzón de manta y huaraches. Ella cantó maravillosamente y me hizo conocer canciones portentosas: "Mi segundo amor", "Maringá", "Macorina". ¡Qué singular Chavela Vargas! Con intuición extraordinaria, ella llevó adelante la gran empresa de Lucha Reyes, convertir la canción ranchera en algo cercano al blues, igual desgarramiento anímico, igual carga autobiográfica, igual vehemencia expresiva. Chavela también, al prescindir del mariachi, acentuó el encuentro del solitario o la solitaria con la música.

Chavela reía y tomaba, y yo me asombré viendo el comportamiento y las formas de vestir de un grupo entonces más que idiosincrásico. En el desafío a una sociedad incapaz no digamos de admitir sino de concebir la diferencia, el dandismo (y en todas ustedes se imponía un dandismo inaugural) era obligación de estilo y vida: desde la elegancia imperativa había que pregonar apetencias y rechazos. Con atuendos calificados de "exclusivamente masculinos", en la etapa anterior al unisex, tú y tus amigas recreaban su decisión de vivir como se les daba en gana, trascendiendo —no sin culpa, no sin lucidez— los límites de una cultura calificada por sus represiones, que juzgaba a las heterodoxias en la escala que va del "desfiguro" a la "perversión". En materia de libertades expresivas, todo parecía nuevo y, pese a las condenas bíblicas y judeocristianas, la heterodoxia no se vivía como fatalidad (en la mayoría de los casos) porque a la fuerza, sus resonancias eran íntimas, y porque, sin que lo pudiésemos analizar, el crecimiento urbano ya admitía el comportamiento "disonante" mientras se debilitaba el apremio del castigo. Y ya se colaba la tolerancia con el pretexto del humor cínico: "Que hagan lo que quieran, pero que no se metan conmigo... y si se van a meter conmigo, que me avisen con tiempo para quedarme".

Interrumpo un momento mi perorata para evocar algo que conversé largamente contigo: el mundo de las lesbianas mexicanas en la primera mitad del siglo, ocultado por el prejuicio y la incredulidad que iba más allá de los prejuicios. ¿Cómo era posible? Mujeres que se entendían entre sí, sin la necesidad de los hombres. El lesbianismo era tan inconcebible que a sus practicantes se les vilipendiaba por el aspecto de "marimachas" o de "quedadas profesionales", y no por la conducta que la sociedad se negaba a creer posible. Así, a las maestras de invariable traje sastre, a las activistas políticas de corte férreo, a las solteronas que amistaban románticamente con jovencitas, se les hostilizaba por no ser femeninas, y ser agrias y severas, pero no por ejercer su sexualidad. Así, pese a las evidencias, no se comentó en vida de ellas el lesbianismo de Frida Kahlo o Lucha Reyes, y muchísimo menos el de Gabriela Mistral. Hubiese sido sacrilegio.

Vuelvo al recuento. En esos años cincuenta vivíamos para asombrarnos de nosotros mismos y a fin de cuentas esa premisa tan banal resultó liberadora por contraste. Nos decíamos con otras palabras: "Hoy me daré a mí mismo una lección de audacia". Y la pedagogía de no dejarse, de combatir a golpe de actitudes la censura del medio, nos conducía a la célula "Federico Engels" del Partido Comunista Mexicano y a los bares, las noches de los sábados. Entonces cualquier incidente se volvía una experiencia límite (éramos jóvenes, estábamos reprimidos, dependíamos de la imaginación en materia de estímulos), y oír a Chavela en El Otro Refugio (exactamente arriba de El Eco, un bar mitológico) o en El Safari era un gusto personal y un riesgo que se volvía adelanto social.

Tú actuabas: te vi en una puesta en escena, *Despertar de primavera*,

131

de Frank Wedekind. Y entreverabas el teatro con un activismo que entonces no llevaba ese nombre, dotado de la mayor elocuencia: la de quien se
propone robarle espacio a la represión. En los cincuenta, en la ciudad de
México sólo se admitía, para mejor aniquilarla, una disidencia: la protesta
política. Y en 1958 surgió el movimiento estudiantil en contra del alza de
las tarifas camioneras. Tú participaste porque había que hacerlo, fuiste a
marchas y asambleas, hiciste guardias. Te evoco con precisión un mediodía, al llegar la manifestación al Zócalo. A las puertas de Palacio Nacional
se discutía la representatividad de quienes dialogarían con el presidente
Ruiz Cortines (un político sagaz de las postrimerías del siglo XIX extravia-
do en la modernidad de licuadoras y refrigeradores). Oíste con atención
las disputas, te aseguraste de que no te tocaría entrar a Palacio, emitiste la
consigna y te fuiste en su seguimiento: "¡Al Departamento Central! ¡Que
nos reciba Uruchurtu! ¡Justicia para el Pueblo!". Allá fuiste, intrépida, a la
toma de una entrevista como de una ciudad norteña, y te tocó una pedra-
da mortífera en la nariz y demandaste al Departamento Central, y creo que
ganaste el pleito. Eres imposible, Nancy.

Luego partiste a Yale y me heredaste tu programa en Radio Universidad, *El cine y la crítica*, y a tu regreso nos vimos con más frecuencia. Rentas-
te por un tiempo un cuartito incómodo y romántico en El Pesebre, un sitio
que se me antojaba legendario, donde las fiestas iban de capítulo bíblico
en capítulo bíblico (el triunfo del arrepentimiento sobre la orgía, la victoria
del ligue sobre la moraleja), y en donde, una noche, tu amiga, la aristócrata
francesa, nos contó su participación heroica en la segunda guerra mundial,
la tanguista que detuvo por su cuenta a más de cincuenta alemanes.

Empezaste a dirigir teatro. Te interesaba especialmente la actuación y un tono sobrio y sólido en las puestas en escena, y desconfiabas, ad-
mirándolo, del espectáculo a lo Juan José Gurrola. Me acuerdo del teatrito
de la colonia Nápoles y de tu formidable puesta en escena de *Picnic en el
campo de batalla*. Allí lancé el epíteto que tanto te divertía: "¡Oh, Parras Ate-
nea!". Y cada año nos íbamos a la Reseña de Festivales Cinematográficos en
Acapulco, y cada semana en Radio Universidad organizábamos sketches y
parodias del tema de moda en *El cine y la crítica*, cuyo nombre ya nada tenía
que ver con la intención.

El 68 te cambió y potenció tu activismo. Formamos parte desde el principio de la Alianza de Intelectuales, Escritores y Artistas en Apoyo al Movimiento Estudiantil, título kilométrico que amparaba a cincuenta o sesenta personas que recogíamos firmas y dinero para los manifiestos, asistíamos a las marchas, discutíamos. A ti te tocó coordinar los actos de los domingos al mediodía en la explanada de Rectoría. Invitabas a poetas y cantantes, leías textos breves, te alborozabas. A ti y a mí, cerca de quinientas personas nos confiaron sus firmas en los manifiestos de urgencia, ¡y qué de pleitos con los revolucionarios guevaristas que exigían proclamas más que incendiarias! Y los sábados grabábamos *El cine y la crítica*, con parodias fervorosas del aparato ideológico de Díaz Ordaz.

El 2 de octubre Beatriz Bueno, Luis Prieto y tú acudieron al mitin en la Plaza de las Tres Culturas. Llegué tarde, y ya sólo localicé a Luis, empeñado en buscar al general Lázaro Cárdenas para contarle de la matanza. Y como a las dos de la mañana te localicé y, si la memoria no me es infiel o si no le soy infiel a la memoria, te oí desesperada, refiriéndome a gritos tu experiencia. Es la única vez en que, de manera comprensible, renunciaste a tu optimismo, aunque al día siguiente, tan audaz como siempre, fuiste por el auto que habían dejado en Tlatelolco.

Meses más tarde te decidiste a ser más específica y a dar la batalla por las minorías sexuales. Nunca te ha preocupado el qué dirán, más bien te divierte, y los tiempos cambiaban o había que cambiarlos. Me acuerdo de la cena en 1969 donde comentamos lo que había pasado en Nueva York, el día del entierro de Judy Garland. En Greenwich Village, en el bar Stonewall, hace 25 años, la policía intentó otra más de sus redadas, y con ánimo francamente histórico los homosexuales y las lesbianas no se dejaron, hubo enfrentamientos dos días seguidos y la policía retrocedió. Surgía el movimiento de liberación gay y tú te emocionaste. Luego, en 1971 y 72 me escribiste a Londres contándome las primeras reuniones gays en tu casa, el protagonismo tan fuera de circunstancias de algunos jóvenes, el sectarismo que se heredaba de la izquierda marxista, las dificultades o imposibilidades de un discurso no dogmático en un movimiento que empezaba. Como de costumbre, los actos fueron incomparablemente mejores que el discurso. Así, por ejemplo, al cabo de una razia de sábado en la noche con notas y fotos en la prensa, un grupo de los arrestados demandó a la policía por actos anticonstitucionales. Y no di crédito cuando el empleado de un almacén de ropa, cesado por homosexual, le puso pleito a la empresa. Yo te enviaba materiales y tú me sorprendías con las noticias de la súbita conciencia de derechos en los pocos que resultarían legión.

La experiencia frustránea de la Gay Liberation te hizo pasar a otra etapa, y te concentraste en el teatro, en la formación de actores en las tradiciones escénicas de Inglaterra y Estados Unidos. Luego, en 1973, creíste necesario montar *The Boys in the Band*, la pieza de Mart Crowley. Te argumenté en contra: es una obra basada en el chantaje sentimental, es preStonewall, hace de la autocompasión el alegato indispensable. Me oíste con la atención que me dedicabas cuando no querías hacerme caso y replicaste (no con esas palabras, sí con ese sentido): "México vive con mucho atraso su ingreso a la tolerancia, y en un medio tan machista la autocompasión es una forma de reconocimiento". Tenías razón, como lo probaron el escándalo y la rabieta moralista que siguieron. El delegado Delfín Sánchez Juárez se llamó a ofensa y no autorizó la puesta en escena en el Teatro de los Insurgentes "porque iba en contra de la moral y las buenas costumbres". Y no obstante los artículos en contra y las difamaciones, la comunidad intelectual y artística (que existe cuando se organiza) salió en tu defensa, y finalmente se autorizó la obra. El escándalo siguió, pero el moralismo ya estaba a la defensiva y se resignó a fotos *shocking* y a los berrinches de la homofobia: "Los raritos se encuentran/Los invertidos se divierten/¡Ay, sí, tú! Yo también tengo derechos". Pero habías ganado y ampliamente.

Crees en el derecho de toda minoría a disponer de su tradición, y en tu galería personal las heroínas eran inevitables: Gertrude Stein, Virginia Woolf, la pintora Natalie Barney, la novelista Radclyffe Hall (cuyo *Pozo de la soledad* adaptaste para teatro), Willa Cather, Janet Flanner, Colette, Chavela Vargas. Y nunca has tenido miedo, lo que tal vez habla muy mal de tu sentido de la realidad. Mira que sólo creer en la convicción. Por eso en 1974 aceptaste la invitación de Jacobo Zabludovsky y fuiste a comentar positivamente, por vez primera en la televisión, los derechos de las minorías, la homosexualidad responsable, la característica de elección libre tan opuesta a la noción de "enfermedad". Millones vieron el programa (incrédulos, supongo) y fui testigo en un restaurante del número de los que se te acercaban y te felicitaban. Para ellos tú inaugurabas algo en México: el valor civil en materia de opciones sexuales. Y luego, en 1975, durante el Año Internacional de la Mujer, que en México típicamente presidía el procurador general de la República, te fui a oír al Centro Médico en una mesa redonda sobre lesbianismo. Los organizadores no querían permitir el uso de una sala, reclamaste con energía, y al final, no sin apremios, tuvo lugar la discusión, brevísima, donde argumentaste con la pasión sarcástica y regocijada que te distingue. Y a la salida, la ignominia. Un grupo de mujeres de los mercados, pagadas por algún delegado resentido, te aguardaba con mantas y pancartas: "¡Fuera Nancy Cárdenas de México! ¡Mueran las degeneradas! ¡Queremos un México limpio de perversiones!". Te agredieron verbalmente con furia y tú, sin inmutarte visiblemente, les respondiste, las llamaste al debate, las regañaste por alquilar su conciencia. Isabel y yo te veíamos y te admirábamos. Ni por un instante te dejaste amedrentar, razonaste, hiciste que se apartaran para que saliéramos.

¡Qué necia eres, Nancy, pero qué necia eres! El 1 de octubre de 1978 hablamos de la matanza de Tlatelolco y discutimos largamente sobre tu participación en el contingente gay. Quedaste en no ir para no precipitar otro capítulo de la historia de tu linchamiento moral, una activista predilecta de la derecha. Al día siguiente, ¿a quién veo encabezando al grupo gay? Claro que a ti, divertida, energética. Ese día entendí a fondo tu procedimiento básico, te doblegas ante la prudencia y luego te cansas de su tiranía. Y cómo te emocionaron los aplausos (que sí se dieron) al anunciarse en el micrófono el arribo de los gays a la Plaza de las Tres Culturas.

Has hecho teatro, has tenido éxitos memorables (*El efecto de los rayos gamma sobre las caléndulas*, *La maestra bebe un poco*, *Las amargas lágrimas de Petra von Kant*), no te has abstenido del fracaso (tu versión de *Pedro Páramo* que hallé tan rígida), has recibido a modo de medalla de honor los ataques de grupos como Pro-Vida y has sido en todo momento solidaria, con generosidad inevitable. De allí tu puesta en escena de *Sida. Así es la vida (As Is)*, un llamado de atención interno y externo sobre la suerte de tu tribu ante la enfermedad que decidió el *come out* masivo. Y has organizado, convocado, discutido, publicado relatos, guiones, artículos. Y has escrito los poemas que

135

te publicaron en *El Búho* de *Excélsior* y que ahora te edita Consuelo Sáizar [*Cuaderno de amor y desamor (1968-1993)*, Raya en el Agua, 1994], los poemas de tu desbordamiento erótico y del sarcasmo con que observas tu alborozo romántico. Estos textos resultan de tus lecturas de Salvador Novo y Efraín Huerta, de tu gusto por el monólogo "a la mitad del foro", de tu necesidad de consignar casi aforísticamente o casi de manera coral lo vivido. Qué voluntad la tuya, las relaciones amorosas se extinguen y tú escribes para tener presente que empezaron y que te enriquecieron y te permitieron desplegar tu vocación magisterial y tu historia sensual. Escribes para que no te atrapen los recuerdos, y escribes para dar constancia de tus encuentros con la literatura, el teatro, el valor de ser distinta, el activismo, la humanización de tu (nuestra) realidad.

¡Qué necia y qué formidable eres, Nancy!

Carlos

13
LA CUARTA VISITA PAPAL:
EL ESPECTÁCULO DE LA FE FASCINADA
ANTE EL ESPECTÁCULO

Q ue nadie dude del vigor de la fe que mueve montañas demográficas. La visita del papa Juan Pablo II a México, en enero de 1999, probó, por si hubiera falta, la necesidad en materia de recuperación de orígenes y búsqueda de sustancia. Absolutamente respetable, la devoción y la indefensión asumida de millones de personas (pobres, sin trabajo, enfermos, sometidos a diversas violencias, huérfanos en el sentido radical del término) movilizaron como nunca a la ciudad de México, le imprimieron durante cinco días un tono distinto, ni religioso, ni laico, ni despegado de la televisión, ni ausente de las calles para verlo pasar, ni decidido a vivir el día entero la religión, ni carente de celo parroquial. Si la sociedad está cabalmente secularizada, también vive a fondo su pasado, y de allí extrae, en condiciones únicas, los consuelos de que sabe poseedora a la religión unos cuantos días al año. La visita del papa no fue la reconciliación con las fuerzas celestiales, ni fue tampoco sólo el inmenso *show* que habilitaron los (codiciosos) medios masivos y los empresarios; fue, y eso es suficiente, el recordatorio sublime: a fines del siglo xx la mística nacional requiere de la alianza entre la tradición y las transmisiones en vivo y directo.

La preparación

La intensidad de la recepción a Karol Wojtyla se genera a lo largo de un año y, ya con ritmo envolvente, las semanas previas a la llegada. Se transmiten fragmentos de las visitas anteriores, se invita a la televisión a sacerdotes y "expertos en religión" (también sacerdotes) para comentar la gran nueva, se preparan las campañas de bienvenida, se moviliza a los jóvenes de los colegios y universidades privados, se asegura que las papas Sabritas traerán una estampa que conjunte al papa y su devoción, la Morenita del Tepeyac. Se le recuerdan al pueblo sus datos esenciales: es católico, es guadalupano, Juan Pablo II está cerca de su corazón (los coros de los colegios particulares entonan el día entero: "Tú eres mi hermano del alma"), dios nos trajo al mundo para recibir al pontífice en la que casi seguro será su última visita. Los videoclips no mienten: el Papa (el Santo Padre) (Su Santidad) (el Representante de Dios sobre la Tierra) (el Vicario de Dios) está muy enfermo y sufre en lo físico para aliviarnos en lo espiritual.

Presionados por su formación o por su credo irrenunciables, o por el avivamiento súbito de creencias aletargadas, o por la monotonía arrinconable, durante unos días, los mexicanos aguardan el descenso del avión papal. Juan Pablo II, además, viene a un país distinto, con una presencia antes inconcebible de la derecha, con un alto clero envalentonado y presto a exhibir su fundamentalismo belicosamente. Si como práctica religiosa unánime el catolicismo ha retrocedido notoriamente, al extremo de que algunos obispos mencionan el "analfabetismo religioso" de la mayoría, en tanto poder en la cumbre y unción exhibicionista de los poderosos, el catolicismo sigue siendo la ideología dominante. (No hay burgués que admita su ateísmo, eso sería tanto como aceptar que su fortuna no le vino del cielo.)

En un tiempo los jesuitas integraron la orden fundamental. Eso pasó en épocas recientes cuando dirigían las principales instituciones de enseñanza de la elite, la Universidad Iberoamericana y el Instituto Tecnológico de Monterrey, pero luego a los jesuitas se les expulsó de la capital de Nuevo León; las universidades predilectas de los hijos de los millonarios son ahora el ITAM y la Universidad Anáhuac, y en lo alto de la pirámide hay dos órdenes: los Legionarios de Cristo y el Opus Dei, las creaciones correspondientes de *Mon Père* Marcial Maciel y José María Escrivá de Balaguer. De ellos es la elite y sus recursos a la hora de pensar en la mortalidad y en la inmortalidad. De ellos es también —en logística y mensaje— esta visita del papa.

"Sea usted bienvenido a nuestra tierra"

En el aeropuerto, el presidente Ernesto Zedillo se extiende en elogios y gratitudes. Y como sucede después de una gran campaña publicitaria o de propaganda, el tono discursivo se toma consciente o inconscientemente del énfasis de la Campaña. Todo, a partir del descenso del avión, se vuelve espiritualidad, paz, promesas del éxtasis. Esto en el mejor de los casos. A los locutores de radio y televisión les da por trascender el simple lenguaje de la alabanza y entrar de lleno en la transfiguración. Donde estaba un papa, aparece el enviado directísimo y reciente de Dios; donde había un sacerdote polaco elegido por un sínodo, aparece alguien que participa centralmente de la naturaleza divina. Y los locutores se asumen profetas, juanes bautistas que anticipan la luminosidad que transformará a Israel y despuesito al mundo. "El cielo estaba turbio, pero desde que salió la comitiva papal el día es uno de los más bellos que jamás hemos visto." "¿Qué tiene este hombre santo que a su paso las multitudes sienten alivio en su corazón?" "Ésta no es la visita de un simple ser humano. Es el espíritu religioso mismo."

En el Museo de la Ciudad reciben al papa el gobernante de la capital, Cuauhtémoc Cárdenas, su equipo y quinientos invitados. El discurso del ingeniero Cárdenas es sobrio, y va de las contribuciones del catolicismo en México a la diversidad del país que el papa hoy contempla, o más bien vislumbra. Y en el museo se hace perceptible el fenómeno inesperado y previsible: luego de tantos años de fingir laicismo, tras casi un siglo de ser inevitablemente laicos, es ya tiempo de coquetear con la mística, y arrodillarse y rezar y lanzar al viento la contención propia del funcionario. El papa bendice y un grupo amplio se olvida de las características del acto y proclama su catolicismo como si saliera de las catacumbas a enfrentar los leones, feliz porque si ya no hay persecución (más bien al contrario), es el tiempo de exhibir con valentía su conocimiento del Credo.

–¿Por qué traes tantos rosarios? Son como veinte.
–Es para que el papa los bendiga. Son para mis sirvientas y mis secretarias.

139

–Pero si el papa no los va a bendecir.
–¿Y ellas cómo van a saber?

–Sentí algo maravilloso. Fue como si me viera y me recordara que polvo soy y en polvo me convertiré.
–¿Sabes? De niño quería ser cura. Luego se me pasó, pero viendo al Santo Padre me acordé de los ejercicios espirituales y los encierros y la vez que le dije a mi confesor que deseaba entrar al seminario.
–Tuve un accidente de auto espantoso. Me salvé de milagro, de milagro de los de antes, y te juro que vi clarito a la Virgen de Guadalupe.

La metamorfosis del autódromo

El río humano es interminable, sólido, espeso, indiferente a los castigos del frío, estoico, revivido cada diez minutos gracias al ritmo del único, extenso, comentario sobre la gran figura. Miles y miles, o diezmiles y diezmiles, se agregan a la gran cadena del ser que es la cola para entrar al Autódromo Hermanos Rodríguez, hoy habilitado como el gran templo que acogerá la misa solemne del papa Juan Pablo II, en su cuarta y última visita a México (según los pronósticos de los médicos aficionados). Se mueven a trechos o a golpes de tribu las familias burguesas orgullosas de la destreza de sus choferes, se dejan ver las familias proletarias que antes de la misa le imprimen a todo el acento del relajo piadoso, los grupos de las parroquias cerquitita de sus directores espirituales, los jóvenes alborozados ante la causa que conjuga altos destinos con tiempo compartido generacionalmente.

La mirada registra a catequistas, curas, monjas, seglares empeñados en dar ejemplo de fidelidad conyugal, profesionistas orgullosos de su aceptación de la cristianidad, obreros que instruyen a sus hijos para que guarden estas horas como el mayor regalo de sus padres, empresarios que le imprimen a sus facciones el hieratismo del momento histórico, consagrados y consagradas que le imprimen a su paso el énfasis misional ("Predicad desde el andar"), jovencitas burguesitas al tanto de que hay algo más trascendente en la vida que las *discotheques*, integristas cuya severidad se atenúa al calcular cuántos en esta grey se apartarán definitivamente del hedonismo, y, sobre todo, creyentes que retornan a la fuente de las creencias, a la sensación de recobrar la inocencia, de "ser de nuevo/la frente limpia y bárbara del niño" (López Velarde), de ir como al principio a misa tomados de la mano de los progenitores, pero esta vez a una misa del acercamiento del Milenio con la presencia del Santo Padre.

En su Epístola a los Hebreos, san Pablo es a la vez preciso y abstracto: "Es pues la fe la sustancia de las cosas que esperan, la demostración de las cosas que no se ven". Hasta hace poco la definición era inmejorable, pero en la era de la comunicación de masas, la fe es también la demostración de las cosas que se ven en demasía. La Cuarta Visita papal, por ejemplo, mezcla el convencimiento en las promesas de eternidad con la seguridad en el apoyo electrónico y comercial a las creencias. Y eso modifica el paisaje de la experiencia religiosa, no la experiencia religiosa misma, hasta donde se sabe consistente en un vínculo de la persona con lo trascendente, sino la técnica para acercarse con mayor comodidad a las vivencias espirituales.

–Chiquitibum, a la bim bom ba,/chiquitibum, a la bim bom ba,/ el papa, el papa,/ra ra ra.

Época hubo en que las noticias corrían de boca en boca, ayudadas por anuncios parroquiales y efluvios de las congregaciones. Entonces, la tonada de los actos religiosos era elemental, con las manifestaciones del gozo reducidas al mínimo, y el respeto a los símbolos se exacerbaba porque había menos a la disposición, y los símbolos mayoritarios eran los religiosos. Época hubo... Pero ahora, y como insisten los altos clérigos, es indispensable la publicidad, algo distinto de la propaganda, más concentrado, más visual, más aforístico: nace un milenio. Se renueva la fe. Y la Cuarta Visita es anticipo radiante de lo que será el estilo religioso (o telerreligioso) en el milenio a las puertas, un estilo sustentado en párrocos y *floor managers*, en masas estupefactas y *zooms* a la estampa sagrada, en elocuencia del orador

141

sacro y paneo por el recinto y la feligresía. Al colmarse santa y saludable-
mente la televisión y la radio con videoclips, mesas redondas, programas
especiales, noticias, advertencias de itinerarios papales, convocatorias, algo
queda claro: sin tecnología la propagación de la fe podría vararse en el (ex-
tinto) siglo xx. Con alta tecnología, la tradición firmará autógrafos como
dispensas papales.

En la noche oscura, en ansias, en amores inflamada [¿inflamados?], entran
al autódromo la víspera de la misa seiscientos mil o medio millón de seres
dispuestos a una probadita del martirio, soportando la desorganización,
las tinieblas, el frío como obscenidad que taladra, la escasez de los servi-
cios sanitarios, el rechazo de los sampedros provisionales que llegan al extremo de escanear las credenciales para evitar las falsificaciones. Algunos
se extravían y reclaman a voces a su feligresía; otros se enorgullecen de su
resistencia a las bajas temperaturas. No faltan los que despliegan su sabiduría consistente en *sleeping bags*, suéteres de Chiconcuac, bufandas, ropa
térmica y bendiciones de la madre al partir; hay quien pregunta en vano
por el sitio que le toca a las edecanes, y hay jóvenes con tantas identificacio-
nes al cuello que por fuerza conocen a alguno del comité organizador. La
noche es sinceramente hostil, y no la neutralizan los cantos, las porras, los
comentarios sobre el papa en la tele, las anécdotas de mutua animación de
los jóvenes feligreses. Seré breve: al rigor de la noche no lo atenúa siquiera
la seguridad de que el sacrificio valdrá la pena.

> –Juan Pablo,/viajero,/tú eres consejero.
> –Reine Jesús por siempre.
> Reine en mi corazón.
> En nuestra patria y nuestro suelo.
> Es de María la nación.

La fe mueve montañas, ya se ha dicho, pero también la fe tiene ventajas de
compresión y acomodo. ¿Cuánta gente cabe en el autódromo? ¿Un millón
o un millón y medio de seres que causan la envidia de los holgazanes ante

la tele? Tal vez lo propio sería decir que aquí se da el milagro inverso al de los panes y los peces. La multiplicación se cambia por la reducción en el espacio. Caben doscientos, trescientos, ochocientos mil, y nada agota los metros y kilómetros a la disposición. La fe resiste todo, resiste incluso las obras corales que evocan a Carl Orff y que con tal de darle oportunidad a los nuevos compositores se las niega a los oyentes.

Y la sensación avasallante es de premura que busca inmovilizarse. En un acto de masas del papa son tantas las personas importantes que quien desee destacar le entra al concurso involuntario de Rostros Altamente Preocupados; no porque algo pueda salir mal sino porque alguien podría no felicitar a los responsables de que todo salga bien.

El escenario es impresionante, aunque por las proporciones o la rapidez de la ejecución, o la imposibilidad de integrar arquitectónicamente el ámbito al alcance, no es necesariamente majestuoso. Dos tribunas a los lados para la alta jerarquía, un pequeño templete para funciones pregoneras, y en el centro la pirámide con la cumbre destinada al papa. La sensación es de gran espectáculo, de deslumbramientos imperiales que devastan lo simple y lo pequeño. Pero lo simple y lo sencillo y lo pequeño y lo aparentemente insignificante están aquí y contrarrestan y complementan la intención de grandeza que intimida y sojuzga. Es pues, la fe, el equilibrio de lo grandioso y lo humilde.

El ritual lo es todo. Es la forma de la creencia, y es el modo en que el creyente reconoce el vuelo de su espiritualidad, y es el cimiento de la institución, y es la ratificación de la memoria de las generaciones, y es la estética como regreso a los orígenes, y es el recinto donde se perpetúan y se congelan los hallazgos, y es la emoción cristalizada y prisionera, y es el gozo íntimo y colectivo de la repetición, y es la vivificación de las herencias. Y la multitud o, mejor, la asamblea de multitudes, en un autódromo renacido como Gran Templo, contempla y adopta y venera el ritual, y lo anticipa jubilosamente al dejarse ver el helicóptero con Juan Pablo II, y al cruzar brevemente el papabús, y al iniciarse los cánticos. Son inevitables, por populares, la ola y las porras, como también son imprescindibles los cirios enormes y

143

la riqueza y variedad de las estolas y el blanco sacerdotal que asume y resume los demás colores, y el ¡TÚ ERES PEDRO! y la reiteración de los himnos:

Qué alegría cuando me dijeron:
"Vamos a la casa del Señor",
ya está pisando nuestro pie
tus umbrales, Jerusalén.

El complemento y la contraparte del ritual es el gesto milenario y absolutamente nuevo del creyente, la madre que le enseña a su hijo pequeño al papa como mostrándole la fuente de su resurrección, la indígena que besa la estampa guadalupana y la exhibe al sol, el padre de familia que contiene el llanto porque por única (y casi seguramente última) vez en su vida participa en una misa ofrecida por el Santo Padre, el joven que ha meditado días y años su vocación sacerdotal y acude hoy para aceptar que quizás el casarse y tener tres hijos no fue la decisión correcta, el grupo de provincia cuyas miradas de felicidad constituyen la trama de las anécdotas que ya no cesarán de contar. Los emita quien los emita, los gestos de la fe son la esencia complementaria del acto, que no desplaza al ritual, pero lo humaniza.

Enfermo, cansado, con la conciencia de la misión que la adoración circundante transforma en poderío genésico, el papa Juan Pablo II es lo que es, figura principalísima del siglo XX, conservador a ultranza, antineoliberal militante que ya no fija a sus adversarios con la precisión con que devastó al comunismo, porque los sistemas financieros no son un Muro de Berlín, sino algo más evasivo y ubicuo, y porque los fieles más conspicuos en muchos países son los dueños de los sistemas financieros. Guerrero ardiente contra la modernidad y el secularismo, el papa domina sobre la curiosidad, los reflejos condicionados, el ánimo reverente, el gozo paramístico y la combatividad de los millones de católicos (permanentes e instantáneos) que lo contemplan en el autódromo o en sus hogares.

144

Un solo Señor, una sola fe. Da comienzo la misa y se afianza también una etapa del catolicismo mexicano, donde el deseo de homogeneidad hace a un lado a las conquistas de lo diverso y las embiste con furia. Pero esto es ideología, y es otra cosa lo que le importa a los requeridos de consuelo, de alivio para el dolor, de sitio en una vida distinta a la que se tiene.

El papa condena del modo más tajante el crimen mayor en su criterio (todos los pecados en esta óptica son delitos sin revisión, el pecado venial por lo visto casi no existe). En el autódromo no deja salidas: "Que ningún mexicano se atreva a atentar contra la vida". Y el aplauso estremece no porque todos y todas las que suscriben esa tesis crean urgente condenar a los suplicios y condenaciones peores a las incapaces de aceptar los hijos que dios y el machismo les concedan, a las violadas, a las que más que probablemente morirán en el parto, sino porque ante el Embajador del Altísimo deben probar su moralidad, y no hay método mejor para certificar la incondicionalidad religiosa que suscribir los castigos del infierno. (Por eso decepciona el obispo mexicano que ofreció para la Semana Santa del Año de Gracia de 1999 la absolución para las que han abortado y sinceramente se arrepienten, y para quienes han colaborado en "el más horrendo de los pecados".)

    –Juan Pablo/Segundo,/te ama todo el mundo.
    –Me vio. Te lo juro.

La "mexicanización" del papa Juan Pablo II es incluso más notoria que la inmersión del país en el concepto de cristiandad promulgado por Karol Wojtyla. Lo más alucinante de una visita caracterizada por momentos intensos es la urgencia entrañable —la cortesía mexicana elevada al plano galáctico— del "¡Quédate con nosotros!". El "Juan Pablo,/hermano,/ya eres mexicano", coreado en el Autódromo Hermanos Rodríguez, y aún con mayor elocuencia en el Estadio Azteca, describe un sentido fundamental de la visita: la incorporación por vez primera de un papa a la tradición nacional. Lo no previsible en las visitas anteriores (1979/1990/1993) se consuma

145

en 1999, en el seno de la movilización extraordinaria, dirigido —en este orden, según creo— al pontífice, al catolicismo como orgullo público recién adquirido, a la pertenencia a una comunidad nacional de emociones idénticas y reiterativas, a la juventud como disponibilidad al servicio de la creencia y a la vanidad de participar en el acontecimiento más importante del catolicismo en lengua española de fin de siglo, el viaje de despedida a México del Papa Peregrino.

No es, por supuesto, la doctrina lo que se "nacionaliza", esto —a decir de los historiadores guadalupanos, no forzosamente muy enterados— ya se dio desde 1531. Ni es tampoco la institución religiosa, nacionalizada por la legión de santos, beatos, mártires, cardenales, obispos, inquisidores, clérigos, teólogos, monjas, consagrados y catequistas, y por su intervención destacadísima en actos de intolerancia y poder. Lo que se "mexicaniza" es el papa, transmutado en Padre, trascendente y afable. De acuerdo a las respuestas a mano, Wojtyla no es un mexicano más, por distinguido que sea, sino el emblema de la fe patria que se agrega al repertorio esencial de los hogares católicos: un crucifijo, una reproducción de la Morenita, una foto en la Basílica de Guadalupe, un Santo Niño de Atocha (ocasionalmente), una foto del papa "paisano", ya no el papa a secas.

La "mexicanización" se da por rumbos cercanos al de las apariciones. No se trata de un milagro en el sentido de humillación de las leyes naturales, sino de la sensación multiplicada de hallazgo, del esplendor de las vivencias personalísimas: "Me vio, te lo juro. Qué emoción indescriptible. Aunque quisiera no te la podría contar. Es la experiencia de mi vida". En la radio, los entrevistados dejan fluir su religiosidad acendrada: "Fue como ver a Dios. ¿Te fijaste qué radiante?, trae un halo. ¡Es un hombre santo! ¡Este planeta pecador no lo merece! La Guadalupana debe estar muy contenta de que la haya saludado su hijo predilecto". Uno a uno los testimonios desdoblan el asombro del hecho irrepetible, que se fijará en el lienzo blanco de la Patria.

Lo acontecido está en deuda con la intermediación mediática, los meses y semanas y horas compactas de promoción y convocatoria, y depende también en alto grado del contagio de multitudes, y de una certeza: no reproducir la conducta del vecino es aislarse para siempre de la comunidad. "No hizo igual con ninguna otra nación. Él ya es mexicano." Pero sobre todo, según creo, el tumulto emotivo resulta del enorme vacío sentimental o, si se quiere, espiritual, de la población. La afirmación anterior es muy atrevida, no por herética sino por obvia, propia de psicólogo de masas o de profeta disfrazado de articulista, pero apoyo mi audacia en los testimonios a raudales, en videos y crónicas. Los que han desbordado y colmado las calles, la Basílica, el autódromo, el exestadio Guillermo Cañedo, lo hacen en plena huida del placer solitario de la tristeza y demandan algo más, el alimento de los siglos que es la experiencia del mundo concentrada en unas cuantas imágenes. De esto notifica el comportamiento de millones de fieles: a la religiosidad le hace falta el don de la exaltación que el papa aporta; sin alcanzar el límite del entusiasmo, la religión se convierte en monumento hierático, importante por ser una apuesta a la vida eterna, pero incapaz de conducir al éxtasis, al llanto porque sí y gracias a Dios, a la paciencia, al sacrificio (las horas y las horas de espera, el frío suplicante en el autódromo, los desmayos, la impaciencia vuelta docilidad). Exaltarse ahora es buscar por el resto de la vida cómo eternizar la noción demasiado rápida del trance.

Se me dirá: y sin el papa, ¿cómo manejar exaltación y éxtasis? Transfiero el problema a los encargados de la religiosidad, pero me permito anticipar la vigilia celosa y militante de la memoria, el activar de modo constante esos minutos preciosos, esa guardia que se desentendía de las vallas de alambre, del maltrato, de los rechazos. El éxtasis es también lámpara votiva de la nostalgia, y por eso al paroxismo de las intenciones místicas ya vivido se le querrá aplicar esa técnica de preservación que son los conjuros contra el olvido: misas, videos, programas especiales, reuniones juveniles, sesiones corales. Si esto no es suficiente, bastará con hacer claro que no todos los mexicanos, muy en especial los muertos y los ausentes de la ciudad de México en estos días, se han asomado al cielo de las sensaciones. Ni modo, ancestros. Ni modo, provincianos. Ni modo, viajeros.

Jerónimo Prigione, exnuncio papal, ha sido uno de los grandes protagonistas del acercamiento de la Iglesia católica al gobierno mexicano. Según

informa Rodrigo Vera (*Proceso*, edición especial, 22 de enero de 1999), so-
lía comentar, a propósito de esas bodas interinstitucionales: "Hay en la vida
ciertos actos que deben formalizarse. Es como cuando uno vive con una mujer, y no está casado. Hay que darle una forma legal a esa relación, para
que no sea un *wild marriage*, un matrimonio salvaje". Y las sombras del amasiato, según Prigione, resultaban ser los *nicodémicos*, los creyentes en casa
y anticlericales en la calle. (El modelo es Nicodemo, el personaje bíblico
que, para no comprometerse, sólo buscaba a Jesucristo de noche.) Los *nicodémicos* han desaparecido o, en todo caso, ahora son laicos de clóset, convencidos de que lo peor para sus hijos será estudiar en escuelas públicas,
porque no sólo carecerían de instrucción religiosa, sino que, lo imperdo-
nable, serían monolingües, no harían desde la infancia amistades convenientes y pasarían los veranos en México. (En la niñez mexicana, lo laico
es sedentario, en cambio lo instruido religiosamente viaja a Disneyland,
Aspen, Europa.) Y los *nicodémicos* ya pueden ostentar su fe, llevarla cosida
al ayate de sus privilegios, hacer evidente que no se es Alguien en este país
sin la red de influencias y haberes sociales, sin el aura de Respetabilidad
que es la garantía del poder. ¿Un poderoso pobre? ¿Un poderoso descreí-
do? ¿Un poderoso laico? ¿Un poderoso opuesto en público a la teocracia?
Ya lo quisiéramos ver. Los *nicodémicos* son hoy monaguillos de alto rango, a
mucha honra y devoción.

La invasión sacerdotal de todos los programas y el fervor teológico y devo-
cional de los comentaristas y locutores de radio y televisión han modificado, lo digo sinceramente, la visión que teníamos de la profundidad de los
personajes de la tele. Ya no podremos tomar tan en serio su frivolidad y su
aire alivianado, luego de atestiguar su espíritu litúrgico y su acuciosidad
novotestamentaria. Así, por ejemplo, creo que Televisión Azteca y los televi-
dentes ganarían grandemente si José Ramón Fernández completase el giro
provisional de su programa y abandonase los deportes para consagrarse a
la edificación del público.

No intento ironía alguna. Las mesas redondas de José Ramón con
sacerdotes y, debo suponerlo, consagrados y consagradas, fueron de lo más

provechosas incluso para quienes no somos católicos. A todos nos consta cuánto ganaron en estos días en rating y credibilidad moral los programas súbitamente devocionales, y es un temor generalizado la decepción que aguarda al regresar a la rutina pagana. ¿No sería irresponsable seguir hablando de trivialidades, y no sería bueno imprimirle a estas series un tono espiritual ya permanente? ¿Por qué la televisión privada no se concentra exclusivamente en el catecismo? No les queda otra después de lo que dijeron.

La sesión en el Estadio Azteca reiteró la influencia del espectáculo en el mundo actual, al margen de la zona de actividades. Esto, internacional o nacionalmente, no es nuevo, pero el 25 de enero se extremó con acento desbordante. Dicho sea con todo respeto, a nadie le quedó duda: la política, la fe y el espectáculo han mutado de esencia en público y requieren del sofisticadísimo juego de luces, el brío de los conjuntos modernos, el Quetzalcóatl "rey-profeta de los toltecas" al que actualizan las tres pantallas inmensas, y al que siguen misioneros y soldados en la representación de los precursores y los orígenes de la creencia en nuestras tierras. La tecnología manda y la tecnología se prosterna, mientras el estadio en pleno hace la ola para no sentirse lejos de las emociones deportivas que algo contienen de pasión religiosa, y los contingentes femeninos de las escuelas privadas cantan y gritan para no fallarle a la observación histórica y acústica del papa ("El mexicano sabe rezar, el mexicano sabe cantar, pero sobre todo el mexicano sabe gritar"), y los discípulos de los Legionarios de Cristo prorrumpen en su latín arduamente memorizado: "¡Rerum Christi! ¡Rerum Christi!", y los ricos están seguros de ir al cielo porque en el universo virtual nada más fácil para un camello que pasar por el ojo de una aguja.

Cohetes, porras, reflectores, deliquio que busca en vano palabras, ruidos, cánticos y sucesión de vírgenes reverenciadas por el aplauso que, dispensen sus mercedes, no es chovinismo sino objetividad del alma. Todo esto conoce su apoteosis con la Virgen de Guadalupe. El Estadio Azteca es la gran pila del bautismo nativo y, al cabo de mensajes y promesas, Karol Wojtyla se nacionaliza adoptando a su vez a México: "Hoy me siento mexicano. Ya no me siento el papa. Hoy me siento mexicano ante tantas emociones".

Y al México Siempre Fiel sólo le toca ahora buscar las vías, no muy transparentes o concebibles por ahora, para institucionalizar el transporte fideísta una vez ausente Juan Pablo II.

De las consecuencias de la visita

"En este hogar somos católicos y no admitimos visitas de jerarquías inferiores al papado."

Se ha probado copiosamente: la mayoría de los mexicanos es católica, de un modo amorosamente ritual y, como se decía antes, mucho más papista que el papa. Esto ya se sabía, se había olvidado parcialmente y se volverá a recordar con exactitud en ocasión de la próxima visita (de seguro más tumultuosa) del pontífice. El catolicismo que salió a la calle y reelaboró catequísticamente los centros deportivos (el Autódromo Hermanos Rodríguez, el Estadio Azteca) en ámbitos de peregrinación y penitencia es un catolicismo preconciliar, concentrado en exhibir el gozo de la fe, como si esto nunca antes hubiera ocurrido y fuese la primera proclamación. En rigor, esto es cierto: nunca antes se había levantado a tales alturas masivas el estandarte de la religiosidad como hecho de masas, en donde cada uno se considera el otro protagonista del encuentro.

Eso es algo especial. La emoción deportiva o la emoción del concierto, muy semejantes, no disponen, sin embargo, del gran componente de la emoción religiosa: la trascendencia, el haber vislumbrado por unos segundos o minutos lo inefable, que es garantía "curricular". Lo inefable del que observa un gol histórico o una victoria de su equipo, y lo inefable del que oye cantar como nunca a la diva (el título no es en vano), no equivale a lo inefable del que se sabe viviendo a raudales, y como por vez primera, su creencia.

Insisto en lo de "como por vez primera", pese a siglos de fervor guadalupano, y de santos, beatos y aspirantes a la santidad, porque lo ocurrido carecía de antecedentes. El papa acudió antes a México tres veces, y no escasearon los actos públicos, pero no se habían conectado los elementos definitivos. En materia de fe de masas (algo distinto y semejante a la fe de multitudes), la visita papal fue una suerte de "primera comunión" del mexicano-televidente, del mexicano urbanizado al máximo, del mexicano ya sólo consciente de los ritos unas cuantas veces al año. El fenómeno ya no sorprenderá de ahora en adelante, pero esas masas compactas de seres que retenían su individualidad como estampa en busca del rostro amado han representado una innovación en México: la fe que se robustece porque todos los de su cuadra están a su lado, la fe que se estremece porque la vecina llora de gratitud, la fe que suspira de tristeza porque ni siquiera los *videotapes* preservan como es debido la experiencia.

Seis millones de personas en la ciudad de México en pos de la figura nívea constituyen un magno acontecimiento, sin precedente concebible porque ningún otro pudo ocurrir a fin de un milenio, con un papa carismático y visiblemente enfermo, y alentado a fondo por los medios electrónicos. Pero lo anterior no tendría demasiado sentido sin los componentes de angustia, recursos formativos del creyente, residuos de la eclesiología conciliar y desamparo. Ningún milenarismo inventa el desamparo; puede intensificar, sí, las salidas masivas, pero no lo inventa.

151

14
EL SEGUNDO SEXO:
NO SE NACE FEMINISTA

En 1949 se publica *El segundo sexo*, de Simone de Beauvoir. En los años inmediatos a su salida son mínimas las repercusiones en América Latina, y los motivos de esta demora son entendibles. No se dispone del espacio social y cultural, del ánimo receptivo que transforme las propuestas en decisiones de cambio. El patriarcado es un imperio feudal; en México, por ejemplo, las mujeres no votan, en varios países no existe el divorcio, el adulterio continúa estremeciendo a las buenas familias y alentando su morbo, incluso se combate el uso femenino de los pantalones. En el campo de las profesiones la presencia de las mujeres es mínima y en la UNAM el porcentaje de alumnas no es mayor a 8 por ciento (el porcentaje de maestras es aún más bajo). A las sufragistas y feministas heroicas de los años veinte y treinta las suceden en los cincuenta casos aislados de luchadoras sociales, de izquierdistas con frecuencia dogmáticas, de profesionistas a las que se respeta añadiendo en la admiración el condicionante: "A pesar de ser mujer...".

A fines de los cincuenta —acudo a mi testimonio por típico de un momento, no por excepcional— leo *El segundo sexo* con entusiasmo. Asimilo entonces el libro de un modo que hoy me avergüenza y entonces hallo natural: es un gran ensayo sobre La Mujer, que examina la naturaleza de sus desventajas. No voy más allá. A la distancia, me doy cuenta de mi "astucia": elegí concentrarme en la forma y el método expositivo: "Muy mal que las discriminen, pero ¿qué puedo hacer?". Al recapitular, advierto mi incongruencia: ¿cómo me pudo apasionar un tratado que es un alegato, sin desprender de su lectura consecuencias políticas? Reviso mi ejemplar de *El segundo sexo* y encuentro la profusión de subrayados y notas en los márgenes. Pero la perspectiva sobre lo femenino que me regía apenas se modificó. Muy probablemente, el cerco del pensamiento patriarcal era tan intenso que separaba orgánicamente la reflexión de la aplicación práctica, y se veía como "literatura" un examen radical de la opresión histórica y la construcción social de las mujeres.

No creo haber sido, en esos años, un sexista irrefrenable. Desde adolescente me fastidiaban los signos del atraso programado, muy en especial la partícula que ataba esclavistamente a la mujer con su marido: "Fulana de Gómez, Perengana de Torres". (Lo sentía un herraje más que un sello matrimonial.) También había visto de cerca y admirado a las sobrevivientes del sufragismo mexicano de los veinte, con sus relatos de policías que persiguen a las activistas, las meten a una patrulla, van por otras, las detenidas escapan y todo vuelve a comenzar, mientras la propia izquierda las somete a discriminaciones. También atestigüé, por compromisos militantes, la primera votación de mujeres en México, en 1955, que me emocionó o a lo mejor no, y de seguro me resultó un espectáculo fascinante, ese miedo reverencial al llegar a la casilla, ese empuñar de la papeleta como la llave de ingreso al mundo desconocido. Eso sí, pero nunca, seriamente, había revisado mis ideas sobre los derechos femeninos. Los aprobé sin responsabilizarme de mi punto de vista, reaccioné con enfado ante el maltrato machista a las mujeres, la arrogancia de los violadores, el desprecio a las activistas y sus luchas siempre tan aisladas y aislables. Pero mi rechazo sentimental de la injusticia no me comprometía a visión alguna de género.

Le debo a Rosario Castellanos la relectura de *El segundo sexo*. Con su modo magisterial fundado en la ironía obstinada y cíclica, Castellanos me hizo consciente de las resonancias del libro. A ella *El segundo sexo* la había transformado, al modificar, organizándolo panorámicamente, su entendimiento de la condición femenina. Y como a ella, a un grupo de universitarias de esas generaciones, por fin dueñas de un instrumento de precisión ideológica, histórica, sociológica, incluso científica. Y si se piensa que le atribuyo demasiado valor a un solo libro, recuérdense las condiciones de la época y el discurso político que aún se dirigía a La Mujer con lujo de paternalismo: "Estas manos que mecen la cuna". Por eso fue tan aleccionador el influjo de *El segundo sexo* sobre Castellanos. Ya podía burlarse de sí misma, porque delimitaba su sarcasmo y lo convertía en parte de la crítica irónica al machismo.

Se insiste en que Simone de Beauvoir declaró reiteradamente no ser feminista. Sin llegar al exceso de recordar a Marx diciendo "No soy marxista", o a la herejía de precisar que Cristo nunca se declaró cristiano, ni Buda budista, es obvio que los grandes renovadores teóricos carecen de perspectiva de acomodo personal en su proyecto. De Beauvoir es memorable por su calidad intelectual, su valentía interpretativa y su decisión de enfrentarse al pensamiento que organiza la inferioridad de las mujeres y a la impunidad verbal, legal, moral, patrimonial, física, del machismo. Al enfrentarse en teoría y práctica al canon impuesto de femineidad, al rechazar el esencialismo de "lo femenino", al rehusarse a considerar fatal la opresión tradicionalista, ella aclara de manera excepcional el esfuerzo considerable de las mujeres para vivir integralmente su condición de ser humano.

Se había dicho ya esto parcialmente, y con reiteración, pero por lo común con énfasis carente de esperanza. Algo extraordinario de *El segundo sexo* es su estilo desdramatizado, la ausencia de ese filo melodramático impuesto a las mujeres como "ejercicio de sensibilidad". Al renunciar al melodrama, De Beauvoir abandona un vínculo clásico con el esencialismo, y al no aprovechar las "galas de la fragilidad" y elegir el clásico tono objetivo del ensayo francés, exhibe la falacia que identifica a la escritura femenina con la solicitud de perdón a través de la gracia, el coqueteo y cierta dosis de cursilería. Esto es fundamental porque, entre otras cosas, permite releer la literatura de mujeres, de Jane Austen a George Eliot, de Emily Dickinson a Emily Brontë, de Katherine Mansfield a Virginia Woolf, y observar cómo la sensibilidad visible pertenece a la educación y las costumbres del grupo social, pero no a esencia alguna. Cierto, sólo una mujer pudo escribir *Orgullo y prejuicio* o *Mrs. Dalloway*, pero a las mujeres nada más se les permitían esos temas, y la escritura no es femenina sino literaria.

La Otra en la cocina y en la recámara y en el confesionario aguarda

Lo más citado de *El segundo sexo* es lo siguiente:

> No se nace mujer: llega una a serlo. Ningún destino biológico, físico o económico define la figura que reviste en el seno de la sociedad la hembra humana; la civilización en conjunto es quien elabora ese producto intermedio entre el macho y el castrado al que se califica como femenino. Sólo la mediación de un ajeno puede constituir a un individuo en Otro.

Al desmontar culturalmente el aparato formativo y deformador del patriarcado, Simone de Beauvoir contribuye poderosamente a la crisis de tal modelo dictatorial en la segunda mitad del siglo XX. Ahora ya es posible decir, en la mayoría de los países y en algunos sectores: "No se nace mujer: hay diferentes modos de llegar a serlo". Y esos modos contienen también alternativas. Si la derecha, como lo prueba políticamente en México y en todas partes, sólo admite una forma de ser mujer (sumisa, abnegada, en casa y con la pata rota, o en el trabajo pero acatando las decisiones del varón), el pensamiento democrático se ha preparado contra el esencialismo y tiene en su haber una abundante literatura y las experiencias de movimientos sociales y logros legales y constitucionales. Pero esto no ha jubilado ni enviado al desván de las gloriosas precursoras el libro de Simone de Beauvoir, todavía lectura indispensable en la medida en que la pasión y la lucidez intelectual siguen siendo ejemplares. Cierto, *El segundo sexo* es actualizable en varios aspectos, porque hay, de por medio, medio siglo de saberes acumulados, y hay momentos en que la observación aguda linda con el prejuicio:

> Las lesbianas intentarían compensar a menudo su inferioridad viril con una arrogancia y exhibicionismo que manifiestan de hecho un desequilibrio interior.

También el desequilibrio interior es una construcción social. La represión, la condena, la necesidad de gastar energías ejerciendo el desafío, todo lo

156

que constituye en un sector de lesbianas la arrogancia y el exhibicionismo, prueba más que un desequilibrio interior, las dificultades de una técnica de resistencia. En el acoso, conducir al límite la psicología defensiva no es acto de desequilibrio, sino de búsqueda de espacio. Esto, de una manera más amplia, lo señala Kierkegaard en el epígrafe elegido por De Beauvoir: "¡Qué desgracia ser mujer! Y cuando se es mujer, sin embargo, la peor desgracia, en el fondo, es no comprender que es una desgracia". Si uno no califica a Kierkegaard de esencialista, lo que dice es perfectamente racional: la peor desgracia es no comprender que esa condición impuesta, con tanta frecuencia invisible, es una desgracia que debe ser enmendada. Y transformar la condena del género en destino responsable de la persona es la empresa del feminismo y de los sectores de la sociedad influidos por el feminismo.

¿Qué tanto les divierte el heroísmo a las mujeres?

En la primera parte de *El segundo sexo*, De Beauvoir examina los hechos y los mitos. Y esto, en los años siguientes a su aparición, subraya en los lectores latinoamericanos la diferencia enorme con la experiencia europea. En América Latina los mitos y los hechos han sido peores, más degradados, en especial en el ámbito de las pobres y las indígenas. Y hasta el derrumbe del socialismo real los mitos ideológicos toman en la izquierda un peso supersticioso semejante al europeo, pero con una carga mayor de analfabetismo funcional. Por eso, la polémica de De Beauvoir con el libro de Engels (*El origen de la familia, la propiedad privada y el Estado*) le resultó irritante a la izquierda cultural (la izquierda partidista jamás se enteró). La derecha, orgánicamente incapacitada para entender el libro, no supo jamás de su crítica a las posiciones de la Iglesia católica, de la patrística a los obispos franceses, y sobre todo no percibió su idea de algo distinto al sometimiento natural. En la derecha, el rechazo a los planteamientos feministas es orgánico, y en la izquierda, si bien con mayor práctica de convivencia feminista, sólo en años recientes se aceptó la tesis de un movimiento diverso y paralelo. Antes, lo usual era la prédica: todo debe encauzarse por la ruta única de la revolución, y quien indique rumbos alternos traiciona la lucha proletaria.

En mi primera lectura de *El segundo sexo* me llamaron la atención las citas depredadoras y opresivas de un buen número de escritores, pensadores, figuras famosas. ¿Cómo era posible, pensé, que Nietzsche, a quien apenas había leído pero que no era por eso menos Nietzsche, afirmara: "La mujer es la diversión del héroe"? ¿Qué toda batalla termina en una orgía? El coito, corona de la épica. Tardé en comprender la eficacia del método de Simone de Beauvoir. Analiza antropológica, histórica, filosófica y políticamente un proceso, y se sirve de las citas como una síntesis del ritmo de las sentencias en la pared. Los aforismos del patriarcado son dictámenes sin derecho a réplica y no proclaman sabiduría sino recuerdan el sitio relegado y a fin de cuentas invisible por genérico de las mujeres. "No se nace mujer…" Es decir, no se nace enterada de la tragedia de haber nacido en el género equivocado, o si no se quiere un adjetivo tan exterminador, en el género que todavía en los años cincuenta, y si se era *decente*, recibía los estímulos de las variedades del sometimiento, o si ya se atrevía a trabajar, se instalaba en el perímetro, donde no hay ascensos porque no se tenía con qué. (Si acudimos a la tesis freudiana de la envidia del pene, en materia de promociones laborales, entonces como ahora, las mujeres han vivido por así decirlo la envidia de los ascensos que el pene concede.)

Biología es destino. Sí, pero no con tal furia determinista ni todo el tiempo. Hoy, el destino ha cambiado notablemente para las jóvenes en las universidades, en la economía, en la cultura, e incluso se va modificando la suerte de las indígenas de Chiapas que al adquirir el uso de la palabra adquieren una visión del mundo. Es justo reconocer que el feminismo es la única revolución del siglo XX que no termina en la autocracia (esto no es un elogio desde el punto de vista de Lenin, Stalin, el Ayatollah, numerosos clérigos, Fidel Castro y el PRI), y es de justicia señalar también que, a medio siglo de su publicación, *El segundo sexo* retiene su vitalidad porque no obstante los avances, las mujeres continúan en situación de grave desventaja.

"Una no nace mujer." Tampoco feminista.

15
LAS MUJERES AL PODER*

L uego de la transmisión, por el Canal 11, de entrevistas con mujeres de trayectoria política, las entrevistadoras, Sabina Berman y Denise Maerker, publican la primera serie con ampliaciones y textos de presentación de Sabina Berman muy agudos y eficaces. Se dialoga con Elba Esther Gordillo (la conquista del poder sectorial), la comandante Elisa o Gloria Benavides (la lucha contra el poder), Rosa Luz Alegría (la llegada sorpresiva al poder), Silvia Hernández (la disciplina en la obtención del poder) y Rosario Robles (el arribo militante a un poder inesperado, ajeno a las tradiciones de una izquierda hasta hace muy poco separada de las experiencias de gobierno). *Mujeres y poder* (Raya en el Agua, México, 2000) es un documento de interés radicado en el despliegue de cinco personalidades para nada complementarias y en las descripciones muy severas, explícitas o implícitas, del control machista de la política. Entre otras cosas, se subrayan las siguientes:

- Con frecuencia, aunque esto disminuye, el machismo ha considerado inevitable que las mujeres accedan al poder a través de la vía sexual. Sus compañeros de lucha, resume Elba Esther Gordillo, creían que "sólo servíamos para el sexo". Y hay que probarles lo contrario.
- Para que el poder ya no sea asunto estrictamente masculino, se requiere de la gran movilización cultural de las mujeres y de

* *Mujeres y poder*, Sabina Berman y Denise Maerker, Raya en el Agua, México, 2000.

la naturalidad en el manejo de los puestos de mando. La movilización cultural desemboca en la resistencia a los prejuicios, y la naturalidad se ayuda con las decenas de miles de profesionales (abogadas y médicas, ingenieras y astrónomas), las aptitudes aprobadas de funcionarias y dirigentes y, muy especialmente, aunque esto no parezca primordial, la democratización de las tareas hogareñas. Mientras eso no ocurra, prevalecerá la fórmula descrita por Silvia Hernández, "profesional de la política": "Si quieres ganar, tienes que ganar con las reglas, no puedes ganar con tus reglas. Éste es un mundo masculino: hay que correr cien metros en nueve segundos. ¿Tú quieres ser mujer y correrlos en 18 y que te den el lugar? Pues no, tienes que correr cien metros en nueve segundos. Y si el récord se baja un segundo más, tú tienes que bajar un segundo más. Las expresiones de este mundo son masculinas y las demandas hacia las mujeres son masculinas. Tienes que acatarlas. Desde luego nunca llorar, no reírte demasiado, las mujeres siempre se están sonriendo, no interrumpir repentinamente al jefe. Vas acostumbrándote, son las reglas y entonces las usas".

- El poder es todavía, en gran medida, un asunto de paciencia e intrepidez escalafonarias. (Esto, en el caso de que no se provenga de dinastías políticas y empresariales, o de que no se irrumpa con fuerza en la política en el momento propicio.) A las mujeres se les reserva la familiaridad con la base de la pirámide. Cuenta Elisa su experiencia en una granja aislada en Nepantla, con un grupo guerrillero, el Frente de Liberación Nacional, de gente dispuesta a sacrificar la vida en aras de la igualdad: "Estábamos hasta el gorro (de recibir gente, de acomodar casas, de empacar, de hacer la comida), ya habíamos aprendido a criar pollos y a hacer tortillas de nixtamal y no había formación política ni teórica. Decíamos qué es esto, qué escándalo. Entonces pedimos entrenamiento militar, pedimos formación política y el encargado de la casa que era Manolo nos preguntó qué habíamos leído y nos dieron alguna cosa para leer. Me acuerdo que yo empecé a leer o a releer tal vez *El Estado y la revolución* de Lenin y no recuerdo qué cosa estaba leyendo María Luisa pero algo así también, ¿no?".

- El poder, en medios burocratizados (¿y qué medio no lo es a estas alturas, o acaba siéndolo en tres semanas?), es refractario a los asaltos y a la simple demostración de méritos. Para acercarse a sus atmósferas, un método probado es la astucia que en los hombres suele ser mérito de la picaresca, el compadrazgo o el paisanaje, y en las mujeres intrepidez riesgosa. Cuenta Elba Esther Gordillo su primer acercamiento al líder del magisterio Carlos Jonguitud: "Un día decido que debo conocer al maestro Jonguitud y hago todo aquello que me pueda conducir a conocerlo. Le pedí a Ramón [un amigo] que me presentara con él. Pero Ramón no quiso hacerlo, y no quiso hacerlo porque sabía de mi historia disidente. Como él no lo hizo pues yo busqué los caminos para llegar a conocerlo. Fui con una maestra de mi zona que era muy audaz y le dije: 'Tengo que conocer al maestro, quiero saber cuál de las dos partes es la verdad' [la del SNTE o la disidencia magisterial]. Entonces nos fuimos a esperarlo a que saliera de la Sección Novena en su carro. Nosotras en mi carrito y ahí vamos y así nos saludamos y así nos invitó un café".

- El poder es también la gran abstracción, lo indescifrable que va de considerar su sabrosura ("El fruto prohibido: la manzana que no nos debemos comer: eso es para las mujeres el poder. Pero hay que comerse las manzanas, son riquísimas", afirma Rosario Robles) a la franca depresión de Rosa Luz Alegría: "Yo sí sabía que [Carlos Salinas de Gortari] estaba fastidiado. Mi presencia en la Secretaría de Turismo, mi influencia en el sistema de planeación, mi cercanía al presidente lo sacaban de quicio. Por eso, cuando sale como candidato del PRI, pienso: 'Ya no se trata de un sexenio sabático, se trata de que ya no hay más, se acabó'... Entonces sí tengo una crisis de unas cuatro, cinco semanas y una gran depresión... No me llamaba la atención absolutamente nada. Ni siquiera se me antojaba leer o ver televisión. Simplemente me la pasaba, no sé, viendo por la ventana".

- El poder puede ser el olvido parcial de la condición femenina, entendida ésta como resumen de la tradición de sujeciones, humildad forzada, segundo o tercer plano, pasividad, falta de lo mero principal (recuérdese la campaña de Roberto Madrazo y su ideario testiculario). Con el poder se ejerce de otra manera, todavía muy minoritaria, la condición femenina. Y el proceso es muy arduo. Rosa Luz Alegría no encuentra ni en la historia ni en la literatura un modelo, alguna mujer ideal: "No, definitivamente. Yo quería ser como Alejandro Magno, como Pericles. Pero mujer, ninguna. Ni Cleopatra, ni *madame* Curie. No, mujer no, mujer ninguna". Elba Esther Gordillo puntualiza: "Nosotras [las mujeres] estamos apenas aprendiendo a usar el poder… las mujeres tenemos mucho miedo a decir: 'Somos de poder, sí soy una mujer de poder, sí quiero el poder'". Y Silvia Hernández reconsidera: "es cierto, las mujeres mexicanas hacen discursos muy masculinos, nunca incluyen temas de mujeres, es más: eluden la temática femenina y si pueden parecer menos femeninas mejor". Falta precisar qué es "lo femenino" y cuál es la temática "masculina" en un discurso político cerrado a la noción de género, pero ha sido evidente la búsqueda de las semejanzas con los hombres para atenuar las limitaciones impuestas.
- El poder, tratándose de mujeres, siempre es emblemático en algún nivel. Un hombre jamás representa a su género: una mujer lo hace de manera casi inevitable porque al ser secretaria de Estado, gobernadora o senadora, es una excepción o una concesión a la demografía, y la excepcionalidad le confiere un perfil simbólico.
- El poder, en las mujeres, se traduce hasta el momento en el éxito condicionado. Cada una de las entrevistadas conoce el éxito en sus propios términos. Rosa Luz Alegría, reconocida durante un sexenio, es la primera secretaria de Estado; Elba Esther Gordillo es la lideresa del SNTE, y la poseedora de un largo historial de cargos y representaciones, la secretaria general de la CNOP; Elisa, que se disocia de las nociones prevalecientes de éxito, es

sobreviviente de dos represiones: la tragedia de la granja de Nepantla y la detención a causa de sus vínculos con el EZLN, lo que
la conduce a su primer instante de triunfo al ser presentada con
el juez en 1995: "Aquello estaba atascado de periodistas, desbor-
dando las barreras del juzgado, estaban familiares, estaban amigos, compañeros de trabajo, había gente de los partidos, había
gente del PRD, habían invadido prácticamente el recinto del
juzgado, estaba aquello llenísimo de gente que me hizo entender que no estaba sola". Silvia Hernández ha sido diputada federal, senadora, directora del CREA, secretaria de Turismo. Rosario
Robles es la primera jefa de gobierno de la ciudad de México.
Con todo y esto, se les sigue presentando como excepciones: "A
pesar de ser mujer...", y la conciencia de las limitaciones del género es, como se le quiera ver, la disminución de facultades que
el patriarcado ordena.

- El poder deja de ser patrimonio de un género porque se afe-
rra a dos estructuras pétreas: la del monopolio masculino de las
oportunidades y la del recelo generalizado ante la capacidad de
las mujeres. "Nuestra primera obligación —asegura Rosario Robles— es demostrar que somos capaces, y que es realmente posi-
tivo el que se abran los espacios."

- El poder, según el imaginario colectivo o, si se quiere, según la
tradición nacional e internacional, es cuestión de rasgos negativos: dureza, implacabilidad, complicidades a pasto, vocación de
saqueo, falta de escrúpulos, demagogia, escenografías turbias. Al
no participar de la centralidad del poder, las mujeres se evaden
del halo funesto determinado por la experiencia, el resentimiento y la necesidad de explicarse con rapidez los desastres. Hasta
ahora, las mujeres —no obstante las aportaciones de Margaret
Thatcher— se han exceptuado de esa identificación sumaria de
política y autoritarismo feroz, de política y delito, de política y
abuso inmisericorde, lo ya apuntado en el comportamiento de
muchas lideresas de colonias populares, gremios y movimientos sociales que proceden al modo de señoras feudales. Pero no

obstante la tendencia a un liderazgo femenino "de línea dura", todavía se le confiere a las mujeres, en política, o la disposición manipulable o la inocencia proverbial de su sexo, cualquiera que ésta sea. Esto, a fin de cuentas y dada la cultura política de México, se traduce en falta de confiabilidad. Las mujeres, se piensa, ni siquiera han tenido la oportunidad del engaño y la delincuencia.

- El poder necesita ejercerse, y entre las mujeres, ese conjunto mayoritario tratado como minoría, la meta y el medio de las transformaciones requeridas es el *empoderamiento*, vocablo que me resulta disonante y que ya es inevitable. El *empoderamiento* es la acción colectiva sin la cual no se produce el cambio, es la distribución más democrática de los poderes en la sociedad.

¿Cuál es el porvenir previsible de las mujeres, en los partidos, en la administración pública, en el congreso, en las organizaciones no gubernamentales, en las realidades tan afantasmadas y tan concretas de la sociedad civil, en el debate nacional? *Mujeres y poder* proporciona indicios de consideración. Obligadas a reconocer a lo largo de sus carreras que lo personal (el género) es político (las oportunidades que se les niegan o escatiman, el esfuerzo que siempre deben aportar), las mujeres en la política están al tanto de su destino a corto y mediano plazo: enfrentarse a los problemas nacionales y, también, a que se soslaye lo que les corresponde, de la violencia intradoméstica al doble estándar laboral. No es profecía señalar que en los años próximos se ampliará la presencia política de las mujeres, no es tampoco ansiedad visionaria afirmar que sólo una mujer en la presidencia de la república hará innecesaria la publicación de libros como *Mujeres y poder*. ¿A quién, sino a un psicoanalista o un encuestólogo se le ocurriría hoy llevar a la imprenta un libro intitulado *Hombres y poder*?

164

16

HUESOS EN EL DESIERTO:
ESCUCHAR CON LOS OJOS DE LAS MUERTAS*

---

*Nunca me dijeron que el dolor fuese tan parecido
al miedo.*

C. S. LEWIS

Contra delito, exculpación

L a misoginia jactanciosa y violenta ha sido el más perdurable de los regímenes feudales. La violencia aísla, deshumaniza, frena el desarrollo
civilizatorio, le pone sitio militar a las libertades, mutila física y anímicamente, eleva el temor a las alturas de lo inexpugnable, es en síntesis la
distopía perfecta. El peso del patriarcado y las resignaciones aledañas igua-
lan la violencia ejercida sobre un género con la negación de la democracia, y desde los gobiernos y las leyes y los criterios sociales no reconocerlo
o admitirlo ambiguamente es señal inequívoca del atraso.

El límite de las libertades femeninas y, para el caso, masculinas,
aunque con énfasis y proyección muy distintos, es el monopolio ilegal de la
violencia. Así, la violación, ese *ius primae noctis* del machismo, se ha considerado "natural" por "el razonamiento" adjunto al derecho de pernada. "En
el fondo lo que estas tipas quieren es ser violadas", ha sido hasta fechas muy
recientes el dogma entrañable de agentes del Ministerio Público, policías

---

* *Huesos en el desierto*, Sergio González Rodríguez, Anagrama, México, 2002.

y jueces que responsabilizan a las mujeres de los delitos en su contra, tal y como lo hizo en el año 2000 el cardenal de Guadalajara, Juan Sandoval Íñiguez, al culpabilizar de las violaciones a las que, en su opinión, salen a la calle con ropa provocadora y movimientos sensuales. Sólo le faltó decir: "Si no quieren que les pase nada, salgan sin cuerpo".

Año con año, persisten las cifras mundiales de la violencia intrafamiliar, y no cesan tampoco los atentados contra las mujeres a las que se golpea, tortura, mutila, estrangula, acuchilla, asfixia o destaza en cuartos de hotel, callejones y lotes baldíos. Este legado del horror recorre el siglo XX y, sin embargo, no nos preparó para la explosión homicida más terrible que se ha conocido, la desatada en Ciudad Juárez desde 1993 contra mujeres jóvenes.

Reparto de *Huesos en el desierto*

- En el periodo 1993-2002 se victimaron en Ciudad Juárez 297 mujeres con garantía de impunidad para los culpables.
- Los procesos desvencijados y tramposos se multiplican con responsables de uno o dos asesinatos a los que se les quiere adjudicar la totalidad.
- Los gobernadores de Chihuahua se muestran "ajenos al conflicto" (porque un gobernante sólo tiene tiempo para inauguraciones y viajes a la capital), y sirven únicamente para emitir lugares comunes sobre la justicia, "Procederemos HSUC" (Hasta Sus Últimas Consecuencias).
- Los procuradores de justicia de Chihuahua se indignan (ritualmente) con los medios informativos porque "deforman las noticias y no dan a conocer los avances en la investigación", y obstaculizan las investigaciones rigurosas (casi ninguna).
- La fiscala especial del fenómeno criminal se distingue por moralizar a muertas y desaparecidas.
- No escasean los personajes singulares como el egipcio acusado de varios asesinatos, empecinado en proclamar su inocencia y desvencijado mentalmente por los años de cárcel.

166

- Las madres y las hermanas de las muertas insisten en su exigencia de justicia, no obstante las amenazas y los malos tratos de las autoridades.
- Los jefes policiacos encargados de las investigaciones resultan socios frecuentes del narco.
- La ciudad interviene como cementerio al aire libre y campo de batalla donde se dirimen los pleitos entre las organizaciones del narcotráfico.
- Las organizaciones no gubernamentales dedicadas al asunto, y los grupos feministas que las acompañan, no cejan en sus propósitos, no obstante la escasez de recursos.
- Hay escritores, reporteros y videoastas obstinados en trabajos panorámicos. Ejemplos: Lourdes Portillo y Sergio González Rodríguez.

Si no hay resistencia no hay castigo

El trabajo de Sergio González Rodríguez *Huesos en el desierto* es un acercamiento inteligente y valeroso al fenómeno. Muy bien estructurado, es un análisis a fondo de los vínculos entre el poder judicial y el delito, es un viaje por las devastaciones de la aplicación de la justicia, es el trazo de una pesadilla inacabable. En última instancia, el examen de estos crímenes se desenvuelve entre dos polos, lo impune y lo inerme, y la impunidad, esa garantía de no ser castigado que es el mayor estímulo racional del delito, desafía el ya poderoso agravio nacional y en buena medida internacional.

Lo digo con rapidez: en este caso, no han fracasado las administraciones panistas o priistas, y esto es así porque nada han intentado con seriedad. Su estrategia no varía: investigaciones torpísimas, ocultamiento y destrucción de pruebas, regaños moralistas a los cadáveres ("se la buscaron"), exhibición triunfalista (por lo común falsa) de casos resueltos, fabricación regular de culpables totales. Convencidos de su técnica —que el olvido redima los expedientes—, las autoridades ansían el tono bíblico, donde la paga del pecado (el ligue, la condición femenina) es muerte, y

167

quien no se conforme con la explicación oficial se atiene a las consecuencias o se consume en la frustración.

¿Cuál es el fondo de las muertes de Ciudad Juárez? ¿Se trata de un grupo o de una epidemia de *serial killers*? ¿Se contagia el afán de exterminio? González Rodríguez opta por la austeridad adjetival y el relato llano, y al combinar la información muy vasta con interpretaciones sobrias logra que las sensaciones indignadas y dolidas del lector eliminen el sensacionalismo. Sorprenden las deficiencias de los policías y de las fiscalías especiales, perturba el miedo entre las trabajadoras de la maquila, las otras jóvenes de la ciudad y sus familias. Como a trasluz, aparecen el pánico, la cancelación de la libertad de movimientos de una comunidad y el ritmo de las tradiciones del abuso físico, la posesión de armas y la misoginia criminal.

¿Por qué ha sido tan lenta y tan tristemente insuficiente la acción de los gobiernos y de la sociedad entera en el caso de los asesinatos de Ciudad Juárez? Al respecto, expongo mis hipótesis, persuadido de lo evidente: esta cacería de jóvenes indefensas es un Acteal por acumulación.

El sustento de los crímenes

a) Las condiciones urbanas. Si, como señala el investigador Alfredo Limas Hernández, la industria maquiladora "maquila" toda Ciudad Juárez, auténtica reserva y maquila del parque humano, también la inseguridad se agrava por la propiedad privada del espacio público y por la ausencia de vigilancia en ese laberinto de lotes baldíos, polvo, calles mal o nulamente iluminadas, carencia de transporte público eficiente, cabarets, bares y hoteles de paso que perjudican el buen nombre de la pobreza. Allí se distribuyen de antemano las escenografías del crimen.

b) La condición fronteriza de Ciudad Juárez impregna el imaginario colectivo con imágenes selladas por la ausencia de la ley. A lo largo del siglo xx, y esto es obvio, en la Frontera Norte los delitos ocurren en mucho menor escala que en la ciudad de México, pero el prejuicio —la Frontera es tierra sin ley— acrecienta la inseguridad. Con y sin bases, y crucen o no la frontera, se cree en la existencia de comunidades siempre provisionales,

y la mentalidad fílmica y televisiva convierte las zonas fronterizas en emporios si ya no del mal sí del fatalismo delincuencial. Esta fantasía primaria,
en sí misma deleznable, complementa las opresiones misóginas.

c) No es posible precisar con exactitud el papel del narcotráfico y
de los narcos en esta tragedia colectiva, pero además de las acciones específicas de narcos, en el proceso influye sin medida el hecho que impulsa al
narcotráfico: el escasísimo valor concedido a la vida humana. Es fácil morir
de muerte violenta, y es aún más fácil matar, y el culto a las armas y la tecnología armamentista va de la liquidación de las especies (la estupidez salvaje
de la cacería) a la conversión de las personas en objetivos del tiro al blanco.
Y son muchísimos los impregnados por las tácticas del narcotráfico. Éstas
serían las premisas: "Si me han de matar mañana, mato a muchos de una
vez./Si tengo las armas, debo usarlas". El despliegue armamentístico, la rapidez con que se consiguen revólveres, o cuernos de chivo, o lo que haga
falta, desemboca en la obligación de asesinar. Ya existía, y nutridamente, la
tradición de barbarie, faltaba la renovación tecnológica.

d) Las abstracciones tienden a banalizar los delitos. Un muerto
puede ser un acontecimiento tremendo, pero los centenares de víctimas
femeninas afantasman la matanza en la perspectiva de las autoridades fe-
derales (las autoridades locales y regionales, como explica bien González
Rodríguez, obedecen a otra lógica). Ya se sabe, las estadísticas de la sociedad de masas tienden a disolver la magnitud de cualquier suceso. Seis mil
millones de habitantes del planeta lo minimizan todo. No es, como insisten
tan farisaicamente los tradicionalistas, la relativización de los valores a cargo de la educación laica que, por el contrario, resulta la primera garantía
de enfrentamiento a la barbarie. No, el relativismo ético, ya presente en
la tradición tan idealizada y tan desdeñosa de la vida humana, se nutre de
las leyes del capitalismo salvaje y la demografía. Para captar una tragedia
se requiere de la dimensión humana y, por eso, los epitafios de la generalización: "los perredistas asesinados en el sexenio de Salinas, las muertas
de Juárez" disuelven el vínculo de las personas con las tragedias, los seres
ultrajados, sus esperanzas, su trayectoria, su familia. Siempre se requiere el
acercamiento a las víctimas, lo que, por ejemplo, otorgan el documental de
Lourdes Portillo y el libro de González Rodríguez.

e) Hasta cierto momento, los medios sitúan los crímenes en la nota roja y no, como corresponde, en la primera plana, y al hacerlo subrayan la culpabilidad de las víctimas, ya incapaces de un alegato rectificador y con cierta frecuencia candidatas a la fosa común. A esto se opone la denuncia constante de las ONG y de videoastas, escritores y reporteros aislados.

f) Para González Rodríguez, la clave de la "incompetencia" es la alianza entre los gobernantes, los inquilinos del poder judicial, las policías y los empresarios y los terratenientes de Ciudad Juárez y El Paso, Texas. Esta alianza (no tan) en las sombras se inicia con el despojo de tierras comunales, con los fraudes sin castigo y con las técnicas de intimidación y compra del narcotráfico, que exhiben la disponibilidad de jueces, jefes policiacos (de distintos niveles), agentes del Ministerio Público, muy altos funcionarios, empresarios, comerciantes, militares, clérigos. El destino ineluctable de los narcos incluye la cárcel o la muerte luego de las torturas atroces, pero esto no los disuade porque cada uno se considera la excepción y a cada uno lo ampara el poder de compra del conjunto. Y al certificarse lo vulnerable del poder judicial, la noticia se divulga pródigamente: el delito es una acción tarifada, y el dinero y las redes de intereses absuelven por anticipado.

En el caso de las muertas de Juárez, más que la suma de psicopatías individuales, se percibe un fenómeno orgánico: la impunidad es la madre de las psicopatías, y un poder judicial ansioso de no investigar (por distintas razones, ninguna admisible) precipita la avalancha de los *serial killers*.

Al sexismo se añade el clasismo

Las desaparecidas y las aparecidas entre malezas son, en elevadísima proporción, trabajadoras de la maquila, de familias de escasos recursos. Apenas figuran en los planes electorales, se las califica de "altamente manipulables", y si son madres solteras el clero y la derecha las juzgan de "pecaminosas" contabilizables. ¿Cuántas veces, en los regaños clericales y panistas, se le niega el estatus de familia a la formada por madres solteras o separadas? Por eso, lo de Ciudad Juárez obliga a imprimirle visibilidad y concederle respeto a las mujeres de los ámbitos de la pobreza.

Los crímenes de odio: "La maté porque se lo merecía, y tan se lo merecía que está muerta".

¿Por qué no se han descrito los asesinatos de Ciudad Juárez como "crímenes de odio", los *hate crimes* cuyo reconocimiento condujo al presidente Clinton a crear una comisión gubernamental específica, a la luz de los asesinatos homofóbicos de Matthew Shepard y Brandon Teena?

Los crímenes de odio se dirigen contra una persona y lo que simboliza, representa y encarna, y son, en este sentido, acciones de furia contra la especie. Los victimarios no conocen previamente a la víctima, y al liquidarla se sienten en posesión de ese poder sin límite, el exterminio del mal (en el vocabulario homicida el mal es el comportamiento detestado y es la debilidad física y social de la víctima). Los crímenes de odio más conocidos son los enderezados contra los gays, y este agravio histórico cobra cada año en México decenas de víctimas. Pero nada supera en número y en continuidad a los asesinatos de mujeres solas, en especial jóvenes. Se las mata porque no consiguen protegerse, y porque su muerte, que concede el placer del orgasmo y el goce auditivo del estertor, suele pasar inadvertida. (La inmensa mayoría de los crímenes de odio queda sin resolver.)

Los asesinos no sólo se sienten muy superiores a los seres quebradizos incapaces de resistir; también se burlan de las leyes y de la sociedad que tibia o vanamente las enarbola. *Stricto sensu*, los de Ciudad Juárez son crímenes de odio porque los asesinos proceden impulsados por razones desprendidas de ese placer último que es el poder de vida y muerte. Lo más degradado y sórdido del machismo se vierte contra las mujeres cuya culpa principalísima es su condición de víctimas históricas. Así de reiterativo es el procedimiento: se elimina a quienes, a los ojos del asesino, son orgánica, constitutivamente seres desechables. El odio es la construcción social que se abate una y otra vez contra quienes no pueden evitar sus efectos.

"Contra la nada, perdurará el destino"

En cada uno de los asesinatos de mujeres desconocidas por completo horas antes intervienen la oportunidad y el deseo, pero la raíz de los hechos es la misma: la indefensión de las asesinadas, sus deudos y las organizaciones que demandan justicia. González Rodríguez describe la conjura desde los sótanos y las alturas del poder y examina diversas trayectorias. La conclusión parece inevitable: la serie sangrienta de Ciudad Juárez es asunto de Estado, porque se nutre de la impunidad, el gran baluarte de los gobiernos.

Huesos en el desierto no sólo es un gran reportaje y un acto de valor crítico. Es también uno de los mejores paisajes que conozco del poder sin trabas. Y el final es muy elocuente:

> Por lo mismo, recuerda, me dije. Ya eres parte de los muertos y de las muertas. Te inclinas ante ellos y ellas. Recuerda, sí. Por ahora, sólo recuerda, aunque en estos tiempos parezca excesivo y hasta impropio recordar. Que otros sepan lo que recuerdas. Y puedan leer lo anotado con tinta roja para entender lo escrito con color negro.
>
> Tengo una certeza: contra la nada, perdurará el destino. O la memoria. Al fin y al cabo, la vida de cada quien es un desafío misterioso en aquello que nos sobrevivirá.

Una sociedad inmovilizada ante la matanza, que no reconoce como suyas a las mujeres asesinadas en Ciudad Juárez, es también, en definitiva, la gran víctima propiciatoria. Concentrar la energía judicial, política, social, ética de la nación y sus instituciones en el esclarecimiento de este fenómeno es asunto de justicia y de reconstrucción social. Uno de los grandes apoyos de la violencia es la protesta ocasional, rutinaria, que no espera consecuencias. Esto, como lo demuestra Sergio González Rodríguez, ya no puede ni debe suceder.

17

LA SANTA MADRECITA ABNEGADA:
LA QUE AMÓ AL CINE MEXICANO
ANTES DE CONOCERLO

D esde el principio, en función de una estrategia de ampliación y
retención del público, la industria fílmica —sin estas palabras—
se propone ser el gran espejo de sus espectadores, de sus creencias, obstinaciones, catálogos de sentimientos amorosos, rituales, mitos,
prejuicios, gustos, actitudes ante la fiesta y la muerte, localizaciones de la
mexicanidad, etcétera. Si el cine era y es por excelencia el espacio de las
masas, a la industria (productores, directores, argumentistas, actores, músi-
cos, compositores, escenógrafos) le importa centralmente recrear, reflejar,
adular o criticar con discreción a su público y a la cultura de donde proviene, y que —de maneras percibidas entonces con entusiasmo inaugural— el
cine enriquece, modifica y afina. La cultura popular mexicana —urbana y
rural— se transforma de manera drástica y se va unificando en el siglo xx
gracias, en muy buena medida, a la influencia del cine, la radio, la industria disquera y la televisión. Esto se escenifica en las prácticas cotidianas de
las comunidades, en el inventario de ritos y predilecciones, en los métodos
de resistencia a los poderes constituidos, en el Olimpo de voces y figuras
consideradas entrañables, en la folclorización de las realidades de clase,
raza y género, o, simplemente, en algo que es moda y la trasciende, en un
gran número de gente y por tiempo indefinido en su habla, su vestimenta,
su lenguaje de las horas pico del alma y su guardarropa de actitudes.

En las primeras décadas del siglo xx, lo popular es básicamente
rural y provinciano, de moldes religiosos, de interrogación a fondo de las
normas del patriarcado. Es prolongado el viaje a lo ya definible como cultura urbana, secularizada por la tecnología y la sociedad de masas, y con

zonas de oposición al autoritarismo político y familiar, que se acentúa con el ritmo de crecimiento de las ciudades. Al principio, la industria del cine se concentra en imágenes previas de su público seleccionadas por la noción determinista de los gustos que corresponden a los orígenes sociales. "Ni modo que a un pobre le guste la ópera." Se complace a la audiencia, se halaga su afición mórbida por el melodrama, se estimulan sus prejuicios (la táctica falla por varias razones) y se atestigua el cambio provocado por la dinámica misma del cine, cuyo desarrollo requiere de las modificaciones de su público. En este cine, noventa y cinco por ciento de las veces todo es cultura popular, y más específicamente, todo es asunto del patrimonio sentimental, religioso, musical, literario y político de las familias.

Inevitablemente, al cine mexicano lo precede su fuente nutricia: la industria fílmica de Norteamérica o, para usar el sitio que es el símbolo, Hollywood. De allí se adaptan los estilos narrativos, los géneros, las técnicas, las maneras de encandilar a los públicos, los chantajes sentimentales, el *suspense*, el uso de la música que delata lo que viene y exalta los buenos sentimientos y los malos augurios. Y, sobre todo, de Hollywood se toma lo inalcanzable y no tanto, el modelo del *star system*, la idea de la pantalla como el espacio de un Olimpo donde la magnificencia de los rostros es el mensaje más llamativo (la mirada que se detiene en el *close-up* actualiza el sentido de los rezos). Pero, al fin y al cabo, la cinematografía nacional quiere fortalecerse también por vías comerciales, y eso exige las concesiones al localismo, y por eso la industria de México no se apega a Hollywood en dos aspectos: las formaciones del melodrama y la rienda suelta a lo excesivo. Sin que se razone se sabe: sólo el desbordamiento lacrimógeno y el desafuero humorístico y nacionalista producirán el gran público local. Hollywood es la inspiración suprema, no cubre los aspectos sociológicos, lingüísticos ni costumbristas que configuran lo específico del cine mexicano.

Del melodrama como el éxodo a esa tierra prometida, el llanto en compañía

A la variedad (restringida) de temas, personajes y situaciones la circunscribe una certidumbre. El público es así, tal y como se le dibuja en las expectativas de la industria, y nada más así puede y logra ser. Venid aquí, madres bañadas en llanto y autocompasión, prostitutas que entreveran la redención con la agonía, curas que dirigen vidas con técnicas de semáforos, padres severos que son los embajadores de dios a la hora de la comida, policías buenos como el pan, gángsters que a hierro mueren porque la censura exige su fallecimiento trágico, familias que se desintegran porque nadie les informó a tiempo de la separación de almas y cuerpos, galanes y actores cómicos cuya simpatía radica en la semejanza con los espectadores, rumberas que solivantan el cabaret con su vendaval lascivo, charros altaneros y caporales humildes de Rancho Grande, revolucionarios que cavan su propia tumba sin fijarse en las medidas.

Involuntariamente satírico, voluntariamente chistoso y sentimental, el repertorio fílmico que domina entre 1932 y 1955, la etapa del crecimiento sin fronteras de la industria, traza los rasgos positivos y negativos de las comunidades míticas y reales. En esta versión de los hechos, la cultura popular de México —todavía entonces, la tradición familiar— es generosa, prejuiciada, tanto más emotiva cuanto menos reflexiva, racista hacia fuera y hacia dentro, beata, satirizadora de la beatería, más liberal de lo que declara, genuflexa ante el Señor Amo y el Señor Licenciado, rebelde hasta donde se puede, unida aunque el reparto de bendiciones mal pague, creyente en el chiste memorizado y atenta al beneplácito que suscitan las conversaciones circulares de familia y los cómicos favoritos.

"No me mire así, jefecita, que voy a creer que se lleva su rencor al cielo"

La gran vertiente machista es propia de la cultura popular de la primera mitad del siglo XX en América Latina. En las primeras décadas del cine sonoro, la Mujer, con mayúscula, es arquetipo y estereotipo, de su matriz surge la raza, del desprecio que se le profesa nacen las jerarquías del trato, de su dolor o de sus placeres provienen los defectos de sus hijos. Y el aluvión de prejuicios trae a la memoria la frase de Roland Barthes: "La ideología es el cine de la sociedad". Por lo común, las actrices interpretan personalidades subordinadas que, de conocerla, aprobarían la descripción de John Berger en su novela *G*.

> La presencia de una mujer era el resultado de haber sido dividida en dos y del aherrojamiento de su energía. A una mujer siempre la acompañaba, excepto cuando se hallaba absolutamente sola, la imagen de sí misma, sea que atravesara un cuarto, o sea que sollozase por la muerte de su padre, ella podía verse caminando o verse llorando. Desde la más temprana niñez se le había enseñado persuasivamente a vigilarse de continuo, y así, ella llegó a considerar que su yo dividido, la vigilada, quien la vigila, constituían elementos distintivos de su identidad como mujer. Este mundo subjetivo de la mujer, este ámbito de su presencia algo garantizaba. Ninguna acción por ella emprendida gozaría de integridad cabal. En cada acción se manifestaba una ambigüedad que correspondía a una ambigüedad del yo, dividido entre la vigilada y quien la vigila.

El espacio ideal, casi único, para representar a las mujeres, es el del melodrama, el género expiatorio que defiende a la familia al recordarle los peligros de lo secular: el adulterio, la rebelión de los hijos, la "caída" de las jóvenes asediadas por la seducción o la compra, la mutación de costumbres que sepulta la tradición en el ropero o la deposita en el filo de las plegarias y las venganzas. Esto en un orden de cosas; en otro, el cine encumbra a las mujeres con énfasis hasta entonces inconcebible. Las extrae de los templos y las enfila hacia el primer plano, donde se acrecienta la experiencia de la hermosura y la cámara se pone al servicio de andares y gestos (toda la ideología femenina que se necesita). Esclavizadas y reverenciadas, las heroínas refulgen. El cine maltrata y minimiza, el cine encumbra el espejo de virtudes y ruindades sólo apto para el género desposeído.

La industria cinematográfica de México, en los años de la llamada Edad de Oro, imita en lo posible a Hollywood: en géneros, estilos, formatos. Lo imita en todo menos en la representación de las mujeres. Durante esas décadas, sólo a través de excepciones se registra la perspectiva femenina, y a las mujeres se les observa con desprecio o afecto o cachondamente, y lo sepan o no los espectadores, sean hombres o mujeres, ellas se ven a sí mismas como integradas al paisaje, seres-objeto, refractarias a la individualización. El cine mexicano no produce los personajes independientes que en la misma época consagran en Hollywood a Bette Davis, Katherine Hepburn, Rosalind Russell, Joan Crawford, Jean Arthur, las primeras mujeres modernas en la nueva, irrefutable realidad de la pantalla. Y sin ser modernas, se vuelven la excepción por su carácter imperial las diosas de la pantalla en México, Dolores del Río y María Félix, que hasta donde los argumentos y los diálogos permiten, disponen de la ambigüedad de Greta Garbo y Marlene Dietrich, y por eso son ya, formalmente, las fundadoras de la singularidad.

Dolores del Río, bellísima, intangible, es la víctima en la cúspide, el deslumbramiento, a la que en vano se obliga a la humillación. En su filmografía mexicana, en *Flor Silvestre, María Candelaria, Bugambilia, Las abandonadas, La malquerida, La otra, La casa chica, Deseada, La selva de fuego, La cucaracha,* Dolores carece de la voluntad social pero no del imperio de las facciones. Si el sentido de su existencia yace en otras manos, ella es en todo momento la forma suprema. Y el personaje de María Félix se alimenta desmedidamente del juego entre la persona y la representación y, al trastocar las reglas de la feminidad, construye su aura de poder. En ella los sentimientos asignados por el guion (*Enamorada* es un buen ejemplo) se desbaratan por el tono tiránico, la voz que inferioriza al oyente, el ademán esclavizador, todo sustentado por la belleza. El personaje de María Félix comienza su perdurable apogeo en *Doña Bárbara* (1945, de Fernando de Fuentes) porque allí asume los rasgos del cacique, es dueña de sí porque ha renunciado a la feminidad convencional. Y es tal el impacto, que en la memoria de los espectadores sólo queda doña Bárbara, la señora del llano, y se desvanece el mensaje civilizatorio.

En *La mujer del puerto* (1932, de Arcady Boytler), Andrea Palma es sometida a la cirugía "plástica" que la vuelve una Marlene Dietrich tropical,

177

de ambigüedad dependiente por entero de la actitud distante, el glamour, las nociones del pecado que son ya un maquillaje teológico. Pero el público sólo lentamente admite mujeres de reacciones imprevisibles, y todavía quiere heroínas de virtudes declamadas, frágiles, virtuosas, dichosas porque lloran, tristes porque la resistencia a la seducción contraría el espíritu femenino. Recuérdense las protagonistas de melodramas y comedias, con su dicción penosa, su belleza que la voz inexpresiva deshace de inmediato, su carácter monocorde: Esther Fernández, Gloria Marín, Columba Domínguez, Amanda Ledesma, Marina Tamayo, María Elena Marqués, Amanda del Llano, María Luisa Zea, Irasema Dillian, Miroslava, Elsa Aguirre. Son excepciones parciales Blanca Estela Pavón, Marga López, Rosita Quintana, Lilia Prado, Leticia Palma y Silvia Pinal. A las actrices, que casi nunca lo son, se les pide encarnar lo anacrónico. Si el cine es la modernidad, las heroínas mexicanas son la premodernidad, o aquello que desde la inmovilidad se opone a lo moderno. Por eso habitan el espacio anacrónico por excelencia: el del chantaje sentimental, el de la indefensión como red protectora.

Blanca Estela Pavón, y pongo un ejemplo mitológico, *La Chorreada* de *Nosotros los pobres* y *Ustedes los ricos*, la Noviecita Santa por antonomasia, es leal, solícita, fiel de aquí a la siguiente humillación. Son suyas todas las virtudes menos las de la psicología individualizada, las de la apropiación de sí misma: no puede protestar, carece de iniciativas, se aviene a la voluntad de la madre y sólo marca su presencia de una manera en la que se confunden lo servil y lo servicial. Al ver su desventura, que la maternidad disminuye y acentúa, las espectadoras aprueban su comportamiento porque responde a su tradición, se atiene a sus hábitos familiares, y de algún modo justifica su sometimiento. El chantaje se acrecienta al atenuarse las manifestaciones de sensualidad. Las madres desgarradas son el equivalente de la femineidad como ancla, la cadena de crucifixiones, la obediencia al Señor de la Casa, o al Señor del Cielo ("Si te lo llevaste por algo sería, Diosito"). Y la industria produce hazañas, las exageraciones de los estereotipos, las burlas involuntarias de lo irreal. Eso es Dalia Íñiguez, la madre que jamás protesta por vejación alguna en *La oveja negra* de Ismael Rodríguez, la parodia de la parodia sublime que es Sara García. En otros niveles, el cine mexicano va incrementando sus zonas de excepcionalidad, al dotar a unas cuantas actrices de psicología propia, si admiten, gozosamente, su grotecidad. Así, por ejemplo, el dúo de teporochas o lumpen, *La Guayaba* y *La Tostada*, Amelia Wilhelmy y Delia Magaña en *Nosotros los pobres* y *Ustedes los ricos*, o las cómicas del tipo de Vitola, cuya razón de ser es el placer de que se les ofenda, o las extras que aparecen para que el cómico, nomás viéndolas, se muera del susto. En el caso de la India María, muy posterior, su punto de partida es el humor racista y su breve nulificación. La India María no es un producto de la observación de las migraciones y de las indias mazahuas, viene de la tradición del teatro frívolo en donde la risa fácil se obtiene imitando la preocupación afanosa del lenguaje por parte de los indios, y en donde, también, los "inditos" se burlan de quienes los observan con paternalismo.

Del estereotipo como variedad de opciones

Se insiste —y los estudios culturales prodigan al respecto ensayos y libros— en el análisis del papel de los estereotipos en el cine. Con frecuencia, estos trabajos son muy exhaustivos pero suelen asegurar lo no muy demostrable: los personajes cumplen funciones predeterminadas por un plan maestro. Lo contrario es más bien lo cierto: en la década de 1930, la industria fílmica de México, urgida de improvisar un mundo "nacional" y de reproducir en lo posible el cine de Hollywood, improvisa porque no tiene otra y saquea el acervo del teatro y del teatro frívolo, los melodramas de adulterio y los sketches del pintoresquismo de doble sentido. Lo mejor de esta etapa son las actrices y los actores que elaboran el nuevo idioma gestual que adoptan los inquilinos de las butacas. Entre convenios nunca verbalizados, se imponen el humor fílmico y el habla de la desesperación y emerge la sociedad atenta al gran espejo en el que se magnifican sus costumbres y se vuelven obligaciones gozosas, donde las imágenes se reelaboran como premoniciones o recuerdos del destino inescapable (si se tiene suerte) colectivo y personal. Los estereotipos no ratifican lo existente, pero al desmesurar las emociones en la pantalla le infunden un sentido comunitario a rostros, cuerpos, movimientos y frases. La clientela estudia las exasperaciones y los

179

doblegamientos y los acata como si fueran órdenes. No se les pide o se les exige que sean como las figuras en las pantallas; se les hace deudores de su visibilidad social aprendida con rapidez del horizonte fílmico.

Antes del cine hay, y en aluvión, mujeres solícitas, abnegadas, silenciosas, desafiantes, marginales, pero no existen las formas canónicas de interpretarlas. Por eso, si como afirma Marx en *La ideología alemana*, la división del trabajo sólo se instituye fatalmente al aparecer la distinción entre el trabajo físico y el trabajo intelectual, así también, y durante una larga etapa, la distinción entre lo "ortodoxo" y lo "heterodoxo" en asuntos de moral fílmica se obtiene no tanto de guiones y diálogos, como de los contrastes entre el comportamiento teatral y el manejo desinhibido del cuerpo de los llegados al cine por su cuenta, sin graduarse en las incontables escenificaciones de los adulterios horrísonos y de las familias que se sacrifican con tal de no desintegrarse. Y entre las novedades que se filtran libertariamente, se hallan las del melodrama de "mujeres malas" que, no obstante la censura, afirma sus "audacias" y propone otra "condición femenina". En oposición, si una mujer digna no procede como estatua, da lugar a las sospechas instantáneas.

Antes del cine sonoro las mujeres son, en rigor, más sombras estereotípicas que estereotipos, damas de sociedad (lo carente de relieves autónomos) o, en el lado opuesto, fotos, dibujos, caricaturas y óleos donde los seres marginales se anuncian o se describen por su grotecidad. La prostituta (la horizontal) (la hetaira) (la puta) suele ser la infamia maquillada como lienzo de prueba de artistas, a la que explican el hambre sexual de los hombres y la virginidad ideal y real de las habitantes de las Casas Decentes. Pero en conjunto, se desconoce en qué consisten visual y auditivamente las mujeres, cómo son las esposas fieles, cómo cruzan un salón las coquetas, cómo intentan orientarse en la vida las hijas de familia, cómo se verifican las etapas de la maternidad, del gozo del embarazo a las actitudes escultóricas de las matronas. A sabiendas de que ante sus designios no hay alternativas, el cine mexicano instaura su dictadura de gestos y palabras donde la maternidad es la partera del melodrama.

En películas más bien inconcebibles (en demasiados casos, echando a perder nadie aprende), en melodramas de excesos recompensados por el hallazgo de criaturas emblemáticas, en comedias donde —de no mediar la inventiva de los cómicos— el público nada más lloraría, lo "ortodoxo" va perdiendo espacio y lo "heterodoxo" gana espectadores. Y la beatificación (el *Nihil Obstat*) del cine se inicia en el culto a la madre:

> Si tienes una madre todavía,
> da gracias al Señor que te ama tanto,
> que no todo mortal contar podría
> dicha tan grande ni placer tan santo.

"Pos será porque ya nadie me ha vuelto a mirar así"

Para los no historiadores es ya desconocida la realidad anterior al cine.

¿Cómo eran las madres antes de que las cámaras las enfocaran? Algo se sabe de las lectoras de clase media: leían para vivir, precisaban el tono de las emociones secundarias y ensayaban el día entero las respuestas a las situaciones climáticas, conocían a fondo la inocencia de sus hijos y fingían ignorar sus lados maliciosos, eran sobreprotectoras y aceptaban los maltratos como impuestos hogareños. Al codificarlas la industria fílmica hace a un lado el ingenio, el valor y la capacidad de trabajo de las mujeres, y transforma su heroísmo cotidiano en receta de taquilla. *No basta ser madre* es el mensaje, *hay que estar buenísima*. No obstante la injusticia, las mujeres le hacen caso a sus falsísimas representaciones y memorizan las frases del dolor que levantan montañas al grado de volverlas instituciones verbales que acomodan en las órbitas de la conversación, la confesión, el regaño, el consejo, la desesperanza.

En *Los olvidados* (1950), el guion de Luis Buñuel y Luis Alcoriza asume esa tradición y, respetándola, la ofrece bajo otra luz, implacable. Pedro (Alfonso Mejía) tiene una pesadilla. Allí, al buscar una gallina que cayó del techo se encuentra a Julián (recién asesinado por el Jaibo), que ríe a carcajadas con la cara bañada en sangre. Marta, la madre de Pedro (Stella Inda), lo interroga:

MARTA: Oye mi'jito, tú eres bueno, ¿por qué hiciste eso?

PEDRO: Yo no hice nada, fue el Jaibo, yo nomás lo vi. Yo quisiera estar siempre con usté, pero usté no me quiere.

MARTA: Es que estoy tan cansada, mira cómo tengo las manos de tanto lavar.

PEDRO: ¿Por qué nunca me besa? Mamá, ora sí voy a portarme bien, buscaré trabajo y usté podrá descansar.

MARTA: Sí mi'jito.

PEDRO: Mamá, ¿por qué no me dio carne la otra noche?

Y en otro momento, previo al encuentro sexual, se da el diálogo sacralizador y desacralizador entre Marta y el Jaibo (Roberto Cobo):

JAIBO: Qué bueno debe ser tener su mamá de uno. Ora que la veo a usté, le tengo una envidia a Pedro… Fíjese nomás que yo ni siquiera sé mi nombre. Mi padre, nunca supe quién fue. Mi mamá, creo que se murió cuando era yo un escuincle.

MARTA: ¿Y usted no se acuerda de ella?

JAIBO: Pues la mera verdá, no. Sólo una vez, hace ya mucho, mucho… dicen que me daban unos… así como temblores muy fuertes. Una de las veces cuando volví a ver, vi la cara de una mujer. Así, muy cerca, me miraba muy bonito y como con mucha pena y lloraba, por eso creo que era mi mamá.

MARTA: ¿Cómo se acuerda?

JAIBO: Pos será porque nadie me ha vuelto a mirar así.

Sara García: la maternidad más allá de las edades

Aún hoy, gracias a la televisión, Sara García es la figura totalizadora de una idea de la Madre y la Abuela, chantajista, desorbitada y, con las precauciones del caso, monumental. Un breve repaso a su trayectoria. Nace en 1895, en Orizaba, Veracruz, de padres españoles; muy pronto queda huérfana y se la interna en el Colegio de la Paz Vizcaínas (donde dará clases). En 1917 debuta en el cine mudo en films ya desaparecidos (*En defensa propia, Alma de sacrificio, La soñadora*) y en teatro con obras cuyo título es ya la acción y el desenlace (*Pastor y borrego, Las sufragistas, La princesa está triste*). El melodrama es su espacio vital y, de nuevo, los títulos de sus películas son todo un programa ideológico y literario: *El pulpo humano* y *La sangre manda*, de 1933; *Así es la mujer, Las mujeres mandan* y *Malditas sean las mujeres*, de 1936; *No basta ser madre*, de 1937; *Calumnia* y *Papacito lindo*, de 1939; *Mi madrecita, Ahí está el detalle* y *Al son de la marimba*, de 1940; *Cuando los hijos se van* y *La gallina clueca*, de 1941; *Regalo de reyes, La abuelita, Historia de un gran amor* y *El baisano Jalil*, de 1942; *Resurrección* y *No matarás*, de 1943; *Mis hijos* y *El secreto de la solterona*, de 1944; *Mamá Inés*, de 1945; *El ropavejero, Los tres García* y *Vuelven los García*, de 1946; *Mi madre adorada, Dueña y señora* y *La familia Pérez*, de 1948; *Eterna agonía*, de 1949; *Azahares para tu boda* y *Doña Clarines*, de 1950.

No he incluido desde luego todas las películas, sino aquellas cuyo título es una declaración de principios. Por razones obvias, el film que establece el larguísimo reinado de Sara García (dura hasta hoy) es *No basta ser madre*, dirigido por Ramón Peón. El argumento no va más allá de señalar cómo la madre biológica falla al no volverse la madre espiritual, la del ser en múltiples aspectos. Pero el argumento es apenas el inicio de la fuerza del film, la que radica en crucifixiones del semblante y voces de sacudimiento.

Desde *No basta ser madre*, doña Sara tiene resuelta su carrera en lo esencial (su fortuna al interpretar otros papeles se debe al cortejo con el ideal de la Dulce Viejecita). En 1940, para obtener en el teatro un reconocimiento a sus habilidades, Sara García se sacrifica:

> A todo esto, me había sacado los dientes, más por un accidente que por un incidente que tuve en la representación teatral de una pieza sin importancia. Como me habían asignado un papel insignificante, el de una viejita que aparece durante algunos minutos, me propuse demostrar a todos que merecía una parte más importante. Me saqué los dientes, ¡14 piezas de un jalón! Y cuando salí a escena con la boca así de chiquita, me "cholté hablando achí", "tan natural". El público y hasta mis compañeros se desternillaron, pues no se esperaban semejante audacia de mi parte [en *Somos*, octubre de 2000].

En *Ahí está el detalle* (1940, de Juan Bustillo Oro), doña Sara amenaza, denuncia y corteja a Cantinflas, y le exige que reconozca a la docena de hijos (no de Cantinflas) y se case con ella. Ya entonces, a los 45 años, Sara García, la matrona por antonomasia, se ha desexualizado por entero. Su cuerpo mismo es una institución, la rotundidad de las amas de casa que es también una invasión territorial. Sara García: el rostro henchido de amor y comprensión, el regazo de las generaciones, el impulso del llanto benéfico. Todo es actuación y por tanto, en su lógica, todo es realidad o, mejor, todo es el ir y venir de sensaciones de lo que se vive frente a las cámaras y lo que se vive apenas. En 1940 muere de cólera su única hija, Fernanda. Su amigo José Delgado evoca la situación:

> La gente pensó que Sara haría una gran exhibición de su drama de la vida real. Pero estuvo entera, contenida. Pasándola mal, muy mal, pero se mantuvo sin mover una sola pestaña, sobrellevando su gran pena interior. Al pasar el tiempo, una amiga le comentó: "Oye, te admiré mucho por la entereza con que recibiste la noticia de Fernanda, sobre todo porque te he visto desplegar escenas de gran dramatismo en el cine".
>
> Ella respondió: "En el cine actúo, tengo que darle toda la dimensión a los personajes que interpreto, porque es lo que espera el público de mí. Pero en mi vida privada, yo administro el dolor" [en *Somos*, octubre de 2000].

¿Por qué Sara García es insuperable como Madre y Abuela? Porque instaura la voluntad femenina so pretexto del matriarcado, y porque estratifica su actuación en dos niveles: la disolución y la resurrección en las lágrimas, y la voluntad de confundir en un solo personaje al Ama de Casa y a la Cacica. Cuando Sara García no se aflige hasta la desmesura por la suerte de su prole, cuando no dialoga con su creador ("Ay, Dios mío, cuídame a ese muchacho tan irresponsable y aventurero, es bueno en el fondo, pero sálvalo de su desobediencia"), busca ser como en *Los tres García* (1946, de Ismael Rodríguez), la severidad dulcísima que guía a sus muchachos.

Ni la madre real ni la madre ideal sino la institución misma de la maternidad. En *Cuando los hijos se van* y *Azahares para tu boda*, doña Sara es la cumbre de una dinastía, la que cada familia instaura. El esquema de sus roles no suele variar: ella es trabajadora y sumisa, se somete a los designios del marido, defiende a sus hijos, entiende que los fracasos de ellos vienen de la debilidad (dulzura) de su carácter, y tiene en la religión su pronto auxilio y fortaleza. "¡Ay, Virgencita, cuídalos, no los abandones!" Para esta Madre Inefable (Abuela Protectora) la oración es el seguro de vida, porque en la búsqueda del oído de dios, Jesucristo, la Virgen y los santos, se templa el carácter y se aprende a conversar, a reflexionar en voz alta, a notificarse a sí misma sus pensamientos. ¿Cómo saber cuánto se sufre si no se habla con dios?

Muy posiblemente la cúspide de la complejidad (falsa y verdadera) de la Abuelita Linda y Mandona de Sara García es *¡Vuelven los García!* (1946, de Ismael Rodríguez). Allí reina sobre sus tres nietos (Pedro Infante, Víctor Manuel Mendoza y Abel Salazar), fuma puro, usa bastón, golpea pedagógicamente, es la Última Palabra. Y "su sanción" es uno de los himnos del 10 de mayo: "Mi cariñito" (de Manuel Esperón, con letra de Jesús Camacho):

> Cariño que Dios me ha dado para quererlo,
> cariño que a mí me quiere sin interés…

El pueblo de San Luis de la Paz padece el duelo permanente entre los García y los López, de los que sólo dos sobreviven. Uno de ellos, el día de la boda de José Luis (Abel Salazar) con Lupita (Marga López), ebrio de venganza les dispara y hiere mortalmente a la abuela. El entierro es propio de una criatura angelical ("Mirándole su carita yo miro a Dios"), y la letra se ajusta a la mitología del "incesto purificado o blanco". El cielo me dio un alivio sin merecerlo. El nieto consentido, Pedro Infante, la quiere despiadadamente: "Pero es que contigo Dios se pulió y después rompió el molde". Por eso, cuando le piden el día del entierro que deje el trago, responde el sufrimiento más estentóreo: "Ustedes no la querían como yo", y cuando lo exhortan a tener valor ante lo irremediable, contesta: "Valor… pero sin ella ya pa' qué". Viva mi vida, mi cariñito que tengo yo. Y en su turno, el hijo o el nieto enamorado de su Cabecita Blanca le llevará serenata o pondrá el disco o verá de nuevo la película para avivar o institucionalizar el recuerdo del ser querido. "La quise tanto que no me di cuenta que sigue viva."

Afirmarse en la maternidad es un hecho natural; teatralizar la maternidad es, en un buen número de casos, igualmente inevitable, pero en la operación "maternalista" el cine mexicano abusa de lo natural y lo inevitable para sobrevalorar la mitología radicada en el trastocamiento de la psicología femenina una vez engendrado su primer hijo o, más drásticamente aún, su primera hija. En este ámbito de la maternidad como renuncia a la mentalidad independiente, Sara García, múltiple madre y abuela, es el ejemplo inconmensurable. No es mujer, ni amiga, ni ciudadana, ni profesionista, ni siquiera ama de casa; es, de manera simple y totalizadora, la Madre, ya en lo simbólico sin estructura corpórea, la de existencia vicaria, la que sólo pierde su carácter institucional si anhela vida propia. Y la actriz acepta sin problemas la "cesión de derechos":

> *Cuando los hijos se van* (1941) es una película inmortal, dígase lo que se diga en su contra. Se acabará el cine y seguirá existiendo, porque en todos los hogares los hijos se van de monjes y monjas, se escapan con el novio o van a trabajar al extranjero, se casan o lo que quieras.
>
> De hecho, la vida está contenida en el título de *Cuando los hijos se van*. El público acude a verla y al que se le han ido los hijos, lo siente, lo llora. El que todavía los conserva a su lado los prepara pues el día de mañana también se irán [en *Somos*, octubre de 2000].

Una buena madre es una casa desértica… en estas reglas del juego las consecuencias de la partida de los vástagos afectan a los padres, pero devastan a las progenitoras. En esta zona del determinismo anímico, las madres (ya despersonalizadas a fondo, encarnación materializada y feliz de lo doméstico) ven en la partida de los hijos, más que una pérdida patrimonial, la comprobación de su inexistencia. El cordón umbilical le pertenece al padre, a ella le tocan los consuelos del alma. Doña Sara rebosa anécdotas de su versión autoritaria y dolorosa del ejercicio de la maternidad. Recién estrenada *Cuando los hijos se van*, en la puerta de un hotel de Cuernavaca un señor sale a recibirla:

–Doña Sarita, permítame abrazarla.
–¡Cómo no, señor! ¿Cuál es su nombre?
–Soy el dueño del Hotel Español y vengo a estrecharla en mis brazos. He visto *Cuando los hijos se van* la semana antepasada. Pues fíjese, doña Sarita, hará dos o tres años que salí de España y no le había escrito a mi madre hasta ver la cinta. Le escribí y hace dos días mi madre me ha contestado una carta llena de lágrimas.
Y, por eso, me gustaba hacer películas de madres.

¿Extraña, entonces, la anécdota de Alejandro Galindo de un viaje suyo a Colombia? Según don Alejandro, al llegar a Bogotá lo visita en el hotel un grupo de empresarios que lo invita a una cena en su honor. Acepta, convencido de los méritos irrefutables de sus películas. En el brindis de la cena se explica el motivo: en una de sus películas, Galindo "mató" a Sara García. "¡Ya era tiempo!", le gritan entre aplausos. Por eso también, en una venganza paródica más bien fallida, en *Mecánica nacional* (1971, de Luis Alcoriza), se pasea el cadáver de doña Sara. A la actriz su mitología la despersonaliza de nuevo, pero el resentimiento de los espectadores llega tarde porque se expresa como ingratitud filial.

"¿Para qué tienen hijos si no los van a tratar como reyes?"

En 1935 Juan Orol filma *Madre querida*, el film que inicia una carrera de algún modo semejante a la de Ed Wood en Hollywood. El argumento merece los honores de la reproducción: el niño Juanito sufre porque en vísperas del 10 de mayo no tiene dinero para hacerle un regalo a su Jefecita Linda. El niño rico Luisito, huérfano de madre, le da cincuenta centavos a Juanito. Manuel, padre de Luisito, se confiesa ante las cámaras: se enamoró profundamente de la cantante cubana Adela, pero se casó con otra y extravió el paradero de su amada. El Día de las Madres Juanito le lleva flores a la dadivosa de su ser, y Luisito, al prender un castillo pirotécnico, provoca un incendio. Tampoco es preciso contarlo: el que va al reformatorio no es Luisito sino Juanito, que se echa la culpa.

En algún momento, el director de la escuela le pregunta a los niños: "¿Quién nos quiere más que nadie?". Y le responde un alborozo coral: "¡Nuestra madre, nuestra madre, nuestra madre!". Mientras, con la mordiente conciencia a cuestas, Luisito le cuenta a su padre la verdad, Manuel y Luisito visitan a la madre de Juanito y Manuel reconoce a Adela, la cantante cubana, ya enferma grave por la aflicción causada por el encierro de su hijo. Antes de morir —una técnica favorita del melodrama es alargar las últimas palabras para que quepan completas las confesiones— Adela le confía a Manuel: "¡Juanito es tu hijo!". Éste huye del reformatorio y, sabedor de la muerte de su madre, se vuelve papelerito y niño de la calle. Un día lleva flores a la tumba de Adela y encuentra allí a Manuel que, sincerísimo, le revela su paternidad y se lo lleva a vivir con él, con Luisito y con un papelerito amigo. Orol mismo proclama: "El corazón de una madre nunca se equivoca".

Alejandro Galindo refería una anécdota de las semanas de estreno de *Madre querida*. En la puerta del cine repartían unos pañuelos de papel y un letrero avisaba: "Si usted nos entrega su pañuelo seco le devolvemos el precio de la entrada". Y al parecer no había reclamaciones. Imposible. La época no consiente corazones de piedra en las butacas y, además, el 10 de Mayo se ha iniciado apenas en 1922 (*cf.* el magnífico ensayo de Marta Acevedo sobre el Día de las Madres, donde demuestra la combinación infalible de la ideología de ultraderecha y el comercio para implantar lo que es en rigor el Día de la Deshumanización Aplaudible).

La etapa 1932-1950 es muy fértil en homenajes a la Madre. Sólo eso explica un melodrama intitulado *Madres del mundo* (1936, de Rolando Aguilar), y nada más eso, a partir del gran éxito de *Madre querida*, justifica el alud de films donde las madres perecen para que sus hijos sean felices (se *cristifican*). No hay duda: el hombre propone, el grupo que representa a dios o a la taquilla dispone, y viene el cine y todo lo descompone. La inundación de madres sacrificadas aprovecha varias vertientes:

- La épica del sometimiento. Allí el emblema es el personaje de Dalia Íñiguez en *La oveja negra* (1950, de Ismael Rodríguez).
- La vigencia de la degradación en público. Una muestra insuperable ocurre en *Víctimas del pecado* (1950), el formidable melodrama rumbero de Emilio Fernández, con fotografía de Gabriel Figueroa, una excursión por cabarets y cabaretuchos, centrada en la nobleza del alma de la fichera Rosa (Ninón Sevilla). El film contiene una escena insuperable. El cinturita, magistralmente interpretado por Rodolfo Acosta, le exige a una de sus pupilas con la que recién tuvo un hijo que desista de la criatura y se vaya con él: "Escoge: ese niño o yo". La fichera elige de inmediato y en el delirio deposita al recién nacido en un bote de basura. De allí, minutos después, lo rescata Rosa, a tiempo de salvar al bebé del camión de basura.
- El sacrificio que vuelve a la mártir mero "material gastable". Un ejemplo climático es *Las abandonadas* (1946, de Emilio Fernández), que toma su título de la cuarteta primera de un poema de Julio Sesto:

> ¡Cómo me dan pena las abandonadas
> que amaron creyendo siempre ser amadas,
> y van por la vida llorando un cariño,
> recordando un hombre y arrastrando un niño!

El drama de las madres solteras: "Las abandonadas son fruta caída/del árbol frondoso y alto de la vida". Esto lo ejemplifica Margarita (Dolores del Río), seducida por un malvado (Víctor Junco, que le oculta su casamiento) y amparada por el (falso) general revolucionario Juan Gómez (Pedro Armendáriz), al que le declara: "Seré tu sombra enamorada". Ya vieja, luego de sumergirse en la venta de su cuerpo, Margarita escucha el alegato de su hijo que, sin intuirla siquiera, la salva: "Voy a recordar a los encargados de emitir el fallo algo que no deben olvidar: donde hay una mujer, está la pureza de la vida… Pero donde está una madre, ¡ahí está Dios!". Con tal de oír tal floración jurídica bien valió la pena internar al niño en una escuela carísima y delinquir para sostener sus aspiraciones de clase.

Las abandonadas se nutre ampliamente de *Madame X*, la obra teatral del francés Alexandre Bisson, la historia de "Eva expulsada del paraíso burgués", que se sacrifica hasta lo último para darle educación a su hijo, el abogado que la defenderá cuando ella se precipite al fondo de la desdicha. El tema, un desafío melodramático, produce de manera directa cuatro películas: *Madame X* (1920, de Frank Lloyd), *Madame X* (1929, de Lionel Barrymore), *Madame X* (1937, de Sam Wood), y *Madame X* (1966, de David Lowell Rich). Es interminable la fascinación ante el amor maternal que todo lo acepta, la prostitución, la miseria, el robo, con tal de sacar adelante a su hijo (ignorante de que su madre vive y es una mujer perdida) y volverlo un hombre de provecho, un abogado respetable.

La estructura de *Madame X* es amplia y auspicia los lujos del personaje femenino, su vida en la cumbre, el hecho trágico que la arroja al abismo, la degradación cotidiana, la recolección inmoral del dinero que educará a su hijo fuera del arroyo y el arrabal. Una variante de la trama se localiza en *Salón México* (1945, de Emilio Fernández), donde la cabaretera (Marga López) se consume y deshace para que su hermanita (Silvia Derbez) no sepa de las degradaciones de la pobreza.

De cuando nomás los huérfanos iban al cine solos

En "La Época de Oro del Cine Mexicano" lo usual es ver películas en "plan familiar", porque el cine de barrio o de pueblo o del centro de las ciudades es un templo laico en el sentido estricto: no hay liturgia fija pero el modo de ver las películas es litúrgico. Y, sin percatarse en demasía, las familias mudan de creencias sociales. Nada es igual luego de agigantarse en las pantallas, y los espectadores mexicanos, sometidos a la doble presión de Hollywood y su cine nacional, perciben (cada uno a su manera) que las mujeres, al volverse más visibles y audibles en la pantalla, ya son distintas porque en la fantasía fílmica (para ellas la realidad última) ocupan un sitio preponderante. Esto no significa que se atenúen las disposiciones del patriarcado, pero sí que el cambio de imágenes se adelanta con ventaja al cambio de costumbres y lo condiciona.

El chantaje sentimental es compartido y asimilado no tanto por los espectadores individualizados, sino por los diversos núcleos de la familia, que usan las escenas de llanto y dolor como escuelas de comportamiento. Cuando se prescinde del viaje familiar a las salas de cine, el melodrama clásico y la "Época de Oro" misma concluyen en lo esencial. Y por eso debe revisarse qué es y cómo funciona el chantaje sentimental, que durante una etapa obliga a sentirse vivo (solidario) a través del llanto, a perdonar usurpando el lugar de la víctima, a incorporar al desdichado o la desdichada a la familia ideal, el único y el último honor a la disposición, así ese ser atropellado por el Destino ya no pueda volver a casa, o así la familia que lo compadece padezca circunstancias peores.

Sin la madre como eje de la compasión en el Valle de Lágrimas, el chantaje sentimental no funciona. En esta mitología que se traslada a la vida cotidiana con más fuerza de lo reconocido, la madre entiende el mundo desde la cocina, la recámara, el comedor, la sala real o ideal. A ella se la derrota pero no se la engaña, se la deja sola en su aposento pero no fuera de la psicología; es, siempre, la que educa en el habla de la exasperación y, por tanto, la que arraiga decisivamente en las claves de la conducta pertinente en cada ocasión (el hombre deberá invertir los términos). Por lo mismo, no tiene demasiado sentido situar al símbolo y su desdoblamiento en papeles protagónicos basándose sólo en el examen de las películas. Las grandes alegorías, los mitos, las formaciones legendarias ocurren siempre en la zona de acoplamiento donde la película se integra con su público. Las madres de las butacas o el sillerío acogen a sus modelos fílmicos y los transforman en acervo del sentimiento y la expresión verbal; las madres de la pantalla advierten las recaudaciones y las resonancias de sus padecimientos y jamás contrarían los gustos reinantes. En pro o en contra, ninguna abuelita de un largo periodo ignora a doña Sara García; hubiese sido como renunciar a un principio de identidad antes de conocerlo. Al tanto o no de sus puntos de vista, las madres de varias generaciones se modernizan o se aceptan anacrónicas por rechazar o imitar a sus correspondientes de la pantalla, bañadas en lágrimas y reproches mudos.

De seguro, la primera mamá moderna no tuvo hijos.

18
SUSAN SONTAG (1933-2004).
LA IMAGINACIÓN
Y LA CONCIENCIA HISTÓRICA

Presentación de la autora en una promoción de la diversidad

En 1964 Susan Sontag publica en *Partisan Review* un ensayo, "Notes on Camp", dedicado a Oscar Wilde, más el lector ideal del texto que el objeto de otro homenaje: Sontag toma el término del habla de los gays y lo ofrece como una categoría compleja. Antes de ella, ya el gran narrador Christopher Isherwood en su novela *The World in the Evening* (1954) aborda el tema: conversan dos personajes cuya orientación sexual hoy no ofrece dudas:

–En alguno de tus viajes *au bout de la nuit,* ¿has tropezado con la palabra *camp*?

–He oído que la gente la usa en los bares. Pero creía...

–¿Pensaste que describía a un muchachito afeminado con el pelo rubio oxigenado con sombrero de época y una boa de plumas, que pretende ser Marlene Dietrich? Sí, en los círculos *queer* [homosexuales] llaman *a eso* hacer camp. Funciona muy bien en algunos sitios pero es en rigor una forma decadente —el deleite de su tesis abrillantaba la mirada de Charles. Él parecía estar en su mejor forma, y gozaba sus propias palabras—. Lo que describo como camp es algo más fundamental. Tú puedes llamar a lo otro low camp, si quieres. A lo que me refiero es al high camp que, por ejemplo, es la base emocional del ballet, y por supuesto del arte barroco. Verás, el verdadero high camp dispone siempre de una seriedad intensa.

No puedes hacer camp de algo que no tomas en serio. No te burlas de esto, extraes de allí la diversión. Expresas lo que para ti es fundamentalmente serio en términos de alegría y artificio y elegancia. El arte barroco es en gran medida camp en lo tocante a la religión. El ballet es camp en lo que se refiere al amor... ¿Entiendes mi perspectiva?

Según Sontag, Isherwood le dedica al tema unas "páginas perezosas". Incidentales, sí, pero no perezosas porque, al menos, contienen el núcleo central de la definición de "camp": el amor de lo natural, de la exageración y el artificio. Y ya antes, también, en un libro de la década de 1950, el *Dictionary of Slang*, de Eric Partridge, el sustantivo *camp* se define perentoriamente: "Afeminado, referido especialmente a los amaneramientos de ademán y lenguaje propios de los homosexuales", y el adjetivo se define así: "homosexual, lesbiana".

En su ensayo sobre lo camp y hasta donde le es posible, Sontag evita la relación muy directa del término con el mundo gay, y prefiere una asociación por inferencia: camp es una sensibilidad, un gusto, una corriente estética que —en la revisión de Sontag— incluye los dibujos de Aubrey Beardsley (el amigo y el enemigo de Wilde, el dibujante de *Salomé*), las lámparas de Tiffany, las óperas de Bellini, *El lago de los cisnes*, *King Kong*, la cantante La Lupe, los comics de Flash Gordon, las novelas de Ronald Firbank (el muy notable excéntrico inglés), la personalidad de Jean Cocteau, las piezas teatrales de Noel Coward, el art nouveau, las novelas góticas, muchas actitudes (en el sentido de teatralizaciones) de los homosexuales, las coreografías de Busby Berkeley, algunas películas de Lubitsch, las actuaciones de Bette Davis en *All About Eve*, de Gloria Swanson en *Sunset Boulevard* y de Marlene Dietrich en los seis filmes ultrabarrocos que dirige Von Sternberg, la figura y el mito de Greta Garbo.

Camp, insiste Sontag, es, de modo sólido, una experiencia estética, y encarna un triunfo del "estilo" sobre el "contenido", de la "estética" sobre la "moralidad", de la ironía sobre la tragedia. En su desafío de la "seriedad", el camp propone una visión cómica del mundo y reivindica las filiaciones snobs. También, y ésta es la parte más radical o subversiva del ensayo, camp es el gusto y el lenguaje interno de los gays, la minoría más que marginada, que ve en la radicalización estética su defensa más articulada. Según Sontag, el florecimiento del camp entre homosexuales tiene en definitiva algo propagandístico, ya que, al promoverse el sentido estético, se impulsa el reconocimiento de la sociedad. En resumen, "la experiencia del camp se basa en un gran descubrimiento: la sensibilidad de la alta cultura no tiene el monopolio del refinamiento".

En el momento de su aparición "Notas sobre lo camp" es un acontecimiento cultural de primer orden. Entonces se entiende la cultura como una de las religiones laicas, y se valora ampliamente el traslado a las universidades y las revistas culturales de lo suprimido o menospreciado por versiones solemnes y rígidas del arte y las humanidades. Casi de pronto una parte de la sociedad heterosexual atiende al catálogo de predilecciones de la estética adoptada y/o creada por la vanguardia gay, y se emociona con los delirios ópticos de Busby Berkeley, comulga en el melodrama de Judy Garland, escucha a las Supremes, se fija en los decorados de *The Scarlet Empress* de Von Sternberg (uno de ellos, la prodigiosa Marlene), analiza la dicción y las tempestades anímicas de Bette Davis o la hermosura "sin contenido anímico" de Garbo. Surgen otras obligaciones (admiraciones) de la modernidad cultural. Mae West es una mujer satisfecha de sus provocaciones y es la parodia de la femineidad y es el anticipo de la masificación del travesti, y en las anarcocomedias de los hermanos Marx, Margaret Dumont es la elegancia sin protección, y Carmen Miranda es el trópico, su parodia y su exorcismo. El gusto ya estaba allí, pero es enorme la expropiación multitudinaria de una estética. ¿A quién no le entusiasma embarcarse en un juego de taxonomía cultural? El texto de Sontag se comenta en *Time Magazine*, suscita críticas feroces (algunas muy acertadas) y desdenes elitistas, y proclama la presencia de una personalidad intelectual. A esta distancia ya son evidentes algunas imprecisiones, por así decirles, del ensayo. Un ejemplo: el autoritarismo clasificatorio que incorpora al camp productos y actitudes que ahora resultan inequívocamente kitsch (entiendo por "kitsch" los objetos e incluso las actitudes de una "estética" detonante, centrada en la espectacularidad del mal gusto). Pero sigue vigente un aporte fundamental del ensayo: la revaloración de lo diverso, la ampliación del canon (por lo común muy bien sustentada), la incorporación de otra sensibilidad "no gobernada por la razón sino por la lógica del gusto".

Contra la interpretación: el desarrollo intelectual

Susan Lee Rosenblatt nace el 16 de enero de 1933 en Nueva York. Su padre, Jack Rosenblatt, traficante de pieles en China, muere en 1938 en Tientsin y la madre, Mildred Jacobson, y las dos hijas, Susan y Judith, se establecen en Tucson, Arizona. En 1945, la señora Jacobson se casa con el capitán de la fuerza aérea Nathan Sontag, y las hijas adoptan el apellido del padrastro. En 1946 se mudan a California, y Susan estudia en Berkeley y luego en la Universidad de Chicago. Se casa con el psicólogo Philip Rieff en 1950, comienza su tarea de reseñista de libros y se gradúa. Su hijo David nace en 1952. En 1954 ella estudia la maestría en literatura en Harvard, luego, se inscribe en filosofía. Se recibe en 1957, estudia un año en St. Anne's College en Oxford y asiste después a cursos en La Sorbona.

En 1959 Sontag se instala en Manhattan ("Estaba entusiasmada. Me sentía como la Irena de *Las tres hermanas* cuando sueña con Moscú. Sólo podía pensar en una cosa: ¡Nueva York! ¡Nueva York!"). Su actividad es múltiple: hace informes para editoriales y notas de libros, asiste a cocteles y reuniones, trata con escritores y pintores, conoce a Roger Straus (de Farrar, Straus) que será su editor y promotor. También sostiene su primera relación lésbica con la dramaturga María Irene Fornés, relación que no oculta pero que no acompaña con una "salida del clóset" explícita. También se hace amiga íntima y, a su debido tiempo, enemiga inocultable de escritores que la volverán, en algunas novelas, el emblema del oportunismo o de la frialdad.[*]

En 1969, en el Village neoyorquino, se produce la "revuelta de Stonewall" (la resistencia mítica de un grupo de gays, varios de ellos travestis,

---

[*] Los "datos duros" de esta no muy privada vida privada en *Susan Sontag*, de Carl Rollyson y Lisa Paddock, Nueva York, W. W. Norton, 2000. Traducida en España en 2002 por Circe Ediciones.

196

a una razia policiaca en el bar Stonewall, que impulsa al movimiento gay y lésbico en el mundo entero). A partir de ese momento se produce la salida masiva del clóset, y la exigencia a los gays y lesbianas conocidos o famosos de que den a conocer su identidad sexual. Al no ocurrir esto, algunos activistas radicales optan por el *outing*, la delación que "vuelve inútil" la permanencia en el clóset. A Sontag —como confirman Rollyson y Paddock— se le exige el anuncio de su lesbianismo. Ella se niega y defiende su privacidad. Una lesbiana militante, Jill Johnston, da su versión de este proceso:

> Los que ya habían alcanzado el éxito antes de Stonewall tan sólo tenían motivos para pensar, al menos de modo inconsciente, que tenían mucho que perder si se manifestaban públicamente, aun después de que Stonewall les proporcionara el consenso necesario para hacerlo. Por decirlo de otro modo: cualquier identidad política (sexual) controvertida les hacía correr el riesgo de ver amenazada su identidad como artistas y escritores, declarada públicamente. Susan, claro está, se identificó en lo político con aquellas causas de la izquierda liberal que resultaban aceptables.

Lo anterior es inexacto o simplemente falso. Sontag va a fondo en su desafío político, y el *come-out*, el salir del clóset, es decisión ajustada a situaciones y actitudes que varían de una persona a otra. De allí lo ridículo o lo patético de la campaña que "desenmascara" a Sontag, emprendida por una articulista y autopromotora, Camille Paglia, lesbiana declarada, que se autodesigna "la Sontag de los noventa" y ve en su "antecesora" una deidad arrinconada y vencida.

Visiones de conjunto y profecías

En 1966, Sontag publica una recopilación de ensayos, *Against Interpretation*, y si el texto que le da título al libro no dispone de la vasta resonancia de "Notas sobre lo camp" (que se incluye), sí es objeto de polémica en los círculos culturales. Sontag despliega inteligencia, erudición, visiones

197

panorámicas de las artes, y exhibe lo que considera su "gula de la lectura". Aparecen admiraciones permanentes: Walter Benjamin, Kafka, Roland Barthes, Proust, algunos cineastas (Cocteau, Ozu, Godard, Bergman), las mitologías clásicas, los filósofos griegos, Marx, Freud. La posición de Sontag es tajante: la interpretación es una estrategia radical para conservar un texto viejo, tan valorado que no se le quiere repudiar o rehacer... En una cultura cuyo dilema clásico es ya la hipertrofia del intelecto a costa de la capacidad sensual y la energía, la interpretación es la venganza del intelecto sobre el arte o, todavía más, es la revancha del intelecto sobre el mundo (más tarde, matiza estos juicios pero sin el énfasis de la autocrítica).

Sontag cita a D. H. Lawrence: "Nunca confíes en el narrador, confía en el relato", se apoya para su tesis en el arte abstracto y en el *pop art*, y concluye: "La función de la crítica debería ser mostrar *cómo es lo que es*, incluso *qué es lo que es*, y hacerlo antes de aludir *a lo que significa*". Y el corolario del ensayo sintetiza la gran provocación: "En vez de una hermenéutica, se necesita una erótica del arte". Sontag va muy lejos y, por eso, recapitula en el prólogo a la edición en *paperback* de *Against Interpretation*:

> Ahora estoy en desacuerdo con una parte de lo que escribí, pero no es el tipo de desacuerdos que obliga a revisiones o cambios parciales. Aunque creo haber sobrestimado o subestimado el mérito de varias de las obras que comenté, muy poco de mi desacuerdo actual se debe a un cambio en los juicios particulares. Como sea, el valor posible de estos ensayos, el grado en que resulten algo más que estudios de caso del desarrollo de *mi* sensibilidad, no tiene que ver con la índole de los acercamientos sino con el interés de los problemas examinados. Por último, no me interesa otorgar premios a las obras de arte (razón por la cual evité el acercamiento a lo que no admiraba). Escribí como entusiasta y participante y, según hoy entiendo, con cierta ingenuidad. No entendí el impacto enorme que el examen de hechos artísticos nuevos o poco conocidos puede tener en la era de la "comunicación instantánea". No sabía, y lo tuve que aprender penosamente, la rapidez con que un ensayo largo en *Partisan Review* puede ser noticia "candente" en *Time*. A pesar de mi

tono oratorio, la única persona a la que intenté conducir a la Tierra Prometida era a mí misma.

En *Against Interpretation* la curiosidad y la capacidad asociativa de Sontag unifican la literatura, el cine, el teatro, la música, el estilo. Sontag examina, entre otros, a Simone Weil, Albert Camus, Michel Leiris, Georg Lukács, Sartre, Genet, Ionesco, Sade, Artaud. El rechazo de la especialización extrema (que luego domina sin remedio la vida académica en el mundo entero) es el signo dominante de la obra de Sontag.

El activismo: las causas como ideas, ideales y desconfianza de las ideologías

En 1995, en San Francisco, en un diálogo con el dramaturgo Tony Kushner, autor de *Angels in America*, la extraordinaria reflexión teatral sobre el sida y la solidaridad, Sontag se sitúa ante el trabajo y el activismo:

> No digo que verdad y justicia se opongan. Pero hay situaciones en las que simplemente una y otra se sobreponen. Mi forma de arreglármelas con esto es vivir de cierta manera, y más que tener primero una idea para luego aplicarla, aprendo de la información que mi experiencia recibe de mis principios. No sólo soy una artista y una escritora. Soy también alguien con compromisos, y cuando los atiendo y los pongo en práctica, y aporto a estas acciones ciertas habilidades y el privilegio de por lo menos ser escuchada, lo que hago es básicamente funcionar como ser humano, como ciudadana. Creo en las acciones justas, creo que uno debería hacer algo bueno...*

Aunque su actitud se da por descontada, Sontag sólo de manera excepcional se concentra en los temas del feminismo. Rollyson y Paddock llaman la atención sobre un texto de 1973, "El tercer mundo de las mujeres",

---

* En *debate feminista*, núm. 21, abril de 2000. Traducción de Carlos Bonfil.

publicado en *Partisan Review*. Sontag va a fondo. El simple hecho de luchar por la igualdad ante la ley, afirma, siempre supondrá una situación de retroceso ante los hombres, pues éstos se niegan a compartir el poder. ¿Qué clase de dirigente ha aceptado jamás menoscabar su fuerza? El cambio verdadero sólo se dará bajo presión, ya que la estructura misma de la sociedad se fundamenta sobre los privilegios masculinos.

Para alcanzar el poder, todas las mujeres deberán trabajar remuneradamente. La liberación es poder, y en una sociedad liberada, las opciones homosexuales serán tan válidas y respetables como las heterosexuales, pues ambas se nutrirán de una bisexualidad auténtica. Ahora, las mujeres deberán tomar las calles en señal de protesta, tendrán que aprender karate, silbar a los hombres, hacer la crítica de los salones de belleza, organizar campañas contra las compañías de juguetes sexistas, organizar concursos de belleza masculinos y conservar sus apellidos de solteras. Si las reformas sólo son paliativos, la agitación radical puede transformar la vida de las mujeres, y allí es fundamental cambiar la legislación sobre el aborto. Y concluye: "Y nunca me describiría como una mujer liberada. Las cosas, evidentemente, nunca son tan simples. Pero sí he sido siempre una feminista".

En una encuesta de 1966 ("¿Qué pasa en Norteamérica?"), Sontag responde:

> Norteamérica se fundó sobre un genocidio, sobre la creencia indiscutida del derecho de los europeos blancos de exterminar a la población original, atrasada en lo tecnológico, para adueñarse del continente.
>
> Norteamérica dispuso no sólo del sistema de esclavitud más brutal de los tiempos modernos, sino también de un sistema jurídico único (comparado con otras instituciones esclavistas como las de Latinoamérica y las colonias británicas) de jamás reconocer a los esclavos como personas.

El texto se escribe a principios de la gran resistencia de la izquierda norteamericana a la intervención en Vietnam. Sontag es tajante: "Hay algo fundamentalmente erróneo con un sistema *de facto* que le permite al presidente (Johnson) una capacidad virtualmente ilimitada para imponer una política exterior imprudente e inmoral… Éste es un país apasionadamente racista, y seguirá siéndolo en el futuro previsible". Y acto seguido lanza la frase que convoca la crítica acérrima: "La raza blanca es el cáncer de la historia de la humanidad".

En 1968, Sontag firma una carta, la primera del elevado número de protestas que suscribe, exigiendo que se investigue la balacera en Oakland, California, entre la policía y miembros de las Panteras Negras. En mayo de 1968 viaja a Vietnam del Norte invitada por los norvietnamitas y escribe una crónica, "Viaje a Hanoi" (en *Estilos de la voluntad radical*), bien intencionada, aunque en buena parte no muy distinta a las crónicas surgidas de las ganas de creer de los radicales que viajan a la URSS durante el estalinismo. Sontag, por ejemplo, atribuye la uniformidad colectiva no a la regimentación de una sociedad autoritaria, sino a la democratización social que unifica a la gente de la ciudad y del campo en una guerra popular. Y prosigue su inmersión en la utopía: "Tengo la impresión de que los vietnamitas, como cultura, creen sinceramente en la simplicidad de la vida". Son un pueblo alegre, y en Vietnam uno no se encuentra con los agonistas sombríos del existencialismo tan frecuentes en Norteamérica. Vietnam del Norte "merece ser idealizado".

Sontag no indaga en la actitud imperialista de Vietnam del Norte con los países vecinos, ni en la violencia contra la población, ni en las torturas, ni en la nueva clase de la burocracia del partido. Sólo anota dos hechos inconcebibles: la colectivización forzada y las purgas de disidentes. Ve en los vietnamitas a "seres humanos completos y no divididos como nosotros". Y no anticipa lo obvio: al término de la guerra, Vietnam del Norte no se convierte en lo mínimo en una sociedad democrática, no tenía cómo, y al universo totalitario únicamente lo modifican las exigencias de la economía y el ingreso al mercado. El cambio democrático no le interesó a Ho Chi Minh y sus herederos.

La Revolución cubana es otra admiración aunque aquí sí se da pronto la autocrítica. Al castrismo (en un artículo de *Ramparts* de 1969) únicamente le objeta su homofobia y la creación de las UMAP (Unidades Militares de Apoyo a la Producción), campos concentracionarios o "granjas de rehabilitación" para miles de homosexuales, "antisociales" y testigos de Jehová. Pero en Cuba las circunstancias del acoso obligan a otra perspectiva. Cierto, no hay libertad de prensa, ni sistema judicial independiente, y el militarismo es notorio, pero en algunos aspectos, "Cuba es el país más genuinamente democrático del mundo hoy en día".

En 1971 Sontag firma, junto con otros 59 intelectuales, la carta dirigida al comandante Fidel Castro, apenas en su duodécimo año de gobierno, en protesta por el juicio ridículo a que se somete al poeta Heberto Padilla "por contrarrevolucionario", con la confesión estalinista consiguiente. En 1984 participa en *Conducta impropia*, el documental de Orlando Jiménez Leal y Néstor Almendros sobre la persecución en Cuba a los homosexuales.

En febrero de 1982, en un mitin de apoyo al sindicato polaco Solidaridad, prohibido en Polonia bajo la ley marcial, Sontag le reprocha a la izquierda norteamericana no haber condenado con energía al comunismo. Ella se equivocó al creer que regímenes como Cuba y Vietnam del Norte redimirían por fin al comunismo que, si algo, era uniforme. Allí donde alcanzaban el poder, fuese donde fuese, se convertían en fascistas. Alguna vez creyó que podía distinguirse el leninismo del estalinismo, por ejemplo. Ahora comprende que el *Reader's Digest* tenía razón y *The Nation* (la revista de la izquierda norteamericana) se equivocaba. El comunismo es intrínsecamente malo.

La enfermedad como metáfora

En 1975 Sontag es hospitalizada por un cáncer de pecho. El año siguiente publica "La enfermedad y sus metáforas", un ensayo sobre las relaciones entre las enfermedades, el lenguaje, los prejuicios y las certidumbres sociales:

> Como ahora la muerte es un acontecimiento ofensivo y sin sentido se vive como algo a ocultar… A los enfermos de cáncer se les miente, no sólo porque la enfermedad es (o se cree que es) una

sentencia de muerte, sino porque se le considera obscena en el sentido original de esta palabra: fatídica, abominable, repugnante.

Y el ensayo termina con un envío de lucidez humanista:

> Nuestros puntos de vista sobre el cáncer, y las metáforas que se le han impuesto, son en gran medida un método para enfrentar las grandes insuficiencias de esta cultura, por nuestra actitud frívola o superficial hacia la muerte, por nuestras ansiedades sobre el sentimiento, por nuestras respuestas desprevenidas y temerarias a nuestros "problemas de crecimiento reales", por nuestra incapacidad de construir una sociedad industrial avanzada que regule el consumo de modo apropiado, y por nuestros temores justificados a propósito del curso cada vez más violento de la historia.

A principios de la década de 1980 se desata la nueva gran amenaza: el sida, el síndrome de inmunodeficiencia que en Norteamérica concentra sus víctimas en la comunidad gay. La plaga se extiende en Nueva York, San Francisco, Los Ángeles, Sontag pierde muchísimos amigos, y en 1987, al enterarse de la muerte de uno de ellos, escribe un relato extraordinario, "El modo en que vivimos ahora", sobre la experiencia de las "familias nuevas" (de amigos, principalmente) ante la pandemia y sus devastaciones cotidianas. En 1989 publica "El sida y sus metáforas", un ensayo importante, así a sus conclusiones las trastorne la vastedad del fenómeno. La entusiasman las respuestas de la comunidad gay a la pandemia, le parecen extraordinarias las acciones del grupo radical ACT-UP, y considera valioso que en un periodo muy breve los gays aprendan toda una terminología médica: conteo de células, anticuerpos, antígenos. También la entristece "ver una comunidad tan medicalizada. No quiero ver a los gays tan inmersos en una cultura médica, una cultura de últimos auxilios y muerte. La lucha por los derechos gays debe continuar". Sin embargo, el título del libro nunca es convincente. A diferencia del cáncer, el sida no llega a ser una metáfora de la corrosión espiritual o de la fábrica social. Es tan drástico el prejuicio que no admite su conversión en recurso del lenguaje. El sida es el sida, así de simple o de temible, y eso conduce al tradicionalismo a las cumbres de la homofobia, allí donde en noviembre de 2004 el papa Juan Pablo II declara: "La propagación del VIH, el virus de la inmunodeficiencia humana, se debe a la inmunodeficiencia moral. Es una patología del espíritu que debe combatirse con una correcta práctica sexual y una educación en valores sagrados" (*El País*, primero de diciembre de 2004).

De la seriedad a toda costa

En 1963, sin mayor respuesta de los lectores, publica Sontag su primera novela, *The Benefactor*, y en 1967 la segunda, *Death Kit* (*Estuche de muerte*).

Ninguna de las dos obtiene la respuesta de sus ensayos. Dirige dos películas, *Duet for Cannibals* (1969) y *Brother Carl* (1971), más bien tediosas si confío en mi memoria, y un documental, *Promised Land*, sobre el conflicto árabe-israelí luego de la Guerra de los Seis Días, muy bien considerado por la crítica. Su gran ensayo, *Sobre la fotografía* (1977), que toma muy en cuenta las lecciones de Barthes, es un texto de consulta instantáneo. Al volver sobre el tema, Sontag precisa en 1978:

> en este libro mi interés, sobre todo, es la fotografía como su propio medio artístico, su propio lenguaje, un lenguaje que altere el estatus del arte. En rigor, la fotografía es para mí sólo un pretexto para hablar de algo muy distinto, los problemas de nuestra sociedad moderna, las diferencias complejas entre nuestro pensamiento y la habilidad superficial de percepción, sobre la secuencia de la experiencia y la capacidad de juzgar esta experiencia.

El libro termina con una visión antiapocalíptica: "Si hubiera la vía adecuada para que el mundo real incluyera el mundo de las imágenes, se requeriría no sólo la ecología de las cosas reales sino también de las imágenes". Al tema de la fotografía vuelve en *Regarding the Pain of Others* (2003), donde examina las imágenes de la atrocidad bélica, a partir de las fotos de la guerra de secesión, el linchamiento de negros en el sur de Estados Unidos, la primera guerra mundial, la guerra civil española, los campos de concentración nazis y algunas imágenes de la barbarie en Bosnia, Afganistán, Sierra Leona, Ruanda, Israel, Palestina y el 11 de septiembre. *Ante el dolor de los demás* concluye poderosamente con la reflexión sobre los muertos y quienes los contemplan en las fotos:

> ...y están dos afganos, quizá soldados, que han despojado a los soldados muertos de sus armas, y a estos cadáveres lo que está vivo les desinteresa profundamente: quienes los mataron, los testigos y nosotros. ¿Por qué deberían buscar nuestra mirada? ¿Qué tendrían que decirnos? "Nosotros", ese "nosotros" que albergan todos los que no han experimentado nada parecido a lo que ellos sufrieron, no entendemos. No profundizamos. No podemos siquiera imaginar lo que fue. No podemos imaginar cuán terrible, cuán aterrador fue, y cuán normal se vuelve. No podemos entender, no podemos imaginar...

Los hábitos de la conciencia

Sontag dirige otra película y publica dos novelas de éxito, *El amante del volcán* (1992) y *En América* (2002), y dos libros de ensayos literarios y cinematográficos: *Bajo el signo de Saturno* (1980) y *Where the Stress Falls* (2001). Su activismo ensayístico, declarativo y práctico, se multiplica. En 1993 va a Sarajevo y regresa a montar *Esperando a Godot*, mientras se pronuncia múltiplemente contra la dictadura monstruosa de Milošević (ya antes ha dirigido en Italia una pieza de Pirandello). Defiende los derechos de los palestinos, censura la política de Ariel Sharon, critica a Gabriel García Márquez, a quien obviamente admira, por sus planteamientos políticos sobre Fidel Castro, apenas en su cuadragésimo cuarto año en el poder. Critica la violencia criminal de ETA y elogia en Alemania a los soldados israelíes que se negaron a combatir a los palestinos. En 1998 va a Chiapas, a la zona de conflicto. En Polhó se conmueve con los dones de la sobrevivencia y con la miseria de los desplazados, en Acteal observa y escucha. Y en Polhó pregunta: "¿Ustedes tienen más miedo de que pase algo parecido a lo de

Acteal, que el ejército o los paramilitares hagan lo mismo? ¿La gente tiene más miedo ahora que hace una semana? ¿Cada vez es peor? ¿Cómo los amenazan? ¿Y cuál es la actitud de la gente? ¿Qué hacen frente a los vuelos y el incremento de los rondines mexicanos?" (*La Jornada*, 23 de marzo de 1998).

Su posición ante los gobiernos de su país es tajante: "George W. Bush es un estúpido rodeado de gente muy inteligente que sabe lo que hace. Desprecio y temo a su gobierno./En Estados Unidos hay cerrazón contra la disidencia./Clinton es Augusto y ahora somos un imperio de verdad./Arnold Schwarzenegger es un cretino ambicioso y un depredador megalómano".

Las declaraciones de Sontag luego de la tragedia del 11 de septiembre desatan el odio en su contra en Estados Unidos: artículos, cartas, amenazas. Ella dice: "Veo los atentados como una consecuencia de las alianzas y acciones de Estados Unidos. A los autores de esta carnicería se les puede llamar de todo, pero no eran cobardes". Luego se disculpa parcialmente por la inoportunidad de sus declaraciones: "Tomé varias posiciones radicales en mi vida y me enorgullezco de eso. Creo que lo que dije sobre los ataques terroristas no fue sin embargo nada radical. Fue casi de sentido común".

Epílogo que no se detiene en el obituario

La biografía de Sontag no se resume en unas cuantas páginas. Pleitos y batallas culturales, fama de arrogante (defensa de su tiempo o temperamento elitista), nomadismo, sentido de la oportunidad propio de las celebridades. Según Rollyson y Paddock, en su vida amorosa, luego de María Irene Fornés, intervienen sobre todo la actriz y productora fílmica Nicole Stéphane, la bailarina Lucinda Childs y su compañera de dos décadas, la fotógrafa Annie Leibovitz. Siempre hay quien le insista: debes hacer un *come-out*. Al respecto, hay posiciones encontradas. La escritora Fran Lebowitz, amiga de Sontag, responde a un artículo que corresponde a la campaña del *outing* de Sontag: "Es lesivo, es inmoral, es macarthista, es terrorismo, es canibalismo, es más que despreciable […] Para mí, es como ver a un puñado de judíos que obligaran a otros judíos a ponerse en fila para ser deportados a los campos de concentración".

En su turno, Larry Gross evoca la reflexión de Hannah Arendt sobre su experiencia como judía obligada a salir de Alemania: "Aquí, el principio básico es algo difícil de entender en tiempos de difamación y persecución: *el principio de que sólo se puede resistir desde la identidad por la que uno se ha visto atacado*".

Como lo afirmado por ella a propósito de su admirado Juan Rulfo, la obra de Susan Sontag es clásica en el sentido más verdadero del término. En retrospectiva, parece que fue su obligación escribirla.

Susan Sontag muere de leucemia el 28 de diciembre de 2004.

19
MÉXICO A PRINCIPIOS DEL SIGLO XXI:
LA GLOBALIZACIÓN, EL DETERMINISMO,
LA AMPLIACIÓN DEL LAICISMO

En 2006, la república mexicana dispone oficialmente de 105 millones de habitantes (casi de seguro el número real se eleva en unos cuantos millones). En lo político, el triunfo de Vicente Fox en 2000 destruye la trayectoria del partido prácticamente único durante 71 años, el Revolucionario Institucional (antes Partido Nacional Revolucionario y Partido de la Revolución Mexicana). De inmediato, Fox se dedica a lo que será la norma de gobierno: decepcionar y defraudar considerablemente. La situación económica, nunca esplendorosa, acentúa su deterioro mientras la macroeconomía parece no inmutarse y el horizonte de millones de personas constituye el desempleo y el subempleo. El paisaje social, puntuado por la violencia intrafamiliar y la delincuencia, es muy confuso y deprimente, y pocos confían en que "haya salidas". Sin embargo, otra relación de los hechos surge de las nuevas definiciones de *laicismo, nación, minorías, diversidad* y *espacios alternativos*. No sólo la globalización en su versión norteamericana hace a un lado las estructuras del Estado-nación y busca redefinir la soberanía; también, desde la sociedad misma, se levanta lo aplazado por demasiado tiempo, las reivindicaciones fundamentales, los derechos humanos para empezar.

En estas notas intento una síntesis de algunas ampliaciones de la nación en la globalidad y de cambios primordiales en la idea de *México*, tan distinta a la aceptada todavía hace tres décadas. En el proceso intervienen vigorosamente algunos conceptos y términos clave, señalados por la conciencia de los derechos. A los obstáculos inmensos —la prepotencia del imperio en su etapa Bush, el desastre de los gobiernos y los partidos, el fin del empleo formal, el arrasamiento de los ecosistemas, la violencia urbana, el narcotráfico— ya no se responde desde el relegamiento o la *inermidad* absolutos.

Es primordial el papel de las ideas en la sobrevivencia de las sociedades. Así se agoten y pierdan eficacia, o se diluyan y enturbien, las ideas genuinas incitan a movilizarse y a resistir. Examínese el sentido contemporáneo de algunas palabras clave: *sociedad civil, tolerancia, transición a la democracia, programas incluyentes, diversidad, pluralidad* y *empoderamiento*, de consecuencias profundas aun si se presentan como lugares comunes o abstracciones manejadas con irresponsabilidad y maña. Este vocabulario primordial trasciende las formaciones políticas y hace vislumbrar el primer intento de ciudadanía global, ya ejercido en las manifestaciones contra la invasión de Iraq y en el rechazo del modelo único de globalización. En las alternativas al Pensamiento Único las ideas desempeñan un papel principalísimo.

Está escrito desde el principio de los tiempos...

Una de las grandes batallas culturales de estos años es el enfrentamiento a la mentalidad determinista, la línea interpretativa de la realidad que, interiorizada profundamente, es el conjunto de prejuicios más arraigado en Latinoamérica. ¿Qué entiendo aquí por *determinismo*? Si no el avasallamiento de las conciencias, sí las formaciones tradicionales (el conservadurismo religioso, el clasismo, la ideología patriarcal) a las que se agregan los mecanismos del autoritarismo, de la educación y de las industrias culturales. Nada puede hacerse —es el mensaje transmitido de múltiples formas en los siglos del virreinato— si eres indio o mestizo; en el siglo XIX, las reglas impuestas alegan que todo te está vedado, porque se padece el caos que es el término aplicado a la nación; y en el siglo XX se proclama, si no perteneces a la elite o si no te tocan los beneficios muy selectivos de la movilidad social, cumplirás con tu destino.

El determinismo, atenido en lo básico a la clase social, el género y el color de la piel, minimiza o ridiculiza la existencia de la miseria y la pobreza, calificadas de "expresiones endémicas del ser humano". Desde los

210

sacerdotes que a los indígenas y los pobres urbanos les exigen obediencia y resignación, la meta histórica del determinismo (la mentalidad y el designio de control) ha sido convertir las limitaciones económicas y sociales en rasgos idiosincrásicos. Si la desigualdad es un rasgo inalterable de las sociedades, las luchas emancipadoras resultan inútiles de antemano.

A lo largo de la implantación del determinismo, se insiste en la tesis del pecado original. El hombre, nacido de mujer, corto de días y harto de sinsabores (Antiguo Testamento) vive bajo el oprobio del pecado que es "Todo pensamiento, palabra o acción contra la ley de dios" (San Agustín). ¿Y quién interpreta y conoce la ley de dios? Los clérigos que al bautizar a las naciones y a los nacionales los someten desde el principio a los juicios tajantes sobre su propia condición.

¿Qué resulta de vaticinar el fracaso de los intentos de crítica o cambio? Hasta épocas muy recientes, se vive la ilusión o el mito del país de un solo idioma, una sola religión, un solo partido político, un método inalterable de concebir los roles del macho y de la hembra, un cuerpo dogmático de creencias, usos y costumbres. De allí proviene la búsqueda de caudillos, la aceptación desesperanzada de los gobiernos de "mano dura", el miedo al cambio, la creencia fantasiosa en la Identidad Nacional.

Si dios nos hubiera querido iguales, nos hace nacer a todos en la misma colonia popular

Por lo menos en cifras, ya se dice y se sabe bastante de la mayoría marginada, así se desdibujan sus expresiones culturales y sus formas de sobrevivencia. En el último medio siglo nadie objeta la descripción de México, "país fundado sobre la desigualdad", y ningún gobierno va más allá de unas cuantas medidas igualitarias (en el mejor de los casos) y de la grandilocuencia patética. "A los desposeídos les pido perdón", exclama el primero de diciembre de 1976 José López Portillo al tomar posesión de la presidencia. Una vez admitida la impagable deuda histórica, a los habitantes de la miseria y la pobreza, cerca del sesenta por ciento de la población, se les reserva la dureza y la indiferencia.

Las minorías marginadas ni siquiera obtienen la atención de los gobiernos y la prensa al padecer el racismo, el sexismo, la intolerancia, la homofobia y la intolerancia religiosa. Hasta épocas muy recientes, el reconocimiento de la diversidad no es usual y sólo en 1982, durante la campaña del priista Miguel de la Madrid, y como gesto de cortesía hacia los científicos sociales, se reconoce la condición *plural* del país. Los liberales definen a sus contertulios, a México como un todo homogéneo: la nación católica a la hora de fiestas, peregrinaciones y censos, la sociedad profundamente mestiza y heterosexual. Apenas se admite lo alternativo, y se dificultan en extremo las libertades en materia de moral y vida cotidiana.

Acátese y cúmplase: se integran en un haz de voluntades tiránicas el monopolio de las creencias, el monopolio del poder político, el monopolio del poder económico, el monopolio de la conducta admisible. Se margina a mayorías y minorías y se considera natural o normal la suerte atroz que de modo frecuente nos acompaña. A los excluidos de la Nación Visible (la mayoría) se les condena al infierno de la falta de oportunidades, complementada por la ausencia de respetabilidad. En los espacios marginales se congregan los disidentes religiosos, los disidentes políticos, los minusválidos, los de la tercera edad, los alcohólicos, los gays y lesbianas y, muy especialmente, los indígenas. Y en la marginalidad no declarada pero implacable, la mayoría de las mujeres, o, en el terreno de los poderes, el género entero. A la pluralidad se llega con lentitud, pese a las conquistas históricas (la libertad de cultos, la libertad de expresión, la educación laica y gratuita, la secularización). No obstante sus diferencias extraordinarias, estos sectores comparten rasgos primordiales: el costo psíquico y/o físico por asumir y transformar la identidad diseñada en el exterior, las dificultades en la construcción de su historia (el esfuerzo de adaptación a medios hostiles) y las repercusiones interminables del "pecado original", *la culpa* de no ajustarse a la norma, de ser diferente de la elite.

Las palabras clave

Es notable el peso de las palabras clave. Desde la década de 1930, por lo menos, parte de la identidad más real de las personas y las sociedades depende de su decisión de amoldarse a términos que hacen las veces de yugos: *primitivismo, complejo de inferioridad, colonización, subdesarrollo, dependencia, marginalidad, Tercer Mundo, periferia...* Durante casi un siglo se escuchan frases de esta índole: "Tan lejos de Dios, tan cerca de los Estados Unidos/¿Qué le vamos a hacer si somos subdesarrollados?/Me salió lo tercermundista y no fui a trabajar/Sí que somos marginales/Por más que busco en *The New York Times* no viene ninguna noticia de mi pueblo natal". (Ahora se diría: "No que muy global y sigues viviendo en la misma colonia".) Las versiones dolidas o pintorescas afirman el hecho histórico: a causa de la comparación evidente y del prejuicio, en los países periféricos se idealiza a las metrópolis. Y esto se intensifica con la globalización, que vuelve marcas infamantes las interpretaciones de *Alicia en el país de las maravillas*. Por eso, lo común en la América Latina de principios del siglo xxi es calificarse —sin estas palabras— de globalizado de segunda, tan internacional como todos, pero bastante menos.

En proporción muy alta, las viejas definiciones ya no rigen o lo hacen en forma restringida. En el viaje semántico, algunos vocablos no pasan de moda, sólo expresan lo contrario de su acepción inicial. Y las causas que emergen aportan definiciones y vocablos y modifican el mapa conceptual.

La aceptación y el arraigo de las palabras clave es un fenómeno devastador. Cito algunas:

- *Sexismo.* La ideología de la superioridad masculina es el fondo doctrinario (si tal es la palabra) del machismo y el patriarcado. El mero uso del término califica al machismo de pesadilla social.
- *Género.* El concepto que se evade de las cargas históricas y las prisiones del macho y de la hembra, y genera un campo conceptual, cuya premisa es la objetividad. Durante una década, la de 1990, la Iglesia católica se propone enfrentar y vencer la expresión, y en la Conferencia de Beijing de 1995, los países islámicos y el

Vaticano rechazan el término, sobre una presunción: dios creó al hombre y a la mujer, no a los géneros. Fracasan, y la expresión *perspectiva de género* logra avances que, con su nombre, el feminismo no había conseguido.

- *Empoderamiento* (*empowerment*). La noción de la toma de poderes como la ciudadanización de la política y los movimientos sociales. Este concepto es indispensable en el desarrollo del feminismo, las minorías y las ONG.

- *Gay*. El uso internacional de *gay* es un gran avance al no arrastrar el peso del prejuicio y el desprecio histórico que desbordan vocablos como *maricón, joto, puto* y sus equivalentes en cada país. Lo gay relaciona a una minoría nacional con la muy significativa minoría planetaria de conquistas sociales y legales incesantes.

- *Homofobia*. El odio irracional contra los homosexuales adquiere un nombre específico, y se vuelve un prejuicio identificado. Esto lo disminuye considerablemente.

- *Diversidad*. Sinónimo actual de derechos de las minorías, especialmente las sexuales.

Los indígenas: las herencias de la desigualdad

Si algo se transparenta desde 1994 es la evidencia del racismo en México. Ser indio —es decir, pertenecer a comunidades a las que así se identifica a partir de prácticas endogámicas, idioma muy minoritario y costumbres "premodernas"— es participar de la perpetua desventaja, de la segregación "promovida" por el aspecto. Los que niegan el racismo suelen alegar el ascenso social de personas con rasgos indígenas muy acusados, pero ninguno de estos indios-a-simple-vista es hoy secretario de Estado, gobernador, político destacado, empresario de primera o simplemente celebridad. Esto, para ya no hablar de las indígenas. En su novela *Invisible Man*, Ralph Ellison describe cómo el prejuicio sobre el color de la piel borra lo singular de las personas, las despoja de su imagen, las deshumaniza. Lo que vuelve indistinguible a un negro de otro negro es el desprecio que la sociedad racista les profesa. Algo semejante sucede desde la Conquista con los indios de México. ¿Por qué no? Son primitivos, desconocen la maravilla de los libros (al igual que la mayoría de los racistas), son paganos aunque finjan catolicidad, y se les considera eternos menores de edad, como lo ratifican las instituciones (apenas en 2003 se cancela el Instituto Nacional Indigenista, "tutor" de millones de personas). De acuerdo con este criterio, no se les margina: han nacido fuera y su actitud pasiva sólo confirma su lejanía.

Pertenecer a "la raza vencida" le niega a los indígenas "la posibilidad de desarrollo". Otras limitaciones: la lengua "extraña" que sólo una minoría comparte, la *inermidad* educativa, el arrinconamiento en zonas de la depredación ecológica, el alcoholismo, el caciquismo (incluido el caciquismo indígena), las inevitables riñas internas, el aislamiento cultural profundo. Si el sometimiento de los indígenas viene de la Conquista, no obstante las rebeliones esporádicas y sus aplastamientos, el régimen del PRI sacraliza la fatalidad. En 1948, Alfonso Caso, fundador del Instituto Nacional de Antropología e Historia (INAH) y del Instituto Nacional Indigenista (INI), define con ligereza tautológica el sujeto de sus encomiendas:

> Es indio todo individuo que se siente pertenecer a una comunidad indígena, y es una comunidad indígena aquella en que predominan elementos somáticos no europeos, que habla preferentemente una lengua indígena, que posee en su cultura material y espiritual elementos indígenas en fuerte proporción y que, por último, tiene un sentido social de comunidad aislada dentro de las otras comunidades que la rodean, que la hace distinguirse asimismo de los pueblos de blancos y mestizos.

Indio es el que vive en el mundo indígena, así de preciso es don Alfonso Caso. El mestizo tiene en proporción definida "elementos somáticos europeos", lo que, de acuerdo con esta argumentación, en algo lo redime. "Todavía se les nota lo indio, pero ya hablan un español reconocible." En este universo, a la miseria económica la complementa la degradación moral o como se llame a la incesante bruma de las borracheras, la violencia y el tratamiento brutal a las mujeres en ámbitos cercanos al *apartheid*. La opresión margina radicalmente, así los *ladinos* la califiquen de muy voluntaria y emitan su dictamen: "Los indios están así porque quieren".

Históricamente, los saqueadores y los opresores se divierten ridiculizando a sus víctimas. Además del clima social, el racismo dispone de las representaciones visuales (el indio suele ser la alegoría imposible o la caricatura "chistosa"), de los estereotipos en la poesía y la narrativa, del choteo de los titubeantes en el uso del *castilla*, y, ya en el siglo xx, de las parodias del teatro frívolo, la radio, el cine y la televisión. El *indio* es el ser sin vínculos suficientes con la civilización, un individuo trágico o patético, y divertido sólo en ocasiones y a pesar suyo. Según quienes lo contemplan sin verlo, sus tradiciones son mero pintoresquismo y remiten con sorna o preocupación al "primitivismo". La Iglesia católica los infantiliza, el guadalupanismo les ofrece el refugio de la fe, sus usos y costumbres acentúan con frecuencia las estructuras feudales, el Estado los protege de modo lejano y a los "huérfanos de la civilización" se les "adopta" con desgano y sin responsabilidad.

El Instituto Nacional Indigenista, que en el régimen del PRI hace las veces de "orfanatorio" o "casa de cuna cultural", aporta algunos beneficios y garantiza el desinterés extremo de los gobiernos, seguros de ir más allá del cumplimiento de su deber si algo ceden de su presupuesto. Y la vida de los indígenas suele desenvolverse en condiciones muy opresivas y entre el desinterés de los medios informativos, alejados del registro de los asesinatos, los encarcelamientos injustos, las violaciones de mujeres, el saqueo constante de tierras y bosques. *Son indios*, viven fuera de México. Como ha analizado Enrique Florescano, se quiere justificar el despojo con razones históricas, con la mitología opresiva que inicia Lucas Alamán. Según Alamán y sus descendientes, México no le debe nada al pasado indígena, y la sociedad mexicana ni siquiera registra sus valores. Se elimina del recuento, observa Florescano, "la participación decisiva de los indígenas y campesinos en los tres movimientos que cambiaron la historia moderna y contemporánea de la nación: Independencia, Reforma y Revolución". La nación, argumenta Florescano, se ha opuesto por sistema a las reivindicaciones indígenas y ha pretendido imponerles leyes que violan sus derechos más entrañables: el racismo les ha exigido renegar de sus lenguas, deponer su autonomía y, en suma, les conmina a ya no ser indios, al obstruírseles el derecho a la identidad primordial sustentada en el orgullo.

La miseria y la pobreza no se eliminan por decreto, y a los indios se les hace a un lado y se les castiga por su condición marginal. En Guerrero, Puebla, Hidalgo, el Estado de México, Chiapas, Oaxaca, la ciudad de México, Yucatán, los indígenas viven en condiciones de extrema penuria y, sin embargo, su fuerza demográfica no cede y su número debe oscilar todavía entre los doce y los catorce millones de personas. El Estado de derecho no existe para ellos y a cientos de miles se les somete a la semiesclavitud. Hasta 1995, el robo de ganado se penaliza en Chiapas más que el asesinato, y todavía en 1960 se utiliza la frase "gente de razón" que distingue a los mestizos y criollos de los indígenas. El desprecio es orgánico y, en 1994, el oficial mayor del gobierno de Chiapas asegura: "Los enmascarados del EZLN no pueden ser indígenas, porque ellos no usan armas modernas sino arcos y flechas".

La resistencia a la marginalidad se expresa a través de las migraciones laborales a Estados Unidos, y la modernización corre a cargo de la tecnología las más de las veces. Las numerosas conversiones al protestantismo suelen deberse a la necesidad de nuevos comportamientos, entre ellos el abandono del alcohol. Y las jóvenes indígenas se enfrentan al machismo interno y externo.

En 1992, en el Quinto Centenario, ya no de la Conquista sino —con una expresión política— del Encuentro entre Dos Mundos, parece iluso creer en la recuperación de los indígenas. Es inútil, se dice, ni se quieren asimilar ni podrán aprender. Algunos funcionarios del Estado divulgan una teoría "educativa": debido a su desnutrición irremediable, los indios son incapaces de educarse de manera sólida, tratar de enseñarles es gasto de tiempo y de recursos, mejor dedicarlos a las artesanías. Y el determinismo y el racismo engendran devastaciones: a fines del siglo XX sólo ocho por ciento de los niños indígenas finaliza la escuela primaria. La sociedad mexicana no acepta ser racista, pero lo es, con una variante: los que desprecian y explotan y consideran perdidos para siempre a los indígenas no se sienten miembros de una raza superior, tan sólo testigos enfadados de la parálisis de una raza inferior, la indígena.

En este paisaje de la expulsión permanente de la Nación, surge el primero de enero de 1994 el Ejército Zapatista de Liberación Nacional, en oposición a los procesos de destrucción y autodestrucción de siglos. Y las bases zapatistas manifiestan su hartazgo del trato semiesclavista, la economía feudal de Chiapas y el desplome de sus fuentes de ingreso.

Los protestantes: "A dios sólo se le adora de un modo"

Como a los miembros de las otras minorías, los protestantes o evangélicos también padecen la cadena de exclusiones. En este caso, de la identidad nacional, de la protección de las leyes en las comunidades rurales, del respeto y la comprensión de los vecinos, de la solidaridad. (Lo que sea "la Identidad Nacional" los excluye.) No se reconoce su integración al país en lo cultural, lo político y lo social, y lo mismo a fines del siglo XIX que a fines del siglo XX, la intolerancia ejercida en su contra no desata mayores protestas. En las postrimerías del siglo XIX, se inicia en México la presencia significativa del protestantismo, y los primeros conversos viven el alborozo de la fe que les cambia literalmente la vida, les da acceso al libre examen y los aparta de lo que, a su juicio, es fanatismo. Se los observa con enorme recelo, se los persigue y se los obliga a concentrarse en las grandes ciudades.

Ya en las primeras décadas del siglo XX se han instalado en México las principales denominaciones de Norteamérica, y comienzan los grupos nativos, de raigambre pentecostal. Son presbiterianos, metodistas, bautistas, nazarenos, congregacionales. Desde 1930 se afirma la ola pentecostal que subraya la experiencia religiosa fundamentada en la emotividad. Siempre a las reacciones de intolerancia las encauza el criterio de los obispos católicos alarmados por el crecimiento del protestantismo y sus "sectas". En 1951 y 1952 se desata una campaña antiprotestante de vastas proporciones que promueve el arzobispo primado Luis María Martínez. Hay que frenar "el avance de la herejía", dice don Luis María, que cuenta chistes levemente audaces, bendice todos los edificios nuevos y es miembro de la Academia de la Lengua. De paso, es un cruzado de la fe a la antigua y sin remordimiento alguno preside la cacería de disidentes religiosos.

No hay entonces hábito social de enfrentarse a la intolerancia. Si los persiguen es porque se la buscaron, y ni caso tiene enterarse. Una excepción: el gran escritor Martín Luis Guzmán, director del semanario *Tiempo*. En una portada de 1952, *Tiempo* declara: "Contra el Evangelio, la Iglesia católica practica el genocidio". Nadie más se manifiesta, y es considerable la lista de crímenes y agravios: congregaciones expulsadas de sus pueblos, templos apedreados o quemados, pastores asesinados a machetazos o arrastrados a cabeza de silla, marginación social de los "heréticos". Los jerarcas católicos sonríen y los protestantes organizan una (escuálida) marcha anual el 21 de marzo.

En la ciudad de México, la demografía borra los rasgos más ostensibles de la marginalidad religiosa (pueblo muy grande, infierno selectivo y por sorteo), pero en los lugares pequeños y medianos la disidencia religiosa es una provocación. Los más pobres son los más vejados y, sobre todo, los pentecostales la pasan muy mal, por su condición de "aleluyas", los gritones del falso Señor. No hay hábito de respetar y *entender* la diferencia. Las sociedades cerradas no conocen de matices, y en donde no se puede reprimir, el rechazo va del humor despreciativo a la desconfianza orgánica. Un chiste típico de la época: el padre se entera de la profesión *non sancta* de la hija, se enfurece y la amenaza: "¡Hija maldita! Dime otra vez lo que eres para que maldiga mi destino. Vete de mi casa". La hija se extraña y responde: "Papá, soy prostituta". Suspiro de alivio y dulcificación del rostro paterno. "¿Prostituta? Ah, bueno, yo creía que habías dicho *protestante*". A eso añádase el choteo infaltable: "¡Aleluya, aleluya, que cada quien agarre la suya!".

Hasta el estallido de la sociedad de masas, a los protestantes los rodean la incomprensión y el señalamiento. "Es muy buena persona pero.../ Sí, hijo, ve a su casa a comer, pero que no traten de quitarte tu fe". Los letreros propagados por los obispos expulsan de antemano a los indeseables: "En esta casa somos católicos y no aceptamos propaganda protestante". Lo más inadmisible es el fenómeno de la conversión, la deserción de la Verdadera Fe y de la incondicionalidad a lo Juan Diego, "el más humilde de los hijos de la Patrona". Además, las condenas de la izquierda nacionalista o comunista se aglomeran, los protestantes son "antimexicanos, agentes de la codicia de almas de Norteamérica, destructores de la unidad nacional". En la embestida, coinciden la furia del fundamentalismo católico, el homenaje de funcionarios del gobierno a su pasado parroquial y el celo de los antropólogos marxistas, devotos de la Identidad Nacional.

Para la mayoría nacional, la disidencia religiosa es un continente inexplorado aunque cada vez menos extraño al intensificarse la globalización. Todavía en la década de 1960, por la presión de la uniformidad, el protestantismo parece condenado al estancamiento, la minoría alojada en una etapa de la americanización del país, y en la capital y en las ciudades grandes, los protestantes pasan de amenaza a pintoresquismo, las familias que los domingos se movilizan con sus himnarios y biblias, la gente piadosa y por lo general confiable y excéntrica. ¿A quién se le ocurre tener otra religión si ya ni siquiera la fe de nuestros padres es muy practicable? La vida social asimila a los protestantes deseosos de oportunidades de ascenso, que prefieren casarse por el rito católico, y ya en la década de 1970, la intolerancia deshace los niveles de aceptación de lo distinto y se expulsa de México al Instituto Lingüístico de Verano, organismo responsable de la traducción de porciones de la Biblia a lenguas indígenas. Con tal de deshacerse del ILV, se alían los obispos y los antropólogos marxistas que, sin pruebas, lo califican de "avanzada de la CIA", "instrumento de la desunión de los mexicanos", etcétera. No hay protestas ante la supresión del ILV.

Por lo demás, los obispos se desentienden de la gran carga de "idolatría" o "paganismo" (la recurrencia de los ritos indígenas prehispánicos, los cientos de miles de adeptos del espiritualismo trinitario mariano, del espiritismo) y las variedades del *new age*.

Por esas mismas fechas, y de forma inesperada, sobreviene la fiebre de la conversión masiva al protestantismo. A la fiebre de conversiones la encauza la necesidad de integrarse a una comunidad genuina, las revelaciones del libre examen de la Biblia, el deseo de metamorfosis (cambiar de vida sin cambiar de trabajo) y la urgencia de las mujeres indígenas, ansiosas de que sus maridos abandonen el alcoholismo y la violencia doméstica. Sobre todo en el sureste del país, se masifica la conversión y, en correspondencia, los obispos católicos lanzan campañas de odio contra las "sectas", calificadas por el nuncio papal Jerónimo Prigione de "moscas" a las que hay que matar a periodicazos. En Chiapas se queman templos y se expulsa a los protestantes de varias comunidades, en especial de San Juan Chamula

(35 mil desplazados). Todavía en 2006 se observan asesinatos en las zonas rurales. A las andanadas antiprotestantes se unen las diatribas contra el *new age*, "doctrina diabólica", pero el avance de la diversidad de creencias no se detiene, ni tampoco el de los grupos paraprotestantes (mormones o Santos de los Últimos Días, Testigos de Jehová) y las iglesias pentecostales. A lo largo de un siglo, la propaganda católica maneja un argumento demoledor contra el protestantismo: "Varías, luego mientes", pero en una sociedad plural esta razón ya no es suficiente, y tal vez entre diez y quince millones de personas participan de estos credos. (La Iglesia católica se jacta de disponer de ochenta por ciento de los fieles, aunque también describe un país de "analfabetas religiosos" y "ateos funcionales".)

Los gays: de lo indecible a lo que insiste en decir su nombre

Desde la adaptación del Código Napoleónico, las leyes de México no prohíben la homosexualidad consensuada entre adultos. (Algo muy distinto sucede con la paidofilia, altamente penada para heterosexuales y homosexuales.) Sin embargo, a los gays se les sujeta a versiones monstruosas "de la justicia", y por comisión o por omisión se admiten las persecuciones de "anormales" y las condenas de varios años de cárcel por el delito único de afeminamiento. El parapeto de las cacerías homofóbicas es la tradición judeocristiana, y su justificación legal es un término siempre indefinido, "faltas a la moral y las buenas costumbres", que desde el siglo XIX auspicia y legitima multas, arrestos por quince días o varios años, despidos, maltratos policiacos, chantajes, secuestros por parte de la ley, incluso envíos al penal de las Islas Marías y al campo concentracionario de Valle Nacional.

En la historia de México a los homosexuales se les quema vivos, se les lincha moral o físicamente, se les expulsa de sus familias, de sus comunidades y (con frecuencia) de sus empleos, se les encarcela por el solo delito de ser como son (no se requiere "la violación de los reglamentos", basta con el afeminamiento), se les exhibe sin conmiseración alguna, se les excomulga, se les asesina con saña. Nada más "por ser así", el siglo XX les depara, además del vandalismo judicial, la dosis implacable de razias, extorsiones, golpizas, muertes a puñaladas o por estrangulamiento, choteos rituales. No hay respeto ni tolerancia para los homosexuales o, mejor, los jotos, los maricones, los putos, los invertidos, los sodomitas, los larailos, los volteados. Al tanto del descrédito religioso y moral de "las locas", la sociedad los repudia de modo absoluto hasta fechas muy recientes, y si acaso les dedica un comentario filantrópico: "Que hagan lo que quieran, mientras no lo hagan en público y no se metan conmigo".

No importan la posición, el talento, la honorabilidad. Tampoco, y esto es lo central, importan los derechos humanos. Ante la policía o la maledicencia, el homosexual pierde su identidad personal y se vuelve el ser carente de significado, el deshumanizado por la orientación de su instinto. De allí, la necesidad del clóset y el alto número de los que se casan, de los que se psicoanalizan en pos de "la cura", de los que extreman su religiosidad para implorar "el fin de la maldición". Como en la frase de Sartre, el infierno son los demás, pero, también, el marginal lleva su infierno a cuestas. Y la ausencia de derechos civiles y humanos multiplica la sensación de inexistencia. "No somos nada, salvo cuando se ignora o se olvida lo que somos." De allí, la ausencia de reacciones en México ante hechos de la trascendencia del Informe Kinsey (1948), que reorienta internacionalmente la idea de homosexualidad. Si uno de cada veinte es homosexual o ha tenido estas experiencias, el volumen demográfico disminuye la carga del pecado. "Si son tantos a lo mejor tienen derechos."

México es un país formalmente laico, pero el tradicionalismo reina en la vida cotidiana y, al unísono, los políticos liberales, izquierdistas y conservadores se indignan ante la "traición a la Naturaleza". En las agencias del Ministerio Público también rigen las prohibiciones de la cultura judeocristiana, y a todos les resulta *normal* —nadie los defiende, nadie protesta— el envío de los homosexuales a la cárcel por su voz y sus gestos, o la victimización con saña. ("Es un crimen pasional típico de homosexuales", afirman la prensa y las autoridades policiacas en vez de señalar: "Es un crimen típico contra homosexuales".) Falta mucho para la introducción del término "crímenes de odio", y tras cada homosexual asesinado suceden los arrestos de sus amigos y la impunidad del criminal. Las redadas "defienden la moral y las buenas costumbres", así destruyan vidas y provoquen crisis familiares, y el vejamen intenso genera psicologías torturadas y, tal vez por eso, se declara a las psicologías torturadas responsabilidad exclusiva del deseo homosexual. Hasta antes de 1969 y la rebelión de Stonewall en Nueva York, nadie sale del clóset si puede evitarlo, porque tal martirio no conduce a beatificación alguna.

El sida: la visibilidad de la tragedia

Ya en 1985 se transparentan en México las dimensiones de la pandemia del sida. Antes, todo se ha constituido en alarmismo y terrores a propósito del "cáncer rosa". Rock Hudson se declara enfermo y muere poco después, y la pandemia resulta inocultable. El miedo centuplica el prejuicio, los rechazos y la incomprensión y, por ejemplo, en el Centro Médico, se ahorca un joven incapaz de soportar el maltrato de los médicos y las enfermeras. Se sataniza sin tregua a los gays, los más afectados por el sida (todavía hoy setenta por ciento de los poseedores de VIH son gays). "No coma cerca de un homosexual. Puede contagiarse", reza un anuncio pegado en las calles. El nuncio papal Jerónimo Prigione califica al sida de "castigo de Dios"; en varias empresas se hacen pruebas obligatorias de detección del sida, y a los seropositivos se les da media hora para abandonar definitivamente su puesto. La Secretaría de Salud se niega a las campañas dirigidas específicamente a los gays, porque, es de suponerse, el Estado ni puede ni debe reconocer la existencia de la perversión. (El secretario de Salud Jesús Kumate está cerca del Opus Dei.) Apenas a fines de 1997 se da la primera campaña (muy tímida) de prevención con los gays como destinatarios. En 2003 aún no existen las campañas masivas de prevención. No se vayan a enojar los obispos.

Son años de tensión, de tragedias, de familias que expulsan al enfermo, de infecciones masivas por descuido en los bancos de sangre, de maltrato en hospitales, abandono de muchas familias (no es el caso de la mayoría). A los motivos de los crímenes de odio contra los homosexuales se añade el pánico ante sida. Un adolescente en Ciudad Neza asesina a un cura porque "trató de contagiarme el sida". La mayoría se infecta por falta de información, y en la televisión privada y pública los anuncios de condones desaparecen o se reducen al mínimo, mientras se silencian los datos de la enfermedad. La Iglesia católica y sus grupúsculos se oponen a las campañas preventivas y acometen el "linchamiento moral" del condón, calificado temblorosamente de "preservativo", palabra que no perturba a los aún no enterados de la existencia de la genitalia.

Nunca antes un "adminículo" (expresión del cardenal primado Norberto Rivera) había concentrado tanta inquina. El nuncio Prigione lo llama "instrumento que arrastra a los jóvenes por el lodo", y al denunciar la existencia del sexo sin afanes reproductivos, se exalta la abstinencia forzada. "La única respuesta al sida es la castidad", se insiste. En Monterrey, en 1990, el gobernador de Nuevo León Jorge Treviño retira un gran anuncio de condones "porque puede lastimar las mentes de los niños pequeños". No es infrecuente que los vecinos o incluso las familias expulsen de sus departamentos a los enfermos de sida. Fallan una y otra vez los diagnósticos y es muy irregular el respeto por los enfermos. En las regiones, el problema se agudiza por la adecuación perfecta entre prejuicios y desinformación médica, y en las zonas agrarias se expande la infección entre las mujeres de los trabajadores migratorios.

Si bien insuficientes, hay respuestas generosas. Persisten los grupos de activistas antisida en la ciudad de México y en Oaxaca, Aguascalientes, Monterrey, Guadalajara, Querétaro, Estado de México, etcétera, pero los escollos son inmensos, así la tolerancia avance. Con la información planetaria sobre el sida y la *otra* sexualidad, con las abundantes películas, series televisivas, obras de teatro y novelas sobre el tema, con las grandes marchas en Washington, Nueva York, San Francisco, Londres y Sidney, ya no espanta tanto el show de sombras perversas de la homofobia. Al sentirse en grave riesgo, los enfermos se desentienden del "qué dirán". También, en su lucha obcecada contra toda diversidad, el clero católico y la derecha insisten en reprobar las libertades corporales (incluido el uso de ropa "provocativa"), se oponen con rencor a la despenalización del aborto, se obstinan en las campañas de desprestigio contra "las sectas", reafirman la definición de La Sociedad que no admite a los exiliados de La Norma. La pandemia del sida convoca a lo mejor y lo peor de las actitudes sociales, y lo mismo pone de relieve a jóvenes altruistas, seropositivos y enfermos muchos de ellos, empeñados en difundir las medidas preventivas y apoyar a los enfermos, que a clérigos enemigos del condón y a vestigios de la Contrarreforma.

¿Dónde comienza el cambio y dónde la inmovilidad?

¿Qué tan real es el *cambio de paradigmas* del que tanto se habla? Entre los elementos que sí apuntalan esta hipótesis se hallan la globalización (inevitable), la tecnología entendida religiosamente, la caída de las alternativas socialistas, la opresión neoliberal y la conclusión inescapable: la *nación* sigue siendo el acceso forzoso a lo global. Con arrogancia, los neoliberales incitan al país a superar su "mediocridad" y ser competitivos, es decir, a renunciar a su tradición cultural que se volverá pintoresquismo y folclor si no se abandona en el acto. He aquí el decreto: no se progresa sin renunciar a lo que ha sido la nación. Por un lado, el aviso llega tarde; por otro, no es muy operativo el modelo único de globalización, especialmente después de la invasión en Iraq.

Es un falso dilema el señalar "O nacionalismo o modernidad". Ésta es, si acaso, una lección del pasado. El nacionalismo tradicional desapareció o desaparece con celeridad, y salvo por las razones del atraso, nadie cree verdaderamente en un nacionalismo fundado en la homogeneidad declarativa (La Unidad Nacional), en la segregación de lo indígena, en la invisibilidad social y política de las mujeres, en las consignas de la mitomanía chovinista, en el machismo. ¿Qué transmite hoy un nacionalismo cuyo vigor mitológico y sociológico depende de las idealizaciones de los migrantes y de la ilusión del pasado feliz de los sedentarios? Pero si el nacionalismo tradicional es tan indefinible como "el amor a México" (sí, todos lo amamos, pero, sin retórica de por medio, ¿cómo se define este amor?), la nación permanece y aquí, otra vez, lo importante es la justeza de las definiciones. La nación conocida ha sido terriblemente injusta con sus minorías y sus mayorías oprimidas, ha sido entrañable por su auspicio del arraigo psíquico y es muy cruel en la intensidad de sus factores de expulsión (*push factors*). Y no hay tal cosa como *lo nacional* válido para todas las clases y grupos. Cada quien habla de la patria según como le va en ella.

225

Una tendencia muy vigorosa consiste en puerilizar la vida social y política, y confundir la americanización, inevitable, con el candor infantil, tan ridículo. Aquí entran en escena grandes instrumentos del determinismo, como los manuales de autoayuda, esas utopías a domicilio, esos consejos para quedarse con lo mejor del queso, ese motivarse para ser empresario sin dejar de percibir el salario mínimo, ese progresar en el empleo seleccionando los regalos para los jefes, etcétera. En la conversión del país en la gran empresa, a los manuales de autoayuda se les concede la reconstrucción "espiritual" de la república.

El determinismo se renueva apoyado en explicaciones del freudismo *light*, de la economía del "Da gracias porque tienes trabajo, el que sea", del fanatismo religioso. De modo variado, se insiste en el siglo xx: nunca dejaremos de ser periféricos, de sufrir complejo de inferioridad, de vivir en el subdesarrollo, de ser dependientes, de llevar la cruz del Tercer Mundo, de ser locales, en suma. El determinismo afecta a la izquierda y la derecha, influye en la burguesía que considera sus zonas residenciales "arcas de Noé", desemboca en situaciones como la huelga de diez meses en la unam en 1999, con estudiantes convencidos de que el desempleo de los radicales también alberga títulos académicos, influye drásticamente en las expectativas de los pobres, en el sustrato del campesinado, en algo explica la facilidad con que penetró el narcotráfico, la pesadilla interminable de México.

Al determinismo que condena al país y a su gran mayoría lo impulsan la catástrofe de la educación pública y privada, el imperio del analfabetismo funcional, el abandono de la lectura por los medios audiovisuales (un abandono teatral, porque de todos modos no se leía), la humillación salarial del magisterio, la condición pretecnológica de una buena parte de la educación pública, la explosión demográfica del estudiantado sin posibilidades de atención calificada, en síntesis, la crisis del universo de la enseñanza.

**"Ni te esfuerces porque si te va bien te convertirás
en los anuncios que estás viendo"**

El llamado a la indefensión ante los poderes económicos tal vez sea el más grave —por más fatalista— de los rasgos culturales de los años recientes. En el caso de la televisión, el fatalismo tiene éxito y un lugar común se esparce: en efecto, los jodidos lo serán para siempre porque hasta allí les alcanzará el salario. Si el factor económico es de importancia suprema, sus consecuencias paralizantes no son "ley divina" ni destruyen el valor de las ideas y los estímulos culturales. Pese a todo, la Gente (ese término del que siempre se excluye el o la que lo emite) puede desarrollarse culturalmente.

Hacer de la pobreza el equivalente totalizador de la fatalidad es la técnica recurrente del poder. El presidente Carlos Salinas de Gortari afirma: "En la pobreza no hay democracia", y el presidente Ernesto Zedillo expulsa de los alrededores de las ánforas a los que no saben ni por qué están allí: "Los pobres no votan". Y la secretaria de Desarrollo Social de Vicente Fox, Josefina Vázquez Mota, explica en su discurso de presentación: "Pobreza y consolidación democrática resultan incompatibles. Pobreza y justicia caminan en sentidos opuestos... Pobreza y dignidad humana se contraponen, miseria y libertad no caben en el mismo espacio..." (24 de noviembre de 2000).

Así que riqueza y dignidad humana se complementan, pero si la pobreza no se elimina con rapidez, la dignidad humana tardará muchísimo en alcanzar a los pobres, si es que algún día lo hace. De lo obvio, de las dificultades para implantar valores democráticos en medios desinformados de, por ejemplo, los derechos individuales, se pasa a la nueva convicción: los grandes estímulos cotidianos sólo son cortesía de la televisión.

Al determinismo lo renueva la teoría que, al repartir el planeta entre globalizados y locales, continúa con otras divisiones clásicas: metropolitanos y periféricos, desarrollados y subdesarrollados, primermundistas y tercermundistas, colonialistas y colonizados. Así se exhibe lo innegable (el abismo entre países ricos y países pobres) y se eleva el hecho al rango de verdad teológica. Con celeridad se va más allá del darwinismo social: el jodido lo es porque nunca abandona el punto de partida. En rigor, estas

227

separaciones abismales no obedecen en lo mínimo a intentos descriptivos, sino a la conversión de lo real en lo fatal. "Nunca dejaremos de ser subdesarrollados", se dijo con el énfasis hoy aplicado a la condición local. Así, ¿qué escritor o qué pintor o qué cineasta o qué arquitecto o qué actor puede "globalizarse"? Unos cuantos lo consiguen, pero a los demás se les enseña la escritura en la pared: "Hagas lo que hagas, siempre serás local". Hace todavía unos años, el lugar común le otorgaba un título nobiliario a los asilados en el Arca de Noé de la fama internacional: "Mexicanos Universales". Hoy se podría decir: "globalizados de *ringside*".

"Es tan provinciano que sabe todo lo que hizo en su infancia"

Se han diluido las fronteras antes inexorables entre *capital* y *provincia* (fronteras culturales, sociales, morales) y la distinción misma va perdiendo sentido. Algo queda, sin embargo, de la incomunicación o la separación profunda de estos mundos. Culturalmente, el centralismo produjo el país de una sola verdadera ciudad. A lo largo del siglo XX, a la capital acuden oleadas sucesivas de jóvenes ansiosos de prescindir de su condición de *provincianos* y de volverse *capitalinos*, con intereses y arraigos universales. A la provincia se le despoja de cualquier don retentivo y, no obstante la gran cultura de su minoría ilustrada, de cualquier logro significativo.

Varios fenómenos (la televisión, la rapidez de las comunicaciones, el surgimiento de emporios económicos en las regiones, internet) conducen al desuso del término que ha sido un yugo: *provinciano*. Se acrecienta la actividad cultural en las regiones, y la Villa Global es verdadera en cuanto al nivel informativo instalado. Sí, pero noventa por ciento de las ofertas culturales aún se concentra en la capital.

Al Estado, los gobiernos regionales, los partidos políticos y una parte amplia de los intelectuales no les incumbe la democratización de la cultura. Las razones son diversas: no se considera posible, el intento se considera *populista* (casi una herencia del realismo socialista), y se rechaza la imposición de los gustos elitistas en los espacios autónomos de las clases populares, cuyo gusto orgánico va de las reproducciones fosforescentes de la Última Cena al patriotismo de clóset que sólo estalla en ocasión de un triunfo de la Selección Nacional.

Esta indiferencia es aguda y costosa. Incluso en la pobreza se produce la democracia, pero a la democracia se la consolida sin el crédito del *otro* gusto, que se acerca a la música clásica, la lectura, el rock de calidad, el jazz, los museos, el teatro, la danza, las reproducciones de arte, algunos simposios. Esto no se atiende porque, con programa pero sin proyecto cultural, el gobierno no cree posible la ampliación de públicos y todo lo destina al millón de personas de siempre, algo notoriamente insuficiente y menospreciador.

Por omisión, las minorías que se sienten "rescatadas" condenan al infierno de la falta de alternativas espirituales a las mayorías que juzgan irredimibles.

De las ampliaciones del laicismo

Aun con las terribles distorsiones introducidas por el PRI, la república es laica, convencida del valor de la tolerancia y del respeto a las libertades y los sentimientos comunitarios, con un sentido histórico nutrido básicamente de la Reforma liberal y de la Revolución mexicana, con una mitología del poder cuyas cimas son Hidalgo, Morelos, Juárez, Zapata, Villa y Lázaro Cárdenas. Degradada por la corrupción y el autoritarismo, la república ha preservado, con todo, un espacio de ejercicio de libertades que no es concesión o *apartheid* de la crítica, sino logro irrefutable de las movilizaciones sociales y culturales.

Así no se identifique jamás con ese nombre, el laicismo, enriquecido con el pensamiento socialista y los residuos de luchas radicales, se amplía a lo largo de las tres últimas décadas con el desarrollo de la sociedad civil y las organizaciones no gubernamentales, con las luchas específicas de sectores habitualmente marginados: los indígenas en primer término (inevitable el reconocimiento de las aportaciones del EZLN), las mujeres de convicciones feministas, la izquierda cultural, el sindicalismo independiente, parte considerable del sector académico (en especial de la UNAM), los grupos que en las regiones se enfrentan al conservadurismo, algunos sectores del PRD (no el castrista ni el burócrata monopolizador de oportunidades) y de los partidos pequeños, las minorías sexuales, etcétera.

El México de principios del siglo XXI es, en relación con el de sus principios, una entidad irreconocible y un heredero fiel. Hay pluralidad, las tesis del feminismo penetran en la sociedad, la libertad de expresión normaliza la presencia de un buen número de causas, lo "aberrante" pasa con frecuencia a ser lo "minoritario", y la derecha política acepta ya en algunas regiones lo inaplicable del término "faltas a la moral" e incluso "las buenas costumbres". (¿Quién, fuera de algunos del Ministerio Público, define *la moral*, y cuáles son hoy *las buenas costumbres*?)

Testimonios de la derecha

"Ningún plan de gobierno funcionará sin la AD [Ayuda Divina]."

a) En 2003, en ocasión de los desastres del huracán *Isidore*, el gobernador de Yucatán, Patricio Patrón, le recomienda a un grupo de afectados: "Voy a orar por ustedes". Una señora maya le responde: "Gracias, pero nuestros hijos no se llenan con oraciones" (*La Jornada*, reportaje de Jenaro Villamil).

b) Toluca. En una especie de misa donde se invocó al espíritu de Luis Donaldo Colosio, los 373 precandidatos del PRI a las 124 alcaldías juraron por dios conservar la unidad de su partido y recuperar la fe y el credo perdido.

"Nunca más traicionar a la sociedad", arengó el dirigente estatal del tricolor, Isidro Pastor, quien se dirigió a su fiel auditorio desde un altar con un cirio, la bandera de México y el escudo del Estado de México.

Los cantos gregorianos, las notas de "Sueño imposible" y "Desiderata" inundaron el auditorio de la sede estatal del tricolor cuando los precandidatos prestaron juramento ante la Constitución del país, la del Estado de México y los documentos básicos del partido.

"Hermanos precandidatos a presidentes municipales del PRI: ¿juran por dios, por la patria y nuestro partido respetar el resultado final del

230

proceso de selección de candidatos, sea cual fuere?", preguntó el diputado local Luis Decaro.

"Sí, protesto", fue la respuesta proveniente de la semioscuridad donde estaban los aspirantes. Pastor volvió al altar, la flama del cirio ondulaba y el humor artificial se esparcía en el ambiente para liberar a quienes incurrieron en la denostación durante la lucha política.

"Les pido que hagan un examen de conciencia y se arrepientan en verdad de haber hecho esto", rogó.

Para dar pruebas de fe a su pastor, los fieles enlazaron sus manos y, convertidos en una negra energía, se bamboleaban de un lado a otro del auditorio, al ritmo de "Sueño imposible" (*Reforma*, 2002).

c) En una conferencia del 20 de agosto de 2002 en la Universidad Panamericana (del Opus Dei), el secretario del Trabajo, Carlos Abascal, exhorta a los estudiantes de derecho:

> No basta el viejo enunciado liberal que han escuchado en diversas cátedras: mientras yo respete el derecho de los demás, mientras los demás respeten mi derecho, podremos construir la convivencia pacífica; no, es necesario dar un golpe a esa visión individualista, pragmática, materialista, para hacernos conscientes de que hoy la justicia exige de nosotros responder del derecho ajeno, porque el derecho de los demás es mi responsabilidad y mi derecho es responsabilidad de los demás. Sólo así, con una visión solidaria, podremos hacer frente al enorme reto que significa abrir espacios de trabajo para un millón trescientos mil mexicanos... Ustedes [sus oyentes] son hijos de empresarios, con posición económica desahogada, todos con la bendición de la vida de haber llegado a este nivel de oportunidades... No es indebido tener dinero. Al revés, qué bueno que haya ricos con dinero bien habido, pero que ese dinero sea invertido en empleo bien remunerado, en capacitación, en desarrollo tecnológico. ¡Ése es su reto!... Vean su futuro... como los deudores de 97 de cada 100 mexicanos que iniciaron la primaria, para devolverles lo que han recibido de la vida vía empleo. (*La Jornada*, nota de Elizabeth Velasco.)

231

d) En Guanajuato, el gobernador Juan Carlos Romero Hicks promueve charlas motivacionales avaladas por la Secretaría de Educación Pública. En esas charlas, los planteamientos son inspirados:

> ¿Por qué creen que vivió tantos años la madre Teresa de Calcuta? ¿Por qué creen que el papa habla 17 idiomas? Porque la energía sexual no la tiran, se les va al cerebro... Las relaciones sexuales son evasoras de la realidad, como la música de Molotov... Existen siete evasores de la realidad: la televisión, la radio, los periódicos, la literatura barata, el cigarro, el vino y el sexo. [*Milenio*, 27 de octubre de 2002.]

Bonita teoría, el cerebro como almacén de *semen retentum*.

e) Lo privado (la venganza) usa de lo público para exigir. El obispo Onésimo Cepeda, el 5 de octubre de 2002, pronunció un sermón ejemplar convocando a los fieles de su diócesis a defenderse de los delincuentes y a tomar la justicia por su propia mano.

f) *La Jornada* publica fragmentos de la homilía del 20 de octubre de 2002, del obispo de San Cristóbal de Las Casas, Felipe Arizmendi, que recomienda:

- a los gobernantes, que den testimonio de sus convicciones religiosas sin temor a la crítica y las leyes.

> Lamentablemente hay muchos bautizados que se avergüenzan de su fe; algunos la ocultan y la niegan, sobre todo quienes ocupan cargos de importancia y quienes no son capaces de soportar las burlas de los incrédulos. Quien ocupe cargos públicos sí tiene el derecho y obligación de hacer profesión pública, sin proselitismo, a no ser que su fe sea débil, raquítica y cobarde. Por tanto, debe participar en celebraciones litúrgicas.

- a los padres de familia que bauticen a los hijos y estén pendientes de que en la escuela no les arrebaten la fe. Por el contrario, les ayuden a consolidarla, como hacen las instituciones católicas, y si no, buscar el despido del maestro.

- al gobierno, para que remedie su falta de subsidio a los centros católicos como ocurre en otros países. Estos centros exigen cuotas mensuales que no cualquiera puede pagar, aunque los centros den una formación integral que vale cualquier sacrificio.

g) En Mexicali, a Paulina, la niña de 14 años violada por un heroinómano en presencia de su familia, se le niega el derecho al aborto, consagrado por las leyes de Baja California en casos de violación, porque eso contraviene el fundamentalismo del director del hospital público, del secretario de Salud del gobierno panista y del gobernador mismo. Ganan, pero la respuesta a su dogmatismo notifica la existencia de otros climas sociales.

h) En Guanajuato, en 2002, la mayoría panista en el Congreso local aprueba la abolición de las causales de aborto legal: por violación, por peligro de la vida de la madre y por malformación genética prevista. Poco después, derrotados, devuelven estos incisos a la Constitución.

i) En Guadalajara, en 2002, un joven panista atenta contra un cuadro por considerarlo afrentoso para sus creencias (esas mismas que, es de suponerse, lo llevaban el día entero a no separar la vista de la pieza). El descrédito de la acción afecta al agresor de la pintura y al obispo Juan Sandoval Íñiguez, que promete pagar la fianza (no lo hace) y, ya entrado en gastos teológicos, acusa a las mujeres violadas de ser las responsables de lo que les sucedió. Sandoval acusa a las comisiones de derechos humanos de no servir para nada y "proteger a los delincuentes".

j) En diversos momentos de su campaña presidencial, Vicente Fox enarbola la imagen de la Guadalupana. También le entrega un decálogo a los obispos católicos prometiéndoles educación religiosa en las escuelas públicas (lo que se obtendría modificando la definición de laicismo), estaciones de radio y televisión, exención de impuestos, etcétera.

En todos estos episodios, la república liberal (término, insisto, que me parece aquí más descriptivo que *sociedad civil*) ha salido al paso. En el caso de Paulina, se dio una movilización extraordinaria, las argumentaciones de la extrema derecha resultaron irrisorias y, además, francas apologías de la ilegalidad. En Guanajuato, el gobernador se vio obligado a frenar la impaciencia fundamentalista de sus diputados locales, y la ley se retiró o se instaló en limbo de los fracasos.

El primero de diciembre de 2000, en su discurso en el Palacio Legislativo, el presidente Fox, que luego declara reiteradamente el siglo xx como "un tiempo perdido" para México (y para él de paso, que allí invirtió 58 años de su vida), inaugura la historia de la democracia con Francisco I. Madero. Al intentar los diputados del PRI y del PRD devolverle la memoria con gritos de "¡Juárez, Juárez, Juárez!", el nuevo primer mandatario les espetó una respuesta perdonavidas: "Sí, sí, Juárez, Juárez, Juárez, Juárez, Juárez, Juárez, jóvenes". Luego, en 2005 prologa una edición masiva de *Apuntes para mis hijos,* de don Benito.

Las mujeres asesinadas en Ciudad Juárez

En el trato a las mujeres, la violencia ha sido en México el más verdadero de los regímenes feudales. La violencia aísla, deshumaniza, frena el desarrollo civilizatorio, le pone sitio militar a las libertades psicológicas y físicas, mutila anímicamente, eleva el miedo a las alturas de lo inexpugnable, es la distopía perfecta. La fuerza y el peso histórico del patriarcado y la resignación consiguiente, elevan la violencia ejercida sobre un sexo a la categoría de obstáculo inmenso del proceso democrático y, sin embargo, esto aún no se reconoce.

El límite de las libertades femeninas y, para el caso, masculinas, aunque con énfasis y proyección muy distintos, es la mezcla del monopolio histórico del poder y la violencia. Así, la violación, el derecho de pernada de un sexo, el *ius primae noctis,* se consideraron "naturales" porque —el razonamiento era una sentencia— sacaban a flote la naturaleza teatral de la resistencia a la protección, y este dogma, a lo largo de las generaciones, terminó por ser el predilecto de agentes del Ministerio Público y policías y jueces que responsabilizan a las mujeres, tal y como lo hizo el cardenal de Guadalajara Juan Sandoval Íñiguez en 2000, al considerar culpables a las que, en su modestísima opinión, salían con ropa provocadora y movimientos sensuales. Sólo le faltó decir: "Si no quieren que les pase nada, salgan sin cuerpo".

Hoy, la protesta se dirige contra la impunidad de la violencia, cuyo clímax trágico son las cerca de cuatrocientas o quinientas jóvenes asesinadas en Ciudad Juárez en un periodo de doce años, de 1993 hasta ahora, febrero de 2006. En este fenómeno sangriento han fracasado las administraciones de Acción Nacional y las del PRI. Los gobiernos del PAN se especializan en el regaño a las víctimas, y en 1994 el procurador de Justicia del gobierno de Francisco Barrio acusó a las muertas porque "algún motivo dieron" o porque "provocaron a los criminales con su estilo de vida", y el gobernador Francisco Barrio, como se ve en *Señorita extraviada* (2000), el excelente documental de Lourdes Portillo, se tropieza con el lenguaje para resucitar la moral del siglo XII. La consecuencia de esta teoría falsísima es bíblica, la paga del pecado (el ligue, la condición femenina) es la muerte.

¿Quiénes son los asesinos de Ciudad Juárez? ¿Se trata de un grupo o de una epidemia de *serial killers*? ¿Se contagian los patrones de exterminio? Al fin y al cabo, las interpretaciones se subordinan a las aclaraciones puntuales que no llegan. Sorprenden las deficiencias de los investigadores y de las fiscalías especiales; asombra el ritmo de los crímenes y la semejanza de los métodos, y es imaginable el miedo entre las trabajadoras de la maquila y las jóvenes y sus familias. La violencia inmoviliza a las mujeres, cancela su libertad de movimientos, subraya la condición de "sexo débil" y vigoriza la tradición del abuso, la fuerza física, la posesión de armas y la misoginia criminal.

¿Por qué es aún ineficaz la acción judicial? Enumero algunas respuestas posibles:

a) La condición fronteriza de Ciudad Juárez impregna el imaginario colectivo de imágenes marcadas por la ausencia de la ley. No es sólo la pesadilla del narcotráfico, sino la idea de comunidades un tanto provisionales que giran en torno a la posibilidad o imposibilidad de cruzar la frontera. De alguna manera, todos suscribimos la mentalidad fílmica y televisiva que hace de las zonas fronterizas emporios ya no del mal, pero sí de la ilegalidad y el crimen. Esta fantasía primaria es en sí misma deleznable, pero es un paisaje de la recepción de la epidemia criminal.

b) Se desconoce el papel específico del narcotráfico y de los narcos en estos acontecimientos, pero sin duda influye el escasísimo valor concedido a la vida humana. Desde la introducción masiva del narcotráfico en Colombia, Perú y México, para ya no hablar de Estados Unidos, la valoración de los derechos humanos, nunca excesiva, se ha minimizado. Es fácil matar y es aún más fácil morir de muerte violenta, y el culto a las armas y la alta tecnología armamentística exige no sólo la liquidación de las especies en el salvajismo de la cacería, sino el considerar casi literalmente a las personas objetos susceptibles del tiro al blanco. El narcotráfico ha desatado una guerra visible e invisible, la visible es el conteo de muertos por su causa, la invisible es el poder de impregnación de sus tácticas que alcanza a demasiados. Ésta sería la premisa: "Si me han de matar mañana, mato a muchos de una vez". Y si ya se tienen las armas, ¿por qué no usarlas? Insisto: el despliegue armamentístico, la rapidez con que se consiguen revólveres, o cuernos de chivo, o lo que haga falta, desemboca en la obligación de asesinar. La tradición criminal estaba, ¿por qué no renovarla con la tecnología?

c) La falibilidad, por decirlo de algún modo, del poder judicial. El narcotráfico, con su capacidad de intimidación y compra, exhibe la disponibilidad de jueces, jefes policiacos (de distintos niveles), agentes del Ministerio Público, presumiblemente muy altos funcionarios, empresarios, comerciantes, militares, posiblemente clérigos. Y esto, por tiempo indefinido, emite licencias de impunidad. El casi ineluctable destino de los narcos incluye la cárcel o la muerte luego de la tortura, cada uno se considera la excepción, y a cada uno lo ampara el poder de compra del conjunto. Y al certificarse lo vulnerable del poder judicial, la noticia alcanza a la delincuencia entera: el delito es una acción tarifada, y el dinero y la red de intereses absuelven por anticipado.

d) La consideración abstracta importa en demasía. Un muerto puede ser un acontecimiento gigantesco, así las conclusiones sean tan irrelevantes como las del asesinato del candidato del PRI, Luis Donaldo Colosio, en 1994, pero centenares de mujeres asesinadas en todo México afantasman la monstruosidad del fenómeno en la mirada de las autoridades. Las estadísticas de la sociedad de masas tienden a disolver la profundidad de los sucesos. Seis mil millones de habitantes del planeta es la explosión demográfica que todo lo minimiza. No es, como insisten tan torpemente los tradicionalistas, que la educación laica relativice los valores; la educación laica es la primera garantía de una sociedad civilizada, y lo que le da a los valores éticos su perspectiva relativizada es el conjunto de hechos ceñidos u organizados por la demografía. Se ve en las guerras, se advierte en la violencia urbana y se comprueba en los casos de Ciudad Juárez, y ahora de varias ciudades en el país. Siempre se requiere la comprensión humanizada, y al abandonarlo todo en una frase: "los izquierdistas asesinados en el sexenio de Salinas, las muertas de Juárez", se extravía el vínculo de las personas con las tragedias: la calidad de la identificación, la relación vivísima con seres ultrajados, sus esperanzas, su trayectoria, su familia. Hace falta un conocimiento más específico de las víctimas.

e) El papel de la prensa es determinante al situar hasta hace poco los crímenes en la página de crímenes y no en la primera plana, como corresponde. La televisión apenas les ha concedido importancia. Con esto se subraya la culpabilidad de las víctimas, porque ya muertas no logran defenderse.

Todo esto interviene en el caso de Ciudad Juárez, pero ningún elemento es tan decisivo como el desdén histórico por las mujeres desconocidas, es decir, marginadas. Recuérdese un suceso de la ciudad de México en 1992. Un grupo de prostitutas intenta organizarse para denunciar la explotación de los proxenetas y las agresiones policiacas. Van a la Asamblea de Representantes del D. F., testifican, dan nombres. Semanas después, dos de ellas son asesinadas en hoteles de paso. No se vincula su muerte con sus denuncias y pasan a la fosa común, ese sinónimo de la irrelevancia perfecta.

Todavía el sexismo es un punto de vista dominante. Y a esto se añade el clasismo. No sólo son mujeres, son en elevadísima proporción trabajadoras de la maquila, y todas provienen de familias de escasos recursos. *Mujeres pobres* es el término que esencializa la invisibilidad social, la de los seres no contabilizables. Apenas figuran en los planes electorales, se las califica de "altamente manipulables", los ediles las toman en cuenta dos días al año, y su autonomía, en el caso de las madres solteras, suele verse como "actitud pecaminosa". ¿Cuántas veces, en los regaños clericales, sólo se considera familia a la formada por el padre, la madre, los hijos, los parientes

237

y el confesor? La epidemia homicida de Ciudad Juárez enfrenta también, y desde el principio, la urgencia de imprimirle visibilidad a la miseria y la pobreza, y a las mujeres en esos ámbitos.

Los crímenes de odio se dirigen contra una persona y lo que simboliza, representa, encarna. Los más llamativos son los dirigidos contra los gays, agravio histórico que registra en México cada año decenas de víctimas. Pero nada supera en número y en continuidad a los crímenes de odio contra las mujeres solas, en especial las jóvenes. Se las asesina porque no logran defenderse, porque a los ojos del criminal su razón de ser es conceder el doble placer del orgasmo y el estertor, porque su muerte suele pasar inadvertida. (Casi como sucede con los gays, donde noventa y nueve por ciento de los asesinos consigue impunidad.)

¿Qué provoca el odio? Cedo la palabra a psicólogos, sociólogos y psiquiatras, pero aventuro una hipótesis: intervienen en gran medida las sensaciones de omnipotencia que se desprenden del crimen sin consecuencias penales y sociales para el criminal. No es sólo superior a los seres quebradizos, también se burla de las leyes y de la sociedad que tibia o vanamente las enarbola. Los de Ciudad Juárez son *stricto sensu* crímenes de odio porque los asesinos se vengan de sus fracturas psíquicas, de su lugar en la sociedad, de todos los momentos en que deseándolo no han obtenido reconocimiento, de la falta cotidiana de acceso a ese placer último que es el poder de vida y muerte sobre otra persona. Todo el sexismo profundo, degradado, sórdido de la parte más destructora del machismo se vierte contra las mujeres cuya culpa principalísima es su condición de víctima. Así de reiterativo es el procedimiento de los crímenes de odio: se victima a quien, a los ojos del asesino, es orgánica, constitutivamente una víctima. El odio es una construcción social que se abate una y otra vez contra quienes no pueden evitarlo.

La marcha del color de la tierra

De 1994 a principios de 2001, el EZLN y Marcos encarnan el rechazo al determinismo. Se los persigue, el presidente Ernesto Zedillo falta de modo conspicuo a su compromiso (con firma) de respetar los acuerdos de San Andrés Larráinzar (resultado de larguísimas deliberaciones entre el gobierno, representantes de la sociedad civil y el EZLN), hay grandes marchas de apoyo en la ciudad de México, el interés internacional se multiplica y hay reuniones en la Selva Lacandona con grupos y personas de muchísimos países. Por primera vez en la historia de México se puede hablar de la causa indígena como resultado de la unificación de grupos, tendencias, artistas e intelectuales de las etnias. En un periodo de nueve años se conoce más de la vida indígena y de su complemento directo, el racismo, que lo acumulado en medio siglo de escritos y tratados de buena voluntad o de paternalismo descarado. Marcos entra en correspondencia con publicaciones e intelectuales de Norteamérica, América Latina y Europa. Se le critica y con vehemencia (el poeta Octavio Paz, entre otros), pero a un sector considerable su lectura le resulta provechosa, y el EZLN se define a sí mismo como movimiento social.

La Caravana Zapatista de febrero y marzo de 2001 es un acontecimiento sorprendente. Un grupo numeroso de indígenas con pasamontañas viaja de la Selva Lacandona a la ciudad de México y en el camino realiza mítines, encuentros y reuniones del EZLN con los representantes de las 53 etnias (o 56, las cifras oscilan) que les entregan los bastones de mando, un gesto simbólico profundo. En cada uno de los actos de la Caravana hablan mujeres y se traducen los discursos al lenguaje de los sordomudos, como un gesto hacia los minusválidos. El lenguaje es siempre sencillo, intenta ser poético (a veces sin fortuna) y busca integrar un idioma común con sus oyentes, el de la ciudadanía pendiente, aplazada. El 26 de febrero de 2001, en la ciudad de Oaxaca, el subcomandante Marcos dirige un mensaje típico:

> Dicen (los poderosos) que rehuimos el trabajo y pocos, muy pocos, son los pueblos de la tierra en los que, como en muchos de los nuestros, el trabajo de cada quien se agrega al trabajo voluntario para el colectivo.
>
> Dicen que desperdiciamos lo poco que tenemos, pero ellos han sido los que han saqueado nuestras riquezas, los que han ensuciado

el agua con las heces fecales del dinero, los que han destruido los bosques para traficar con madera, los que impusieron cultivos que agotan y dañan las tierras, los que promueven la siembra, el tráfico y el consumo de drogas, los que se engordaron con nuestra sangre hecha trabajo.

Son en suma los que han destruido nuestra casa con su ambición y fuerza. Y ahora resulta que nos culpan por no tener una buena casa.

El 8 de marzo, el EZLN entra a la ciudad de México. En Milpa Alta, la comandante Esther se explica: "No sabía hablar en español. Fui a la escuela pero ahí no aprendí nada. Pero cuando ingresé en el EZLN aprendí a escribir y a hablar español, lo poco que sé, estoy haciendo la lucha, pues".

El 11 de marzo la Caravana Zapatista llega al Zócalo. Cerca de un millón de personas sale a recibirlos, de las cuales unas trescientas mil se congregan en el Zócalo. El discurso principal es de Marcos, y su mensaje clarísimo es de una inclusión en la idea (el proyecto, las realidades) de México. Así concluye:

> Ciudad de México: aquí estamos.
> Aquí estamos como rebelde color de la tierra que grita:
> ¡Democracia!
> ¡Justicia!
> ¡Libertad!
> México: no venimos a decirte qué hacer, ni a guiarte a ningún lado. Venimos a pedirte humilde, respetuosamente, que nos ayudes. Que no permitas que vuelva a amanecer sin que esa bandera tenga un lugar digno para nosotros los que somos el color de la tierra.

Se discute durante una semana en el Congreso si, con pasamontañas, los zapatistas tienen derecho al uso de la palabra en el Palacio Legislativo. Al fin se aprueba y se aguarda el discurso principal a cargo del subcomandante Marcos. Éste ni siquiera acude y el discurso central corre a cargo de la comandante Esther, de 35 años, al parecer maestra bilingüe de una pequeña comunidad de la Selva Lacandona y oradora formidable. En el Congreso

240

de la Unión, el discurso de Esther hace vislumbrar la potencialidad y el talento ya presente de los excluidos históricos, y ésta es la lección fundamental: la manera en que el racismo aleja a grandes sectores de sus propias posibilidades, con tal de favorecer en exclusiva a una de las burguesías más limitadas de que se tiene noticia.

El 28 de marzo de 2001, la comandante Esther habla ante el Congreso de la Unión, y su discurso es uno con perspectiva de género:

> Ése es el país que queremos los zapatistas.
>
> Un país donde se reconozca la diferencia y se respete.
>
> Donde el ser y pensar diferente no sea motivo para ir a la cárcel, para ser perseguido o para morir.
>
> Senadores y senadoras:
>
> Quiero explicarles la situación de la mujer indígena que vivimos en nuestras comunidades, hoy que según esto está garantizada en la Constitución el respeto a la mujer.
>
> La situación es muy dura.
>
> Desde hace muchos años hemos venido sufriendo el dolor, el olvido, el desprecio, la marginación y la opresión.
>
> Sufrimos el olvido porque nadie se acuerda de nosotras…
>
> Nosotras además de mujeres somos indígenas y así no estamos reconocidas.
>
> Nosotras sabemos cuáles son buenos y cuáles son malos usos y costumbres…

La reivindicación de la marginalidad de Esther provoca una ovación de pie en el Palacio Legislativo. En ese momento, lo primordial no es lo político o lo legislativo, sino lo cultural en el sentido más amplio, que ubica el desarrollo de las indígenas, algo de lo que no se las suponía capaces (el racismo como determinismo).

Semanas después de la Caravana, la ley indígena que se aprueba contradice las demandas de las etnias y todo parece "normalizarse". Sin embargo, el rechazo de los acuerdos de San Andrés es un golpe muy severo y el EZLN se encierra, pierde su diálogo con la sociedad y por momentos

241

vive la involución de su discurso a través de planteamientos muy sectarios y anacrónicos.

Imágenes, estampas del siglo XXI

Notas (sectoriales) sobre el panorama de México en los inicios del nuevo siglo:

- La derecha, instruida debidamente por el Vaticano, se empeña en sostener la ofensiva contra los valores de la secularización y se ha movilizado a través de sus adalides [*sic*], figuras como Carlos Abascal, sucesivamente secretario de Trabajo y secretario de Gobernación, sus gobernadores (el de Jalisco, el de Querétaro) y el auspicio burocrático a la ultraderecha tal como lo representa y defiende el Yunque, organización semisecreta. Sin embargo, una tras otra, ha perdido las batallas culturales.

- En un nivel, el debate actual enfrenta a liberales y conservadores, pero en otro, lo muy significativo es la ampliación del concepto de *laicismo*, que ahora incluye muchísimos aspectos de la vida cotidiana, los derechos reproductivos, los derechos de las minorías, hasta hace poco sólo visibles por el insulto y las represiones, la llegada del nuevo vocabulario con sus espacios de crítica consiguientes (*sexismo, homofobia*), etcétera. La discusión ha sido más bien unilateral, porque los conservadores se especializan en el *beatoñol*, que perdona a los que no saben lo que hacen a nombre, supongo, de los que no saben lo que dicen. Sin embargo, lo sustancial no es sólo la perdurabilidad garantizada de la secularización sino, así no se capte ahora, lo irreversible de las ampliaciones del laicismo, un concepto ya requerido del examen de sus prejuicios.

- No hay "accidentes de la historia" ni amparos contra el desarrollo civilizatorio. De allí la insensatez de identificar "la verdadera libertad religiosa" con la educación religiosa en las escuelas públicas; de allí la malicia nonata de quienes alaban el Estado laico, pero consideran que sólo debe quedar como un membrete porque el laicismo es pernicioso y daña el alma.

- La Iglesia católica ha insistido en su deber de participar en política ("Nunca más nos encerrarán en las sacristías", es su consigna) y en condenar a los partidos políticos que no "respetan la vida". Ya lo han hecho antes y ahora lo hacen con la bendición del gobierno, pero hasta allí llegan porque el debate no los favorece, entre otras cosas porque ni lo entienden ni lo aceptan. Usan frases "cabalísticas" que ofrecen como mensajes (el crucigrama irresoluble que se cree jeroglífico) y de su parte está cerrada la polémica, pero no de parte de la sociedad. El laicismo es un hecho definitivo, y es evidente que no habrá guerras santas, que la mayoría respeta las religiones ajenas (puse *la mayoría* porque no olvido la persistencia de la intolerancia religiosa contra los protestantes), y que es imposible política y culturalmente el regreso al México anterior a 1860.

- Sería, y es, incomprensible un debate centrado en ratificar la secularización de los cementerios o la legalidad del divorcio, o el absurdo de una educación sexual como la propuesta por el gobierno de Vicente Fox en Guanajuato. El secretario de Gobernación Abascal nos hace perder el tiempo comentando su anacronismo, pero, a su vez, él dilapida sus horas con sus "trampas litúrgicas". A Óscar Mario Beteta le contesta el 2 de febrero de 2006: "La democracia quiere decir libertad, libertad para todos, libertad con responsabilidad y, desde luego, libertad en el terreno religioso". Un momento: ¿el *secretario de Gobernación* afirma que en México hay o no hay libertad religiosa? Si dice que sí, contradice a los obispos seguros de la falsedad de la afirmación porque no se imparte el catolicismo ni se reza en las escuelas públicas, ni se admite el derecho de los obispos de ser candidatos a la presidencia de la república, aunque renuncien antes de tomar posesión en acatamiento del derecho canónico. Y si dice que no hay libertad religiosa, ¿por qué sigue en su puesto y no enfrenta al gobierno represivo?

243

- Nadie impide que los funcionarios tengan y proclamen sus convicciones religiosas, incluso, aunque esto es más difícil de sustentar, nadie impide que *practiquen* su credo. Pero si la fe se proclama —y no sólo la fe, también los prejuicios que se incorporan a la fe— desde los puestos de gobierno, los funcionarios confunden el ejercicio y la defensa de la ley con su pertenencia a la grey. ¿Por qué el señor Abascal, secretario de Trabajo, puso la institución a su cargo bajo la advocación de la Virgen de Guadalupe?; ¿por qué el 8 de marzo, Día Internacional de la Mujer, él afirmó que el sitio de las mujeres es el hogar?; ¿por qué como secretario de Gobernación se opuso y se opone con vehemencia a la píldora del día siguiente sin aportar una sola prueba de su carácter abortivo? Todavía ignoro por qué el secretario, que es abogado, no ve en su comportamiento la negación del Estado laico.

Posdata

Del libro de don Salvador Abascal, *Juárez marxista 1848-1872*, publicado por la Editorial Tradición. En la dedicatoria, don Salvador dice: "Grande ayuda me prestaron generosamente para la elaboración de este trabajo los señores: [cita cinco personas] y mi hijo Carlos". Al final, en la recapitulación se afirma:

> Hay quienes piensan —quizá por ignorancia de lo que es la Iglesia— que su primer verdadero perseguidor en México no fue Juárez sino Calles.
>
> Los hechos demuestran que excede con mucho el indio zapoteca al turco quizá judío en ese bárbaro oficio de odio, en exacta coincidencia con Carlos Marx, a la Iglesia Católica y consiguientemente a su obra, la Cultura Occidental.
>
> Porque Juárez acertó a cortar el grueso de las raíces religiosas, católicas, de la Nación. A eso equivalen los siguientes tremendos golpes de guadaña:

244

- la educación atea de la niñez y de la juventud en las escuelas oficiales: especie de terrorismo y secuestro ideológico, que por sí solo fue suficiente para romper la unidad espiritual del pueblo;
- la legislación no sólo atea sino que a la vez ha hecho esclava del gobierno impío a la Iglesia, cuyos jerarcas a veces han parecido que llegan al grado de dar las gracias por sus cadenas;
- el matrimonio civil, que traería consigo lógica y fatalmente el divorcio, para la disolución de la familia, sin la cual no hay ni Iglesia ni Patria;
- la introducción, para mayor confusión, de las sectas protestantes, que mutilan la Fe y la disocian de la acción, la cual se consagra sin remordimientos a la satisfacción de todas las concupiscencias [...]

¿Discrepa el secretario de Gobernación de las afirmaciones del libro donde sí colaboró? Si no lo hace, es porque le acomoda a su peculiar visión de la objetividad.

20

FRIDA KAHLO:
DE LAS ETAPAS DE SU RECONOCIMIENTO

En la explanada del Palacio de Bellas Artes, ni se dispersa ni se inmuta el gentío, el aviso del diluvio demográfico, lo que podría llamarse la Gran Hilera de los Tiempos Culturales. Quieren ver la gran exposición de Frida Kahlo, casi se puede decir —y la exageración apenas se nota— que acuden a encontrarse personalmente con Frida Kahlo (la obra es la vida, la vida es la memoria imborrable), y eso los hace soportar la frecuencia de la lluvia, tres o cuatro horas de cola, las decepciones al no conseguir la entrada, la otra lluvia del diluvio de los comentarios circulares ("A mí Frida siempre me dice algo"), el "vuelva mañana" esta vez no dirigido a desempleados sino a postergados ("Vivo en Matehuala y no me quiero ir sin ver a Frida").

La explanada del Palacio de Bellas Artes desborda alegrías, fastidios de la espera, tristezas, entusiasmos, fulgores del espíritu que descubre su dimensión artística, cansancios, recuperaciones del ánimo al enfrentar a *Las dos Fridas*. Y otro tanto, proporcionalmente, sucede en la Casa Azul de Coyoacán, el lugar donde nació y murió Frida Kahlo, con los objetos expuestos por vez primera: dibujos de Frida y Diego Rivera, fotografías, cartas, dedicatorias de libros…

De todas las Fridas posibles

Ante una foto o un autorretrato de Frida Kahlo, ante las reproducciones de sus cuadros famosos, los espectadores medianamente informados —y esto ya sucede en varios países— saben a qué atenerse: aquí está la artista regida

247

por el dolor físico y el genio artístico, la pareja del gran pintor Diego Rivera, la autora y la modelo de estos cuadros que conmueven extrañamente. Y en la ciudad de México de 2007 la presencia y el conocimiento de Frida se vigorizan con programas de televisión, anuncios espectaculares y conferencias donde la artista se vuelve una obligación de la cultura y de la emoción artística. Así como se oye, así como se escribe, así como se suceden las variantes de su fama, de su valoración y revaloración.

Primera etapa: décadas de 1930 y 1940

En la ciudad de México, todavía relativamente pequeña, en los años de radicalismo y lucha de facciones, se asignan papeles a las figuras importantes y a diversos escritores, artistas y pensadores se les confiere la calidad de arquetipos del fenómeno donde la revolución (las realidades y las interpretaciones de los acontecimientos de la lucha armada y el enfrentamiento de facciones) se vuelve la Revolución (la metamorfosis de instituciones y mitologías). A los muralistas se les entrega casi de inmediato la función de arquetipos; a Frida, por lo pronto, se la ve como presencia secundaria, la compañera de un actor centralísimo. Pocos la conocen, y de éstos casi todos la estiman.

En esta primera etapa, a Frida que será Frida (el apellido suele estar de más) la determina su condición de paisaje entrañable de su amante y esposo Diego Rivera, no un ser protagónico, término muy actual que requiere de la complicidad de los medios electrónicos, sino un protagonista de primera línea convencido de que ocupa por derecho propio el centro de la escena, y que es su deber intervenir en las polémicas, rivalizar, pontificar. Haga lo que haga, él llama de inmediato la atención, y además, con repercusiones internacionales. Diego es noticia por su cúmulo de actividades y por lo imposibles que le resultan la discreción y el ocultamiento; y sin la extrema notoriedad de Diego, Frida es presencia notoria del arte, los círculos culturales y la conducta libre en la ciudad relativamente pequeña del país descaradamente novedoso. Así no se perciban con rapidez, sus características son únicas: pintora (oficio entonces casi exclusivamente masculino), nacionalista fervorosa desde la apariencia (el traje típico que no afirma sino renueva las tradiciones), parcialmente inválida. Una gran novedad: es autorretratista sin vanidad, o sin que se le achaque egocentrismo alguno. Aún no es comunista, el dogma que sólo de modo secundario toma en cuenta a las mujeres.

El Renacimiento Mexicano: el escenario de las apariciones

Entre 1922 y 1940 el periodismo especializado y las minorías ilustradas divulgan un término: "El Renacimiento Mexicano", que describe un territorio de admiraciones, creencias y conocimientos. Se celebran la aparición del pueblo (literal), las imágenes fulgurantes impulsadas por la Revolución y fijadas, más que por los escritores, por los artistas plásticos. Extranjeros y nacionales (los segundos orientados por el elogio incontenible de los primeros) estudian el país (más específicamente sus mitologías), sus movimientos armados y sus logros estéticos en acto o en potencia, y localizan en el conjunto un impresionante salto histórico. La Revolución conduce a la superficie técnicas, artes populares y costumbres despreciadas o todavía no aclaradas, y entre otros descubrimientos, los artistas quieren captar lo popular, el fenómeno más visible y más definitorio de México, oculto de tan cercano que se halla, y por lo "primitivo" de sus grados de refinamiento de acuerdo con los europeístas. Ésta es la sorpresa múltiple: al acercarse al pueblo y lo popular, los artistas extraen las obras maestras y las verdades que el colonialismo mental oculta. Ejemplos: los grabados de José Guadalupe Posada, los retratos de los pueblerinos de Hermenegildo Bustos, la arquitectura popular, la vestimenta tradicional de las mujeres.

En la capital, los protagonistas del "Renacimiento Mexicano" y sus espectadores inmediatos (escritores, periodistas, cineastas, pintores, bohemios burgueses y radicales de Europa, Estados Unidos y la Unión Soviética) escudriñan a la nación que surge provisionalmente, años alumbrada por la caída de la dictadura de Porfirio Díaz y el surgimiento de caudillos y ejércitos campesinos. Es la hora de captar y capturar los "edenes subvertidos" (la expresión de Ramón López Velarde) de la naturaleza y del comportamiento, y de hallar lo significativo, lo trascendente si se quiere, en lo antes sólo calificado por una perspectiva utilitaria o tradicional pero siempre despreciativa: los mercados, los retablos, los dulces, los judas de carrizo, el color de las pulquerías, la variedad de formas celebratorias del Día de Muertos, las versiones populares del charro y la china poblana, los exvotos, las armonizaciones del color en los pueblos, las flores de papel y de cera, las piñatas, la conversión de las muchísimas tradiciones en estética de la sobrevivencia, las máscaras, los trajes indígenas, las matracas, los juguetes de feria...

Segunda etapa: "lo mexicano" se siente y se contempla

La pintura se opone a la marginalidad, entonces considerada el destino inexorable de las sociedades latinoamericanas. Escritores y artistas desafían en grados distintos al medio burgués y moralista, y urden un nacionalismo insólito, equidistante de la historia y de la vida cotidiana, de los orgullos ya conocidos y los orgullos recién estrenados. En el sitio de honor de esta mitología, una idea móvil, en sus mejores expresiones más estética que ideológica, la Mexicanidad, que en el periodo de consolidación de instituciones (1920-1950, aproximadamente) es algo muy distinto al sentimentalismo de esa época y al producto oficial y comercial de hoy. La Revolución distribuye esa alegría mínima y máxima que es la conciencia de posibilidades, y los artistas plásticos, vanguardia inevitable, promueven un "nacionalismo cultural" que es, sobre todo, asimilación y reformulación de lo internacional. Debido a ese impulso que confunde o identifica gozosamente apariencia y esencia, y no por un criterio "folclórico", Frida se deja persuadir por Diego, afirma Raquel Tibol, y abandona sus vestuarios, el convencional y el masculino, y adopta el traje de tehuana, el rebozo y las trenzas interminables. Se quiere ilustrar con brío los objetos bellos invisibilizados por el criollismo de utilería, y el traje típico, ya infrecuente, aún no se sitúa en el filo de la navaja entre el respeto a las tradiciones que se desvanecen y el disfraz de ropa de exhibición de la burguesía.

En el imaginario colectivo de una etapa, Frida es su aspecto, aretes que son templos o laberintos o jardines colgantes en miniatura, rebozos que son prodigios del arte textil, anillos de inspiración prehispánica que anticipan museos de la orfebrería. En especial, a Frida la seduce el traje de tehuana, por razones muy entendibles: durante una larga época, como lo ratifican los numerosos testimonios de viajeros, y *Que viva México*, el film de Eisenstein, el Istmo de Tehuantepec es la expresión diáfana del Paraíso Perdido, el ámbito de la inocencia, la mezcla de frugalidad y exuberancia, de jóvenes que se bañan desnudas en el río y de matriarcas de collares con monedas de oro. La tehuana en la leyenda: la mujer fuerte de la Biblia, la carente de hipocresías, la sexualidad sincera en las comunidades del Génesis indígena, la matriarca falsa y verdadera (con las tehuanas, el machismo escenifica su muy teatral cesión del mando).

Desde el atavío, Frida es una proclama, con las "policromías de delfín" de sus enaguas, los huipiles adornados con hilos de oro, las trenzas a modo de homenaje a la arquitectura fantástica, amuebladas con cintas de colores y arracadas. Mediante un trámite sencillo —la emotividad de su indumentaria— y con desplantes muy intencionales, Frida se propone hacer visible la estética que es uno de los santuarios del pueblo amenazado por la modernidad. Ser Frida o vestirse como Frida es añadirle diseños de inspiración tradicionalista a los vestuarios que la americanización ya no admite. El proyecto está allí: reconstruir y darle otro sentido a la tradición al enarbolar los atuendos como desafío, pero no se capta al desvanecerse los paisajes donde esos atuendos eran necesarios.

"La Mexicanidad", según Frida, Diego y su grupo, es el hallazgo de lo singular en lo colectivo, y Frida, con celeridad, y ésta es una de las primeras expresiones de su fama, emblematiza el sector que cree posible un "estilo de vida mexicano" que, desde el primer golpe de vista, resista la uniformización occidental. Esto lo saben pocos aunque Frida ya es un secreto a voces en la ciudad que opta por modernizarse y desiste de su "pintoresquismo mortal" ya anacrónico.

Tercera etapa: la celebridad capitalina
y la figura (módicamente) internacional

Un círculo no muy amplio de la ciudad de México describe de varias maneras el comportamiento de Frida: es una hazaña pecaminosa (la vanguardia subraya la *hazaña* y el tradicionalismo lo *pecaminoso*). ¿A qué se refieren? Al poder de su persona, a la personalidad que definen el habla singularísima, las limitaciones físicas. Al lado de Diego, Frida visita los Estados Unidos, ve trabajar a Diego en Nueva York, Detroit, San Francisco, se relaciona con artistas y acude a las reuniones burguesas, dialoga con Nelson Rockefeller y con artistas de Hollywood, percibe el halo irresistible de la fama de genialidad de Diego, pinta cuadros notables que le ocasionan disgustos con sus clientes, se deja retratar, es una de las cumbres de la fotogenia...

A Diego lo rodea y, de hecho, lo ciñe el escándalo; a Frida la fama le llega muchísimo antes que el prestigio. Es una artista "heterodoxa", excepcional, fuera del canon de esos años, sin escuela académica ni mensajes políticos directos; es el complemento perfecto de Diego, lo inevitable al marcar el matrimonio de los opuestos; es México (el atuendo) a la disposición de los turistas instantáneos que la tratan.

A Frida, la demasía de Diego, del que se divorcia y con el que se reconcilia en San Francisco, la lleva a vivir a fondo lo que será la Historia: va a recibir a Trotsky, asilado en México, y lo instala en Coyoacán; hace campaña por la República española, se reparte en sesiones de canto, entre tragos y amoríos pendientes. Su vida privada podría ser pública pero amigos y conocidos prefieren no advertir, mientras ella va y viene, entre la heterosexualidad y el lesbianismo, entre, digamos, una cantante (Lucha Reyes) y un fotógrafo (Nickolas Muray). Es lo que cada quien elija: surrealista, fantástica, realista, que el observador decida.

No se entenderá esta etapa si no se toma en cuenta a la ciudad de México, y la aureola "exótica" de los pintores mexicanos. La ciudad: sus espacios de tolerancia, su bohemia burguesa, su defenderse de la Respetabilidad con el gusto por los excéntricos. Diego y Frida surten de anécdotas a un sector considerable, son la pareja que sale del Partido Comunista de México y a él vuelve, los seres verbalmente monógamos y sexualmente

políqamos, las primeras celebridades urbanas que atraen a otras celebridades; son, en suma, el eje de la vida artística en la ciudad que en lo tocante
a nuevas creencias y avances es el país entero. Una vez más, la fuerza vital
vence al morbo, ese "panal de rica miel" que atrae a los turistas y periodistas a la caza del color local, y orienta a los artistas en busca de compromiso.

Cuarta etapa: las primeras divulgaciones de la obra

Frida en los murales, Frida en su pintura, Frida en las anécdotas. Aquí ger-
minan los elementos de la explosión mitológica, que ocurrirá al conjugarse
diversos elementos: la condición de mujer excepcional a disposición de las
generaciones por venir, las impresiones de militancia radical, la originali-
dad de su pintura, la facilidad que muestra para enredarse en símbolos que
a fin de cuentas no la atrapan, el sufrimiento que le da el doble carácter de
mártir y heroína. En todas las combinaciones, Frida permanece. Es la tragedia que de tanto sobrevivirse a sí misma se torna en lo opuesto: el ánimo
de la continuidad del arte y de la vida, el personaje único que contiene una
multitud. (Se memoriza a Frida y esto no neutraliza su don para sorpren-
dernos interminablemente.)

El génesis de la intertextualidad. Si Frida se retrata para no aceptar
las brumas de la invalidez que a diario disuelven su figura, Diego la retrata
como el símbolo excepcional, en el Hotel del Prado, en el mural *Domingo
en la Alameda*, y en los murales de Palacio Nacional y la Secretaría de Educación Pública. Al representarla, Diego anticipa la sacralización: esta mujer,
en sí misma una epopeya, se integra a la historia de México.

Todo para la imagen en el Álbum de las Importaciones. ¿Quién que
es no ansía fotografiarse al lado de Diego y Frida? ¿Quién que es no se interesa por los rumores, los chismes (esa infancia del rumor), las declaraciones (de Diego, a Frida no se la registra; entonces si no son autoviudas las
mujeres no declaran)? En la década radical de 1930 y luego, aún con mayor convicción escénica, en la ciudad a punto de la internacionalización,
Diego y Frida son las figuras mayores del "nacionalismo de lo cotidiano",
sólo interrumpido cuando la industria cultural absorbe su repertorio.

El pasaje permanente: la enfermedad

De las leyendas de Frida: el testimonio de la periodista Rosa Castro

Frida hablaba de sus males como quien se refiere a una retorta con un extraño animal adentro que se resiste y resiste al fuego. Aquellos corsés que llevaba, ¡ay!, de metal, de cuero, de yeso, que ella se distraía en pintar con violeta de genciana, con mercurio-cromo, que tachonaba con espejitos de danzantes y pegaba con plumas de colores a la altura del pubis [...] Aquellos corsés que tanto la torturaban, ¡cómo los recuerdo! Y cómo recuerdo bien la tarde aquella; caía la noche cuando decidió quitárselo. "¡No más!", había dicho, y sin el corsé, sin el sostén de su frágil columna, se fue, se lanzó a la calle a una posada pública [...] Un griterío en la calle nos llevó a la puerta, al gran portón de la entrada.

¿Cómo describir aquello, aquel cuadro que hacía juego con la alucinante habitación? En primer término venía Frida, el cabello suelto, tambaleándose, excitada, los brazos en alto. Siguiéndola, una muchedumbre que gritaba, cantaba, reía y chiflaba. Entre la polvareda que levantaba y la oscuridad que por instantes se acentuaba, aquello parecía una loca rebelión funambulesca de seres inventados por la propia Frida. Ella llegó con dificultad hasta el portón gritando: "¡Nunca más! ¡Nunca más, pase lo que pase! ¡Nunca más!".

Contado a Hayden Herrera en la biografía de Frida.

"Dolor, qué ruidoso vienes"

En la década de 1940 la enfermedad se agudiza. Frida es ya la enferma que no acepta su condición de víctima. A su fama (es decir, a su condición de punto de referencia obligado), Frida se adapta con relativa autonomía. En lo económico, aún es el tiempo difícil de vivir de la venta de cuadros a clientes norteamericanos, de préstamos de amistades y de mínimos adelantos de dueños de galerías. La enfermedad avanza y Frida se mueve, literalmente, entre el suplicio agónico y la necesidad expresiva, y su pintura,

254

dentro de la sencillez original, se torna más compleja o, si se prefiere, el conocimiento de su trayectoria hace que se ponga de relieve su complejidad.

Frida se explica: "Nada resulta tan natural como pintar lo que no hemos conseguido", y entre lo no conseguido se da, en su caso, el desdoblamiento y la multiplicidad de su persona, es decir, la huida del dolor. En un autorretrato del *Diario*, Frida, que aparece como jarrón quebrado, se increpa: "¡No me llores!", y en el siguiente dibujo se contesta: "Sí, te lloro". El dolor es la militancia suprema, la causa en la que se apoya con el fin de aminorarla, el punto de partida de la exploración de la realidad y el infierno que la muerte ha de abolir.

Sobre todas las impresiones, el recuerdo del accidente de 1925 mientras viaja en el tranvía. "Algunas varillas del herraje le atravesaron las entrañas, a la manera del alfiler que fija el endeble cuerpo de la mariposa de museo", escribe en 1954 su amigo cercanísimo Manuel González Ramírez. Y ya en 1946, en Nueva York, la enfermedad se vigoriza y en la primera operación le injertan un pedazo de su pelvis en una de sus vértebras. Por largos periodos Frida queda colgada, con los pies atados a unas pesas con el objeto de evitar la parálisis y separar sus vértebras, propensas a unirse de modo patológico. Las operaciones la destruyen y la morfina deja de atemperar las dolencias.

Al final la vence la mutilación de la pierna. Y, según cuenta González Ramírez, lo que le preocupa es bajar a la tierra en posición yacente. "Mucho habría sufrido en los hospitales en esa postura, para que todavía se le condenara a pagar en tal forma el ineludible tributo. Había recomendado que la incineraran, y a su debida oportunidad el deseo se cumplió."

Quinta etapa: la búsqueda del adjetivo que explique a Frida

A la leyenda las atribuciones. ¿Qué es Frida: nacionalista, comunista, surrealista, pintora fantástica, fabulista inesperada del yo? El nacionalismo de Frida tiene que ver con la gastronomía, la vestimenta, el sentido del color, el amor a las artesanías populares, el gusto por las canciones. En lo político, el sectarismo, debilidad orgánica de Rivera, y en rigor de casi todos en la época, contagia a Frida que, sin inmutarse, sigue a su compañero, convencida de que Diego ubica mejor que nadie el sitio exacto de la razón histórica. Cuenta Lola Álvarez Bravo: "Frida era muy valiente, con un valor decidido y sereno; recuerdo que una vez se agarró a bolsazos en un mitin en el Sindicato de Panaderos con unos que criticaban a Diego. Otra vez, cuando Diego andaba en la campaña presidencial del general Henríquez, fuimos a Puebla, y se rumoraba que habían puesto una emboscada cerca de la ciudad, pero Frida no se inmutaba y llevaba, escondida debajo de sus enaguotas, una pistola". Sin embargo, muy posiblemente por razones de misoginia, empecinada en no conceder valor político a las mujeres, la sociedad se desentiende del radicalismo de Frida en sus nociones antiimperialistas, su defensa conmovedora de la República española y su versión hoy explicable e inexplicable a la vez de la religiosidad comunista.

El surrealismo es la etiqueta que le regala André Breton y que, en rigor, así le presta un conjunto de signos muy descifrables; poco tiene que ver con una pintura que no viene del sueño sino, más específicamente, de la vigilia dolorosa.

Sexta etapa: el reconocimiento excepcional (1954)

El 2 de junio de 1954 Frida asiste a la manifestación de protesta contra el golpe de Estado en Guatemala, auspiciado por el Departamento de Estado de John Foster Dulles. El militarote Carlos Castillo Armas, apoyado por la CIA, la burguesía terrateniente y la Iglesia católica, organiza la caída del presidente Jacobo Arbenz. El golpe de Estado, un remedo exitoso del de Franco, apenas llama la atención en México, y sin embargo, la marcha es combativa y jubilosa. "¡Fuera manos de Guatemala! ¡Únete, pueblo!". (Diego le dedica al episodio su mural *La gloriosa victoria*.)

Frida y Diego llegan en una camioneta, de donde a ella la bajan dificultosamente. Diego y el pintor y arquitecto Juan O'Gorman se alternan para llevarla en su silla de ruedas. Es la única ocasión en que la contemplo y el impacto me lleva a seguirla a lo largo de la marcha, en pleno examen reverencial del personaje, junto a los que desean relevar a Rivera en la conducción de la silla. La atención profunda que convoca su presencia la vuelve el eje visual de la marcha. Como la vislumbro ahora, Frida, incandescente, parece animar un retablo vivo.

En 1954 ingresa en dos ocasiones al Hospital Inglés. Poco antes de fallecer escribe en su *Diario* la confesión que es proclama: "Espero alegre la salida, y espero no volver jamás. Frida". El 13 de julio muere. De nuevo, nada en mi experiencia de estudiante preparatoriano me ha preparado para el tumulto, la constelación de seres famosos en el vestíbulo del Palacio de Bellas Artes, el general Lázaro Cárdenas en persona, David Alfaro Siqueiros en persona, Diego Rivera en persona, y el cúmulo de mujeres de cuyos nombres me entero más tarde, con atavíos de tehuana, aire doliente, perfiles hieráticos o simplemente indescifrables para mí, que con celo maternal protegen al viudo inconsolable, Dieguito, el Saporrana. Se canta "La Internacional" (creo, no estoy seguro, que tal hazaña fue posible debido al reparto de la letra en mimeógrafo), se guardan silencios estremecedores seguidos del estrépito, se coloca la bandera del Partido Comunista, se desfila ante el féretro y yo siento la tristeza sin asideros, la de no haberla conocido.

El velorio es un acontecimiento. Allí están los nacionalistas revolucionarios, los funcionarios progresistas, los artistas, los escritores, los comunistas, el pueblo. El escándalo (el rumor de alarma y emoción) brota en el instante en que cubre el féretro la bandera comunista. Se entonan canciones mexicanas, se llora y se aplaude en un acto compulsivo de la Mexicanidad, a la vez imposición escénica y verdad infalsificable de los allí presentes. Evoco vívidamente imágenes (o, más bien, recuerdo lo que a lo largo de los años he ido recordando de aquella velada): las compañeras entonan corridos, los periodistas acosan a Diego, se cantan "Por una mujer ladina", "Por un amor", "El abandonado" y "El corrido de Cananea", que tanto le gustaba a Frida:

> Voy a dar un pormenor
> de lo que a mí me ha pasado,
> que me han agarrado preso
> siendo un gallo tan jugado.

Y un grupo fervoroso se apropia de la melodía y aporta la letra combativa:

> Señores, a orgullo tengo ser antiimperialista
> y militar en las filas del Partido Comunista...

Por doquier anécdotas, llanto, elogios de Fridita. La pequeña multitud ofrece lo que tiene, la constancia de la nacionalidad que es causa y caudal estético, que es vestuario y es memoria histórica, que es arte y revolución. Concha Michel, entonces la muy conocida recopiladora del folclor, cantante, compositora, entona su "Sol redondo y colorado". Las canciones son el santo y seña de la conversión del velorio en un acto distinto, no sólo político, no únicamente amistoso, no nada más gremial y popular.

En esta oportunidad, lo indefinible mezcla la reverencia con el escándalo político. Percibimos mis compañeros y yo que algo sucede cuando el director del INBA, Andrés Iduarte, habla con Diego. Luego se nos refiere el diálogo:

> –Hay que quitar la bandera comunista.
> –Si usted la quita, me llevo el féretro a la calle.

De esto nos enteramos más tarde, justo cuando se esparce la noticia del cese de Iduarte.

La ceremonia en Bellas Artes es breve. Lee un texto Iduarte: "Frida ha muerto. Frida ha muerto. La criatura brillante y voluntariosa que en nuestros días iluminaba los salones de la Escuela Nacional Preparatoria ha muerto". En el Panteón Civil de Dolores se efectúa la ceremonia postrera. Recita tres sonetos Carlos Pellicer... Junto al horno crematorio se canta "La Internacional", y las viejas melodías del rancho mítico, con sus depósitos de esperanza y resentimiento.

El purgatorio

En los años siguientes, Frida es objeto del reconocimiento que suele parecerse al olvido. Sus cuadros se cotizan escasamente, se publica poco sobre su obra, y el juicio más frecuente subraya su ingenuidad pictórica y exalta su personalidad formidable, la señal perdurable de un tiempo de guerras y militancias. Nunca se le olvida, no se le recuerda en demasía. A los que la desdeñan, en plena pose intelectual, los orienta el desdén por el "primitivismo" y la irritación por el sectarismo, actitud justa que al extremarse y negar la calidad artística de los pintores de izquierda se vuelve igualmente sectaria. La modernidad, ya se ha probado, no deja atrás al muralismo, lo incorpora e incluso lo hace objeto de un marketing despiadado, y a Frida la modernidad la sitúa en la vanguardia, de modo excepcional pero con las razones de la creación de una estética diferente.

Séptima etapa: los autorretratos como estética

Al redescubrimiento de Frida le ayuda definitivamente el poderío de sus autorretratos. En cada uno resplandecen el exorcismo contra el dolor, el afán de durabilidad, el examen de sí misma que es absolución y condena. Éste podría ser el razonamiento: "Me pinto, luego marco mi sitio en el espacio; me pinto, luego el tiempo me percibirá al cesar mis sufrimientos; me pinto, luego estos cuadros son la prolongación y la metamorfosis de mi figura, y son la figuración de las metamorfosis".

El *Diario* es la sucesión de escritos, dibujos y sketches dirigidos no sólo al meritable Diego Rivera, no únicamente a las amistades cercanas (que no lo leerán), sino a todo aquel que en ese porvenir sin ecos se acerque a esta invocación pictórico-escritural donde el Yo se multiplica, el Yo se escinde, el Yo da a luz, el Yo desciende a las penumbras y las amuebla con trazos y colores. En el *Diario* se hallan —simultáneamente— "una desesperación que ninguna palabra puede describir", los relajos que enamoran a La Calaca, los recuerdos imaginarios (esos que anteceden a los recuerdos verdaderos), la soledad del cuerpo que forcejea con el ánimo gregario del

259

alma, la ansiedad por asirse a lo poético (el espíritu en la plenitud del idioma) y la gana de vivir.

Octava etapa: "A ningún mito lo inventan sin su consentimiento"

De pronto, en la década de 1970, el diluvio admirativo. Todo coincide: los primeros detalles de su relación con Trotsky y con varias mujeres, las exposiciones dentro y fuera de México, la película de Paul Leduc con Ofelia Medina, el río de visitantes en la Casa Azul de Coyoacán. El consenso es rápido: Frida, singularísima, es la artista primordial que a falta de otro tema se pinta obsesivamente a sí misma, Frida es un retrato de época y es la época en donde se insertan los retratos.

El impacto es simultáneo: a Frida (la obra, la figura, la vida, la relación con el amor y el dolor) llegan los chicanos, las feministas, los nacionalistas culturales, los críticos del posmodernismo, los radicales, las estrellas del espectáculo, los escritores, las lesbianas, los pintores, los teatristas. De los símbolos del universo legendario de las décadas del "Renacimiento Mexicano" se elige a Frida y a su paisaje complementario: el inmenso, delirante, fotogénico y antifotogénico Diego Rivera. La pareja indesligable y la mujer aislada, el amor y la soledad en llamas.

Obsérvese la industria de las transformaciones: tómese a una gran artista, ejemplo de disidencia moral y política, creadora de simbologías terrestres y fisiológicas, que vierte sueños y padecimientos en visiones de la pareja cósmica, en autorretratos y retablos laicos. Agítese un poco la memoria y truéquese el conjunto por un alud de biografías, la primera de Hayden Herrera, portadas de libros y revistas, calendarios, muñecas, títeres, obras de teatro, dos películas, varios documentales, camisetas, tarjetas postales, docudramas, cuadros que incluyen citas de sus cuadros, análisis posmodernos, declaraciones adoratrices de Madonna y Salma Hayek, precios avasalladores en las subastas…

La pregunta inevitable: ¿es la fridomanía un culto de origen cristiano, la trasmutación de la artista en la virgen doliente y nacional y de género? No escasean las vetas cristianas en la obra y el mito de Frida o, por lo menos, la artista se observa a sí misma con la piedad regocijada de uno de esos retablos que ella tanto observó, coleccionó y recreó. Pero nada en la fridomanía sugiere una translación efectiva de lo terrenal a lo celestial, sino más bien, la inercia de los métodos consagratorios de siglos de cultura cristiana y sus andamiajes de reproducción adoratriz. En lo básico, el mito de Frida es una realidad laica de la estética, y de allí el tránsito de la fridomanía a pasión popular.

Frida en primer término, y Frida y Diego en segundo lugar, son los iconos que complementan y le otorgan pleno sentido al paisaje de Zapatas y Villas.

Novena etapa: la pareja y las obsesiones amorosas

Una religión donde la divinidad, los santos, las ceremonias y los templos se llaman simplemente Diego Rivera, un credo que va del amor a la cosmogonía, de las aflicciones a la meditación:

> Nadie sabrá jamás cómo quiero a Diego… si yo tuviera salud quisiera dársela toda, si yo tuviera juventud toda la podría tomar. No soy solamente su madre, soy el embrión, el germen, la primera célula que —en potencia— lo engendró. Soy él desde las más primitivas… las más antiguas células, que con el tiempo se volvieron el "sentido".

Imposible saber qué sucedía, lo que es un hecho es la manera compulsiva de situar la gran referencia:

> No dejes que le dé sed
> al árbol del que eres sol,
> que atesoró tu semilla.
> Es "Diego" nombre de amor.

El amor es el territorio por excelencia de lo poético, tal y como Frida concibe este desbordamiento. En su idea de la hermosura verbal se justifican incluso las nuevas palabras poéticas siempre y cuando la sustancia primordial (la entrega) permanezca. Frida escribe:

> El "clásico" amor...
> (sin flechas)
> solamente
> con espermatozoides.

Diego en la frente del autorretrato de Frida, Diego en las querellas, los perdones, las angustias. En la mitología ya sólo consistente en imágenes, Frida y Diego son el ser único que trasciende el sexo, las riñas, las mutuas y cuantiosas infidelidades, y se vuelve el origen de la nueva especie que, por razones que tal vez se desconozcan, con ellos se extingue.

Décima etapa: la metamorfosis de las masas

Desde la década de 1990, y muy acusadamente en los albores del siglo XXI, Frida Kahlo se convierte en devoción de masas, por motivos evidentes (la fama internacional, la multiplicación de las imágenes, la transformación de una época en un paraíso perdido del tiempo, y por las causas secretas únicamente al alcance de cada persona). La explosión frídica de 2007 es parte de una exigencia cultural, un apremio informativo, un contagio de admiraciones, la urgencia de grandes referentes. Y siempre, muy explicada y sin explicaciones, ella permanece "como un cohete como una granada como un vidrio estrellado como una noticia como un telégrafo como la sangre" (Salvador Novo).

Frida Kahlo carece de estatuas pero, a cambio, dispone de millones de nichos de la memoria.

ORIGEN DE LOS TEXTOS

1. "Soñadora, coqueta y ardiente. Notas sobre sexismo en la literatura mexicana", *La Cultura en México*, suplemento de la revista *Siempre!*, núm. 579 (14 de marzo de 1973), pp. 3-7.
2. "Nueva salutación del optimista", *fem.*, núm. 9 (octubre-diciembre de 1978), pp. 17-19.
3. "Pero ¿hubo alguna vez once mil machos?", *fem.*, núm. 18 (abril-mayo de 1982), pp. 9-20.
4. "'¡No queremos diez de mayo, queremos revolución!' Sobre el nuevo feminismo", *La Cultura en México*, suplemento de la revista *Siempre!*, núm. 1088 (13 de abril de 1983), pp. 2-5.
5. "Las jóvenes mexicanas en el Año Internacional de la Juventud", *fem.*, núm. 40 (junio-julio de 1985), pp. 3-6.
6. "De la construcción de la 'sensibilidad femenina'", *fem.*, núm. 49 (diciembre de 1986-enero de 1987), pp. 14-18.
7. "El amor en (vísperas eternas de) la democracia", *debate feminista*, año 1, vol. 1 (marzo de 1990), pp. 236-239.
8. "De cómo un día amaneció Pro-Vida con la novedad de vivir en una sociedad laica", *debate feminista*, año 2, vol. 3 (marzo de 1991), pp. 82-88.
9. "La representación femenina", *debate feminista*, año 2, vol. 4 (septiembre de 1991), pp. 5-12.
10. "La enseñanza del llanto", *debate feminista*, año 3, vol. 6 (septiembre de 1992), pp. 319-324.
11. "Alabemos ahora", discurso pronunciado en el Congreso Nacional Feminista, México, D. F., 15 de enero de 1994. Publicado con el título "Palabras de Carlos Monsiváis" en *fem.*, núm. 133 (marzo de 1994).
12. "Envío a Nancy Cárdenas, activista ejemplar", *debate feminista*, año 5, vol. 10 (septiembre de 1994), pp. 257-263.
13. "La cuarta visita papal: el espectáculo de la fe fascinada ante el espectáculo", *debate feminista*, año 10, vol. 19 (abril de 1999), pp. 207-220.
14. "*El segundo sexo*: no se nace feminista", *debate feminista*, año 10, vol. 20 (octubre de 1999), pp. 165-173.
15. "Las mujeres al poder", *debate feminista*, año 11, vol. 21 (abril de 2000), pp. 287-291.
16. "*Huesos en el desierto*: escuchar con los ojos de las muertas", *debate feminista*, año 14, vol. 27 (abril de 2003), pp. 327-333.
17. "La Santa Madrecita Abnegada: la que amó al cine mexicano antes de conocerlo", *debate feminista*, año 15, vol. 30 (octubre de 2004), pp. 157-173.
18. "Susan Sontag (1933-2004). La imaginación y la conciencia histórica", *debate feminista*, año 16, vol. 31 (abril de 2005), pp. 133-155.
19. "México a principios del siglo XXI: la globalización, el determinismo, la ampliación del laicismo", *debate feminista*, año 17, vol. 33 (abril de 2006), pp. 201-231.
20. "Frida Kahlo: de las etapas de su reconocimiento", *debate feminista*, año 19, vol. 37 (abril de 2008), pp. 3-15.

ÍNDICE ONOMÁSTICO

Esta obra se imprimió y encuadernó
en el mes de marzo de 2013
en los talleres de Litográfica Ingramex, S.A. de C.V.,
que se localizan en la calle Centeno 162-1,
colonia Granjas Esmeralda, México, D.F.